# DIE KRAFT DES SCHEITERNS

# DIE KRAFT DES SCHEITERNS

Leykam

1. Auflage 2008


ISBN 978-3-7011-7613-7

Coverdesign: Christian Köstinger
Satz und Layout: Hansjörg Schwab
Autorenfoto: Pilo Pichler
Lektorat: Verena Hauser und Walter Berger

Gesamtherstellung: Leykam Buchverlag
www.leykamverlag.at

# Inhaltsverzeichnis

# VORWORT GERHARD SCHEUCHER

Es ist 2 Uhr morgens. Wieder einmal nimmt mich die Nacht nicht auf und ich sitze ein wenig rast- und ruhelos vor dem Computer. Den ganzen Tag bin ich von Termin zu Termin geeilt, jetzt lese ich jene E-Mails, die mich zur Bürozeit nicht erreicht haben: Mehrere Geschäftspartner wollen sich verabreden und ersuchen um Terminvorschläge, ein Politiker reflektiert Unterlagen, die ich ihm übermittelt habe, Mitarbeiter haben mir Dokumente gesendet, die ich lesen, beantworten und entscheiden soll, einer meiner wichtigsten Kunden klagt mir elektronisch sein Leid, dass er unter dem täglichen Druck der Arbeit fast zerbricht, und mein Geschäftspartner berichtet mir in knappen Worten, dass ein für uns wichtiges Angebot an einen Kunden aus nicht nachvollziehbaren Gründen abgelehnt worden ist. Es ist seltsam, aber irgendwie lesen sich nicht nur heute Nacht, sondern auch zu anderen Zeitpunkten erhaltene Nachrichten fast immer gleich. Die Kommunikation, der Gedankenaustausch reduziert sich fast immer darauf, dass Menschen, die berufsbedingt als starke Persönlichkeiten erscheinen müssen, sich abseits der Öffentlichkeit ganz anders verhalten. In diesen Momenten werden Menschen sichtbar, die Ängste und Sorgen ganz offen besprechen und manchmal auch nach Rat suchen, wie Niederlagen des Alltags in erfolgreich operatives Handeln umgewandelt werden können, um ein weiteres Mal erfolgreich sein zu können. Schließlich ist der Erfolg und nicht das Scheitern der Maßstab in unserer erfolgsorientierten Gesellschaft.

Auch wenn über die beiden Begrifflichkeiten „Erfolg" und „Scheitern" eine abendfüllende Diskussion geführt werden könnte, sind diese Wörter in unseren Breitengraden eindeutige Synonyme einer Klassifizierung. Die Medien- und Werbeindustrie verfestigt diese Wertungen in den Köpfen der Menschen noch weiter – und das im Sekundentakt. Makellos und erfolgreich sind die einen, arm, bemitleidenswert und erfolglos die anderen. Einen Mittelweg gibt es in der veröffentlichten Meinung kaum, da diesen Durchschnittsgeschichten die Substanz für Quoten und Auflagen fehlt.

Vielleicht ist „Die Kraft des Scheiterns" aus der Sicht jener, die meinen, Wirklichkeiten um jeden Preis inszenieren zu müssen, ein überflüssiges Buch. Wer nach Sensationen giert und hofft, dass hier die intimsten Geheimnisse von vielen uns bekannten Persönlichkeiten preisgegeben werden, wird ebenfalls enttäuscht sein. „Die Kraft des Scheiterns" ist jedoch ein Beitrag, um ein in der Gesellschaft – wie wir glauben – tabuisiertes Thema zu besprechen und mit Ihnen, verehrte Leser[1], zu diskutieren. Schon in meinem Buch „error 21" habe ich in meinen Überlebensrezepten für das 21. Jahrhundert darauf verwiesen, dass in unserer Gesellschaft Scheitern etwas Legitimes sein sollte. Kritiker dieser Sichtweise könnten an dieser Stelle einwenden, dass diese These ein Aufruf sei, persönliche Ziele nach unten zu revidieren, um möglichst lange im Mittelfeld mitschwimmen zu können. So soll und darf diese Forderung nicht verstanden werden! Vielmehr ist es so, dass viele uns geläufige Biografien, die uns aus dem Elternhaus sowie Freundes- und Bekanntenkreis vertraut sind, im 21. Jahrhundert nur mehr teilweise Gültigkeit haben werden. Die Dynamisierung der Gesellschaft bringt es mit sich, dass einmal erworbene Kenntnisse und Qualifikationen nicht mehr ausreichen werden, um in der Berufs- und Arbeitswelt ein Erwerbsleben lang bestehen zu können. Analog dazu werden sich Produktzyklen oder Dienstleistungsangebote in Industrie und Wirtschaft verhalten. Wenn diese Einschätzung richtig ist, dann werden wir uns permanent neu orientieren und weiterentwickeln müssen, um sich uns bietende Chancen nutzen zu können. Auf der anderen Seite werden wir immer häufiger die bittere Erfahrung machen, dass beschrittene Wege ein abruptes Ende finden können, da sich die Erfordernisse des Marktes von einem auf den anderen Tag schlagartig ändern können. In anderen gesellschaftlichen Bereichen (es wird glücklicherweise nicht alles vom freien Markt reguliert) werden wir immer

---

1 Wir haben es uns wahrlich nicht leicht gemacht, lange darüber diskutiert, aber uns letztendlich dafür entschieden, in unserem Buch mit Rücksicht auf die bessere Lesbarkeit nicht zu splitten. Wenn wir den männlichen Begriff verwenden, so steht er stellvertretend für Männer wie Frauen. Selbstredend ist uns eine Gescheiterte ebenso teuer und erwähnenswert wie ein Gescheiterter. Wir sind daran gescheitert, einen Sprachgebrauch einzuführen, der ebenso geschlechtergerecht wie lesbar und verständlich ist. Noch geben wir uns nicht geschlagen, wir werden weiter daran arbeiten.

wieder an Weggabelungen gelangen, wo wir erst rückblickend feststellen werden, dass eine anfangs getroffene Entscheidung leider falsch war.

Sich einzugestehen versagt zu haben ist die eine Seite, noch entscheidender ist aber, wie man mit Niederlagen und Rückschlägen umgeht. Daraus Strategien zu entwickeln, die einem persönlich weiterhelfen, ist die wirkliche Herausforderung an jeden von uns. „Die Kraft des Scheiterns" soll Ihnen, verehrte Leser, Orientierung geben, um eigene Lebensstrategien besser finden und umsetzen zu können. Dass in solchen Phasen mitunter Rückschläge Teil unseres Lebens sind, soll auch Teil der Erkenntnis sein, sollten Sie das Buch zu Ende lesen.

Mit meiner Co-Autorin Christine Steindorfer habe ich in vielen Gesprächen das Thema Scheitern engagiert, kontroversiell, aber auch sehr pragmatisch diskutiert. Wir wollten kein Buch nach dem Motto „Der Weg zum Glück" verfassen – da gibt es Autoren, die dafür berufener sind. Ebenso wenig wollten wir Schicksale anonymer Menschen abhandeln. Vielmehr haben wir nach Persönlichkeiten Ausschau gehalten, die ob ihrer Biografien ganz unterschiedliche Lösungsstrategien im Umgang mit dem Thema „Scheitern" entwickelt haben. Mit diesen Menschen haben wir spannende Gespräche und für uns vielfach erkenntnisreiche Diskussionen geführt und deren Einschätzungen, Analysen und Statements zum integralen Bestandteil des Buches werden lassen. Das Ergebnis liegt nun in Ihren Händen!

Damit Sie, sehr verehrte Leser, dieses Buch lesen können, mussten auch einige Aufgaben erledigt werden. Unmengen von Material wurden recherchiert, analysiert und ausgewertet. Interviews mussten koordiniert, durchgeführt und transkribiert werden. Eine etwas größere Menge Text musste geschrieben, redigiert, verworfen und wiederum neu geschrieben werden. All diese Tätigkeiten können nicht von einer Person erledigt werden. Dass ich bei der Umsetzung dieses Buchprojektes nicht gescheitert bin, habe ich meiner großartigen Co-Autorin Christine Steindorfer zu verdanken, ihr gilt mein ganz besonderer Dank für die professionelle, engagierte und sich immer am Ergebnis orientierende Arbeit. Meine Lektorin Verena Hauser hat, schon wie beim vergangenen Buch, diesem Werk den letzten Feinschliff gegeben und der Leykam Verlag hat durch die Herausgabe des Buches verhindert, dass wir an der Übermittlung unserer Gedanken in Buchform an Sie, sehr verehrte Leser, gescheitert sind.

Gerhard Scheucher
Wien und Graz, Jänner 2008

# VORWORT CHRISTINE STEINDORFER

Es war Anfang August 2006, als mich ein Freund über Skype fragte: „Würdest Du ein Buch schreiben wollen?" „Prinzipiell ja", das war doch immer schon mein Traum. „Worum soll es in dem Buch gehen?" „Ums Scheitern." „Aha." Kurze Stille, ich gehe in mich und denke mir: „Eigentlich spannend." Kurz darauf das erste Treffen mit Gerhard Scheucher, das Projekt gewinnt an Konturen, ich bin Feuer und Flamme fürs Scheitern. Warum? Ganz einfach, ich hatte während des Sommers mehr Zeit, die Sonne zu genießen, als mir lieb war (was wiederum den Genussfaktor senkt). Also klar, das Thema Scheitern war für mich als (Jung-)Unternehmerin durchaus präsent.

Ein halbes Jahr später, ich habe mich ausführlich mit dem Scheitern auseinandergesetzt. In der Theorie hat es für mich seinen Schrecken verloren. Umgelegt auf mein eigenes Leben bleibt es als Schreckgespenst erhalten – obschon es an Bedrohlichkeit eingebüßt hat. Ich denke mir: „Ja, es wird funktionieren. Bei mir hat es doch auch geklappt, ich denke viel über das Scheitern nach, schweige es nicht mehr tot und finde es nicht mehr ganz so furchtbar. Also sollte ein Buch dieses Ziel auch erreichen können." Immerhin treten wir mit dem Ziel an, ein tabuisiertes Thema aufzumachen, und nichts weniger. Was mir zu diesem Zeitpunkt mehr Kopfzerbrechen bereitet, sind die Interviews. Wir haben bereits eine lange Liste an „Scheiterexperten" recherchiert, aber seit Wochen schiebe ich die Kontaktaufnahme vor mir her. Irgendwie erscheint es mir absurd, bei jemandem anzurufen und zu sagen:

„Also, wissen Sie, es geht um Ihr Scheitern. Da würde ich gerne mal mit Ihnen genauer darüber reden." Das rote Lämpchen leuchtet auf – Achtung: Tabubruch!

Irgendwann sind wir über unseren eigenen Schatten gesprungen, und siehe da – es trudeln positive Antworten ein. Ziemlich schnell stellt sich heraus, dass ein großes Interesse besteht, über eigenes Scheitern zu reden. Oder auch „nur" über die Angst vor dem Scheitern. Die ersten Interviews verlaufen ausgesprochen gut und auch wir gewinnen an Sicherheit. Habe ich anfangs etwas herumgedrückt – „Und ist Ihnen das auch schon einmal passiert, dass etwas nicht so ganz funktioniert hat, wie Sie das wollten?" –, wird die Frage „Was war beruflich Ihr größtes Scheitern?" schnell einmal zur Einstiegsfrage.

Zu unserem eigenen Erstaunen erhalten wir nur wenige Absagen. Einige davon zeigen, dass sich die Personen mit unserer Anfrage ausführlich auseinandergesetzt haben: „Ich habe einige Tage nachgedacht, in welchen Bereichen ich selbst von einem ‚Scheitern' reden würde, und obwohl ich hier wirklich keine Scheu hätte, ein solches Scheitern zuzugeben, fällt mir beim besten Willen nichts ein. Wenn manchmal ein Anbot nicht angenommen wird, dann kann ich das noch nicht als Scheitern bezeichnen, und alle Projekte, die ich mir ernsthaft vorgenommen habe, sind – glücklicherweise – bisher immer gut gelaufen. Auch in meinem politischen Leben habe ich scheinbar Glück gehabt, denn so wie mein Einstieg war der Ausstieg gewollt und geplant. Deshalb, leider, ich denke, ich bin da keine brauchbare Interviewpartnerin für Ihr Projekt."

Die Interviews waren voll im Laufen, als sich bei mir eine neue Angst einstellte und meine Aufmerksamkeit erforderte: „Nein", dachte ich mir, „das gibt's doch nicht!" Es war die Angst, am Schreiben des Buches zum Thema Scheitern zu scheitern. Was für ein Treppenwitz wäre denn das?! Letztendlich konnte ich dieses Scheitern abwenden, im ersten Schritt zumindest, denn geschrieben ist das Buch ja nun. Ob wir auf dem Buchmarkt scheitern, das werden die nächsten Wochen und Monate zeigen.

Bei den Interviews habe ich viel gelernt, unter anderem auch, dass Zeit zwar nicht alle Wunden heilt, aber für einen reflektierten Umgang mit

Schon diese kurze Aufzählung zeigt eines ganz deutlich: Scheitern muss nicht zwangsläufig das Aus bedeuten. Und Scheitern ist eine höchst persönliche und sehr individuelle Erfahrung. Was für den einen eine ärgerliche Niederlage darstellt, bedeutet für einen anderen totales Scheitern. Ebenso vielfältig wie die Erfahrung des Scheiterns sind seine Ursachen sowie die Umgangsformen und Lösungsansätze unserer Scheiterexperten. Viele erinnern sich an ein Gefühl der Ohnmacht im Moment des Scheiterns. Manche daran, dass sie fälschlicherweise meinten, mit ihrer Ratlosigkeit alleine fertig werden zu müssen. Wieder andere merkten, wie sich mit dem Scheitern eine Wand des Schweigens um sie herum hochzog. Ihre eigene Sprachlosigkeit wurde durch die wortlose Betroffenheit auf Seiten der Gesellschaft verstärkt. Manchen wurde durch Häme und Spott noch Salz in die Wunden gestreut. Die komplexen Wechselbeziehungen zwischen Erfolg, Misserfolg, Scheitern, gesellschaftlichen Erwartungshaltungen und sozialem Druck unterziehen wir einer eingehenden Prüfung.

Gesellschaftlicher Druck kann sehr subtil ausgeübt werden. Ein freundschaftlich-aufmunterndes „Pack die Chance beim Schopf, jeder ist seines eigenen Glückes Schmied!" kann einem den Angstschweiß auf die Stirn treiben. Denn in vielen Bereichen wurden althergebrachte Strukturen aufgebrochen. In derselben Firma in Pension zu gehen, in der man zu arbeiten begann, wird als Relikt des Industriezeitalters belächelt. Kaminkarrieren gehören zu einer stetig schrumpfenden Minderheit. Aber leben wir deswegen wirklich in einer Alles-ist-möglich-Gesellschaft? Die Protagonisten der modernen Wissensgesellschaft öffnen sich für alle Richtungen. Doch wenn jede Richtung möglich ist, geht die Perspektive verloren. Erschwerend kommt hinzu, dass sich die den Alltag bestimmenden Informationstechnologien in einem Schwindel erregenden Tempo ändern oder einander überhaupt gleich ablösen. Partizipation und Web 2.0 sind Segen und Damoklesschwert in einem. Status quo: Der moderne Mensch bewegt sich in einem hoch komplexen, diffizil vernetzten und ungemein dynamischen System.

Die Resultate sind vielfältig und heißen „prekäre Arbeitsverhältnisse", „Patchwork-Biografie", „Arbeitsnomadie" oder „Generation Praktikum". Handelt es sich hierbei um Zeiterscheinungen mit Ablaufdatum oder lang währende Opfer der Globalisierungsfalle? Wir haben uns umgehört und kamen zu dem Schluss: Die Chance, statt einer Erfolgsbiografie eine

„Scheiterbiografie" zu leben, war noch nie so groß. Im Mindesten muss man mit temporären Einbrüchen in der beruflichen Schönwetter-Kurve rechnen. Wenn man Scheitern nicht mehr ausschließen kann, sollte man es besser gleich einplanen. Denn die Kräfte, welche die Rahmenbedingungen gegenwärtiger Berufstätigkeit definieren, sind für die meisten Menschen nicht greifbar – und daher nicht beeinflussbar.

Das wäre ein guter Ansatz, lebten wir nicht in einer Gesellschaft, in der Scheitern stark vorurteilsbehaftet ist. Anders als im angloamerikanischen Raum, wo es – zumindest erweckt es den Anschein – zum guten Ton gehört, mindestens eine Firma in den Sand gesetzt zu haben, wird berufliches Scheitern im deutschsprachigen Raum mit einem Stigma belegt. Gescheiterte werden bedauert (mit einer gehörigen Portion Schadenfreude, dass einem selbst das Schicksal erspart bleibt), vielleicht sogar gemieden (erhöhte Ansteckungsgefahr!), im schlechtesten Fall an den medialen Pranger gestellt (um sich an dem jämmerlichen Anblick zu ergötzen). Gescheiterte werden aus bestimmten Kreisen ausgeschlossen und sterben den sozialen Tod. Die radikalste Variante des Gesichts- und Reputationsverlustes. Somit wird Scheitern nicht nur zu einer höchst persönlichen Erfahrung des „Gescheitert-Seins", sondern zu einer gesamtgesellschaftlichen Erfahrung. Andere haben eine Meinung dazu. Mehr noch, ihre Einstellung zu den Gescheiterten ändert sich.

Als Konsequenz haben wir mit viel kreativem Potenzial Verdrängungsmechanismen entwickelt: Scheitern wird verschwiegen, verharmlost oder schöngeredet. Es wird im Nachhinein als wertvolle Erfahrung in einem sonst von Erfolg gekennzeichneten Leben dargestellt. Diese Mechanismen verfestigen das Stigma „Scheitern" noch weiter. Gelegentlich wird ein Scheitern einer Weissagung gleichgestellt: eine einzelne Erfahrung als Wink des Schicksals, es nie mehr wieder zu versuchen. Resignation als Konsequenz. Das Tabu des Scheiterns führt dazu, dass es als sehr verwirrende, schlecht einzuordnende Erfahrung erlebt wird. Immer wieder aufs Neue.

Wir möchten mit diesem Buch einen Paradigmenwechsel einläuten: Man muss scheitern dürfen, um lernen zu können und um in der Arbeitsrealität einer globalisierten Wissensgesellschaft überhaupt erst furchtlos arbeiten zu können. Wir wollen das Eis des Schweigens brechen, eine „Kultur der zweiten Chance" unterstützen und dazu beitragen, scheiterfähige Biografiekonzepte zu entwickeln. Damit Scheitern jenen Raum in der öffentlichen Wahrnehmung erhält, der ihm zusteht.

Im nächsten Kapitel werfen wir einen Blick darauf, welche Innovationen Scheitern hervorgerufen hat. Anschließend nehmen wir Scheitern genauer unter die Lupe: Wie verhält sich Scheitern zu Erfolg, welchen Bedeutungswandel hat das Wort durchgemacht und welchen gesellschaftlichen Wandel hat Scheitern über die letzten zwei Jahrhunderte durchlaufen? Wenn wir erkennen, woher das Tabu des Scheiterns kommt, verstehen wir eher, warum wir schon beim kleinsten Fehler wie vom Blitz getroffen zusammenzucken. Sodann lassen wir unseren Scheiterexperten den Vortritt, sie geben uns in Kapitel 4 ihre persönliche Definition von Scheitern. Wir sehen, welchen Weg Scheitern nehmen kann und was danach kommt.

Das 5. Kapitel widmet sich ausschließlich den Scheitererlebnissen unserer Interviewpartner. Kapitel 6 wirft ein kritisches Auge auf die besonderen Herausforderungen, vor die uns das 21. Jahrhundert stellt. Danach stellen wir uns die Frage, ob das vielfach gerühmte Land der zweiten Chance, die USA, wirklich hält, was ihr Ruf verspricht. Kapitel 8 befasst sich mit der Rolle der Medien in der Darstellung von Scheitern. Schließlich beobachten wir noch, wie sich die unterschiedlichen Anforderungen an Frauen und Männer in ihrem Umgang mit Scheitern niederschlagen.

In Kapitel 10 stellen wir uns die Frage, was die Wirtschaft von anderen Lebensbereichen, wie der Wissenschaft, der Kultur und dem Sport, lernen kann. Und letztendlich brechen wir im darauf folgenden Kapitel eine Lanze für das Scheitern. Wie man selbst einen normaleren Umgang mit dem treuen Weggefährten Scheitern pflegen kann, verraten wir Ihnen in Kapitel 12. Am Ende des Buches angelangt, können Sie sich – beruhigt durch die Erkenntnis, dass Scheitern zum (Berufs)Leben einfach dazugehört – zurücklehnen.

# KAPITEL 2: INNOVATIONSMOTOR SCHEITERN

*„Unsere Fehlschläge sind oft erfolgreicher als unsere Erfolge."*
*Henry Ford*

Scheitern kann zu einem durchwegs positiven Resultat führen, oftmals dann, wenn der Zufall seine Finger im Spiel hat. Gerade die Wissenschaft bietet einen wahren Fundus an missglückten Experimenten. Kleine blaue Wunderpillen verhindern seit vielen Jahren, dass es Männer in einer sehr persönlichen Situation es erst gar nicht zum Scheitern kommen lassen. Des Zufalls Verdienst: Der Wirkstoff Sildenafil sollte die koronaren Arterien von Herzpatienten erweitern. Als der Pharmakonzern Pfizer die Versuchsreihe nach mehreren Jahren abbrach, wunderten sie sich nicht schlecht, dass sich die Probanden schlichtweg weigerten, die Pillen zu retournieren. Die Revolution im Bett war bereits im vollen Gange. Das ehemals als Herzmedikament geplante Produkt kam einige Zeit später als Potenzmittel „Viagra" auf den Markt. Auch wenn das anfängliche Ziel nicht erreicht wurde, käme wohl niemand auf die Idee, von einem pharmazeutischen Flop zu sprechen. Die Antibabypille hatte ihren Ursprung ebenfalls in einer zufälligen Entdeckung. Carl Djerassi[3] wollte aus Steroiden Kortison gewinnen, um Arthritis zu bekämpfen, als ihm eher zufällig die synthetische Herstellung des Schwangerschaftshormons Gestagen gelang. Der Rest ist Geschichte.

Die Medizin dürfte einen ausgesprochen guten Draht zu Professor Zufall pflegen. So vergaß Alexander Fleming[4] 1928 Bakterienkulturen wegzu-

3 Carl Djerassi (*1923, Wien), Chemiker und Schriftsteller, wird als „Vater der Antibabypille" bezeichnet.

4 Sir Alexander Fleming (*1881, Lochfield; †1955, London), schottischer Bakteriologe, Nobelpreisträger, Entdecker des Penicillins.

räumen, bevor er sein Labor für mehrere Tage schloss. Als er zurückkam, hatte ein Schimmelpilz den Bakterien arg zugesetzt. Fleming schmiss die Bakterien nicht einfach weg, sondern erkannte das Potenzial des Schimmelpilzes. Heraus kam 15 Jahre später das Antibiotikum „Penicillin". Ähnlich erging es Marie Curie[5] – dass die Röntgenstrahlen ein Produkt des Zufalls sind, erfährt mittlerweile jedes Kind in der Schule.

Studien haben ergeben, dass 90 Prozent der Neuprodukte bereits ein Jahr nach der Markteinführung wieder aus den Regalen verschwinden. Dem glücklosen Versuch der Firma 3M, einen neuen Spezialkleber herzustellen, hätte dieses Schicksal auch fast geblüht. Denn heraus kam ein Klebstoff, der die recht eigenwillige Eigenschaft aufwies, gleichzeitig fest zu kleben und sich wieder abziehen zu lassen. Wozu sollte das gut sein? Das wusste niemand so recht, und so verschwand 1968 die Formel in einer Schublade. Erst sechs Jahre später sollte der Nutzen erkannt werden: Auf dünne Papierstreifen aufgetragen, findet sich der Stoff mit der einzigartigen Klebewirkung nun auf fast jedem Schreibtisch – als Post-it. Angeblich erkannte ein Forscher von 3M das Potenzial des Klebers, als er auf der Suche nach einer Lösung für ein allsonntäglich sich wiederholendes Problem war – seine Lesezeichen hatten die unangenehme Angewohnheit, aus dem Kirchenchorbuch zu fallen. Genauso wenig wie man dem Post-it Superkleberqualitäten zusprechen kann, kann man bei Tixo von einem Wundpflaster sprechen, aber das sollte es ursprünglich werden. Auch dem Teflon merkt man nicht an, dass es als Nebenprodukt auf der Suche nach einem neuem Kühlsystem für die Raumfahrt entstanden ist.

Nicht wenige Menschen, die ob ihres Erfolges in den Himmel gelobt werden, haben eine gescheiterte Karriere auf einem anderen Gebiet hinter sich. So erging es auch einem gewissen Harland David Sanders[6], der mit 66 Jahren und zwei bankrotten Firmen auf einem Haufen Schulden und einem Hühnchen-Rezept saß. Mit diesem in der Hand klapperte er quer durch die USA Restaurants ab auf der Suche nach einem Partner. Erst nach zwei Jahren wagte ein Wirt den Versuch – sehr zur Freude der Kundschaft. Aus einem Gericht auf der Speisekarte wurde

5 Marie Sklodowska-Curie (*1867, Warschau; †1934 in Frankreich), Chemikerin und Physikerin, gilt als Mitentdeckerin der Radioaktivität. 1903 Nobelpreis für Physik und 1911 Nobelpreis für Chemie.

6 Harland David Sanders (*1890; †1980), Gründer der Systemgastronomie Kentucky Fried Chicken (KFC).

ein System, aus dem System eine weltumspannende Franchise-Kette mit mittlerweile 11.000 Filialen. Noch heute lächelt Harland David Sanders von jeder KFC-Verpackung. Von einer gescheiterten Existenz kann bestimmt nicht mehr die Rede sein, auch wenn die Anfänge einen anderen Ausgang vermuten ließen. Herr Sanders ist nicht als Einziger erfolgreich gescheitert. Thomas Watson[7] wurde als Direktor gefeuert, saß ein Jahr wegen Verstoßes gegen das Kartellrecht im Gefängnis und baute anschließend IBM auf. Auch Michael Bloomberg[8] wurde nach einem Rausschmiss (als Chef-Trader bei Salomon Brothers) zum Unternehmensgründer und ist heute Herr über ein Medienimperium. Albert Einsteins Schulerfolg stand wegen seiner schlechten Note in Mathematik auf des Messers Schneide.

Auch ein Bankrott muss nicht immer das Ende einer Entwicklung bedeuten: Henry Ford[9] gründete nach zwei glücklosen Versuchen die Ford Motor Company, Walt Disney brauchte gar fünf Anläufe, bevor er Disneyland bauen konnte, und Thomas Alva Edison[10] probierte über 9.000 Glühfäden, bis er denjenigen fand, der die Glühbirne zum Leuchten brachte. Nun verstehen wir vielleicht auch, aus welchem Erfahrungsschatz Edison schöpfte, als er sagte: „Niemals aufgeben! Unsere größte Schwäche ist das Aufgeben. Der sicherste Weg zum Erfolg besteht darin, immer wieder einen neuen Versuch zu wagen." Ein gewisser Sandy Weill[11] wurde unliebsam aus dem Management des Kreditkartenkonzerns American Express entfernt, woraufhin er – der Legende nach aus Trotz – eine Bank gründete. Die Citigroup

---

7 Thomas John Watson (*1874, Campbell; †1956, New York City) wird oftmals fälschlicherweise als Gründer von IBM bezeichnet, er war jedoch „nur" Vorstandsvorsitzender (bis 1956) und damit einer der reichsten Männer seiner Zeit.

8 Michael Rubens Bloomberg (*1942, Medford, Massachusetts, USA) Geschäftsmann und Bürgermeister von New York City. Studierte an der Johns Hopkins University und der Harvard University. Für seinen Austritt bei Salomon Brothers bekam er rund 10 Millionen Dollar und gründete die Firma Bloomberg L.P. Seit 2002 Bürgermeister von New York.

9 Henry Ford (*1863, Wayne County, Michigan, USA; †1947, Dearborn, Michigan), Gründer der Ford Motor Company, perfektionierte die Fließbandtechnik.

10 Thomas Alva Edison (*1847, Milan, Ohio, USA; †1931, West Orange, New Jersey), zahlreiche marktfähige Erfindungen im Bereich der Elektrizität und des Kraftwerkwesens. Seit 1983 wird an Edisons Geburtstag in den USA der National Inventor's Day begangen.

11 Sandy Weill (*1933, New York), gründete die Citigroup, heute Aufsichtsratsvorsitzender, gilt als einer der einflussreichsten Männer der Finanzwelt.

zählt heute zu den weltgrößten Banken. Auch Dee W. Hock[12], der als Gründer des Kreditkartensystems gilt, blickte auf eine Karriere mit vielen Tiefpunkten zurück. Er wurde dreimal als Geschäftsführer gefeuert, bevor er VISA zum Erfolg verhalf. Hock sagte einmal: „Scheitern ist ein integraler Bestandteil von Wachstum. Jeder hat die Möglichkeit, die Welt zu imaginieren, wie sie sein sollte – und sich entsprechend zu verhalten." Die Welt imaginiert sich auch Stelios Haji-Ioannou[13], dessen Airline easyJet die drittgrößte Billigfluglinie ist. Die dazugehörenden easyHotels sind ebenfalls auf dem besten Weg, sein erstes Unternehmen, eine Diskontreederei, setzte er hingegen in den Sand.

Astrid Lindgrens[14] „Pippi Langstrumpf" wurde in siebenundfünfzig Sprachen übersetzt und regt seit 1946 die kindliche Phantasie zu Gedankensaltos an. Die bekannteste Kinderbuchautorin der Welt erhielt 1994 den Alternativen Nobelpreis. Ist sie gescheitert, nur weil die Pippi, wie wir sie kennen, eine zahme Variante des frechen, aufmüpfigen Mädels ist, das es ursprünglich sein sollte? Die ursprüngliche Fassung von „Pippi Langstrumpf" traute sich kein schwedischer Verleger zu publizieren.

---

12 Dee W. Hock, Gründer und CEO der VISA credit card association. Gründer und bis 2005 Vorstand der „Chaordic Alliance" (später „Chaordic Commons"), die neue Organisationsformen einführen möchte.

13 Sir Stelios Haji-Ioannou, KBE (*1967, Athen, Griechenland), britischer Unternehmer mit griechisch-zypriotischen Wurzeln. Gründete mit 28 Jahren den Billigflieger easyJet, entwickelte sein Konzept zur easyGroup weiter und besitzt heute eine Vielzahl von Unternehmen in unterschiedlichen Branchen. 2006 wurde ihm von der Queen der Adelstitel verliehen.

14 Astrid Lindgren (*1907 auf Näs, Schweden; †2002, Stockholm), Schriftstellerin. Sie gehört zu den bekanntesten Kinderbuchautoren der Welt: „Pippi Langstrumpf", „Ronja Räubertochter", „Madita", „Wir Kinder aus Bullerbü" u.v.a.

# KAPITEL 3: SCHEITERN UNTER DIE LUPE GENOMMEN

*„Das Scheitern ist das Gewürz, das dem Erfolg seinen Geschmack gibt."*
*Truman Capote*

Der Philosoph Søren Kierkegaard[15] stellte einmal sinngemäß fest: Man versteht das Leben nur rückwärts, aber leben muss man es vorwärts. Schön, wir bewegen uns also im Blindflug durch das Leben. Scheitern ist im menschlichen Dasein fix einprogrammiert. Wenn es schon unausweichlich ist, warum können wir nur so schlecht damit umgehen? Was macht diese große Unbekannte so bedrohlich? Das Heimtückische am Scheitern ist, dass es einem im Moment des Geschehens den Boden unter den Füßen wegzieht. Oft überraschend und mit solch einer Wucht, dass es schier unmöglich ist, ad hoc neue Pläne für die Zukunft zu machen. Man schwebt im Jetzt im luftleeren Raum, die Zukunft hat sich als Schall und Rauch herausgestellt, und zu allem Übel löst sich das Fundament jeglicher Planung, die Vergangenheit, in seine Bestandteile auf. Irgendetwas lief in der Vergangenheit falsch, sonst wäre es nicht zum Scheitern gekommen. Vergangenheit, Gegenwart und Zukunft verlieren innerhalb kürzester Zeit an Kontur. Kein Wunder, dass Scheitern von Gefühlen wie Desillusionierung, Erfolglosigkeit und Perspektivenlosigkeit begleitet wird. Auf den ersten Blick mag Scheitern ein Problem allein des betroffenen Menschen sein. Bei genauerer Betrachtung zeigt sich jedoch, dass Scheitern ein Problem der Gesellschaft ist, die hohe,

---

15 Søren Aabye Kierkegaard (*1813, Kopenhagen; †1855), dänischer Philosoph und Theologe; gilt als erster Existenzphilosoph bzw. als Begründer der Existenzphilosophie.

vielleicht zu hohe Ansprüche an den Einzelnen stellt. Diesen gerecht zu werden wird zunehmend schwerer.

Jene, die Scheitern erforschen, sind zu dem Schluss gekommen, dass Scheitern eine grundlegende menschliche Erfahrung ist, vollkommen normal und absolut unausweichlich. Scheitern ist „ein stetiger Begleiter, wenn auch kein gern gesehener".[16] Scheitern betrifft jede und jeden von uns mehrmals im Leben. Jeder einzelne Versuch, den wir unternehmen, birgt die Möglichkeit einer Niederlage. Scheitern ist immer eines von mehreren möglichen Ergebnissen. Bei unserer Lebensplanung lassen wir Scheitern aber außen vor. Stattdessen mythologisieren wir es: Scheitern wird dargestellt als der alles entscheidende Moment, in dem die wirklich großen Dinge des Leben ganz plötzlich, in einem „Grande Finale" zu Stücke gehen. Wie kann es zu diesem Showdown kommen? Was wir nicht sehen, ist nicht da. Wir stecken den Kopf weiter in den Sand und erkennen nicht, dass sich das Scheitern mit großen Schritten nähert. Erst wenn wir es genauer betrachten, stellen wir fest, dass Scheitern nur der letzte Schritt einer Reise ist, das letzte Puzzleteil eines großen Ganzen. In der Gesamtansicht erkennt man, dass sich das Scheitern abgezeichnet hat. Wir können aber erst im letzten Moment – wenn überhaupt – reagieren, weil wir es vorher ignoriert haben. So geht Scheitern nicht leise vonstatten und betrifft nicht nur einen Teilbereich unseres Lebens, sondern schlägt uns mit voller Wucht in den Magen.

Scheitern ist stigmatisiert. Die kleinen Unwegsamkeiten des Alltags, die ein temporäres Scheitern darstellen und recht charmant sein können, fallen für uns nicht unter Scheitern. Scheitern ist eine Grenzerfahrung, die alle Aspekte des Lebens in Mitleidenschaft zieht. Großes berufliches Scheitern springt in letzter Konsequenz über ins Privatleben, wo es vielleicht ein zweites Scheitern mit sich bringt.

Nicht umsonst stellte der amerikanische Soziologe Richard Sennett 1998 fest[17]: „Das Scheitern ist das große moderne Tabu. Es gibt jede Menge populärer Sachbücher über den Weg zum Erfolg, aber kaum eines zum Umgang mit dem Scheitern. Wie wir mit dem Scheitern zurechtkommen, wie wir ihm Gestalt und einen Platz in unserem Leben

16 Ley, Ulrike und Michali, Regina: Im Zickzack zum Erfolg. Die Kunst der zweiten Karriere. S. 77

17 Sennett, Richard: Der flexible Mensch. Die Kultur des neuen Kapitalismus. S. 159

geben, mag uns innerlich verfolgen, aber wir diskutieren es selten mit anderen. Stattdessen flüchten wir uns in die Sicherheit des Klischees." Wir haben uns der Pflicht zum Erfolg verschrieben und Scheitern als Schande zu interpretieren gelernt. Scheitern als Normalfall, als regulärer Bestandteil moderner Biografien mag nicht so recht in unsere Köpfe. Ist Erfolg wirklich das Gegenteil von Scheitern? Befinden sich diese zwei Zustände auf den gegenüberliegenden Enden ein und derselben Skala? Das würde dann heißen: Wer Erfolg hat, scheitert nicht, und wer nicht scheitert, hat Erfolg. Die Realität sieht anders aus.

Sprachhistorisch betrachtet, begleitet uns der Erfolg als Zeitwort im deutschen Sprachraum seit dem 17. Jahrhundert. „Erfolgen" bedeutet, etwas zu erreichen oder zu erlangen, was man sich selbst zum Ziel gesetzt hat. Das Zeitwort beschreibt den Weg zum Ziel. Das dazugehörige Hauptwort „Erfolg" beschreibt die positive Wirkung oder Folge von Handlungen bzw. Entscheidungen und verbreitet sich erst mit Anbruch der modernen Gesellschaft.

Einige der Scheiterexperten dieses Buches scheinen bei oberflächlicher Betrachtung falsch gewählt. Sie werden als Erfolgsexperten wahrgenommen. Aber auch sie haben ihre Scheitererfahrungen beim Erklimmen der Karriereleiter gemacht. Gerade wer sich im Erfolg sonnt, erkennt schnell, dass das Scheitern nur wenige Schritte entfernt wohnt. Daher haben wir unsere Scheiterexperten nach ihrer Definition von Erfolg gefragt. Der Skifahrer **Rainer Schönfelder** bringt es klar auf den Punkt:

> *Erfolg ist, was folgt, wenn die Folgen meines Handelns mit dem Ergebnis, das ich mir gewünscht habe, übereinstimmen.*

Die moderne westliche Wettbewerbs- und Mediengesellschaft relativiert Erfolg auf das marktrelevante Ergebnis. Wunsch und Realität müssen nicht mehr bloß übereinstimmen, sondern tunlichst geldwertigen Gewinn abwerfen. So sieht es auch **Hansjörg Tengg**, der sich seine Meriten als Sanierungsmanager der Handelskette Konsum und beim Aufbau des Mobilfunkers max.mobil (später T-Mobile) geholt hat:

> *Erfolg besteht im Wesentlichen darin, das gesetzte Ziel zu erreichen. Was sonst ist Erfolg? Es nicht zu erreichen ist Misserfolg. Es sei denn, man erreicht es in einer modifizierten Form. Es ist ja so,*

*dass ein gestecktes Ziel vielleicht nicht genau in der ursprünglichen Definition erreicht wird, sondern in einer modifizierten Form. Aber es muss an sich eine positive Zielerreichung sein, die eben das wirtschaftlich positive Ergebnis bringt. Ja, das ist es eigentlich im Wesentlichen.*

Man kann Erfolg aber auch auf einer wesentlich persönlicheren Ebene sehen. Für diesen Ansatz plädieren der Musikproduzent und ehemalige Falco-Bandleader **Thomas Rabitsch** und die TV-Moderatorin sowie Inhaberin der Fernsehproduktionsfirma KiWi-TV **Barbara Stöckl**:

***Thomas Rabitsch:*** *Ich glaube, dass Scheitern und Erfolg gar nicht wirklich etwas miteinander zu tun haben. Also beruflicher Erfolg hängt bei mir profan ausgedrückt von meinem Befindlichkeitsstatus ab. Ich muss zufrieden sein. Wenn ich mit dem, was ich gemacht habe, zufrieden bin, dann ist das für mich Erfolg. Es ist nichts Pekuniäres. Erfolg definiert sich weder über Geld noch Bekanntheitsgrad, sondern darüber, dass ich glücklich, dass ich zufrieden bin, weil ich das Gefühl habe, dass mir dieses oder jenes gelungen ist. Das ist vielleicht eine relativ private Ansicht und ich weiß nicht, ob man das so verallgemeinern kann. Für mich ist es ganz wichtig in meiner Arbeit, dass ich nicht das Gefühl habe, ich arbeite etwas ab, weil ich einen Auftrag habe, und bin froh, wenn er fertig ist. Ich muss auch einen persönlichen Effort davon haben, einen persönlichen Gewinn oder persönliche Lustbefriedigung an dem Projekt.*

***Barbara Stöckl:*** *Erfolg hat für mich mit Gleichgewicht zu tun, ein Zustand der Balance zwischen äußerer Anerkennung und innerer Zufriedenheit. Zwischen Anspannung und Entspannung. Wenn alle dir zujubeln, dann ist das zwar ein schönes Gefühl, aber erst wenn du in dir drinnen die entsprechende Übereinstimmung findest, dann ist es Erfolg. Da ist zwar vielleicht das schnelle große Glänzen und man erfüllt in den Augen anderer irgendwelche Erwartungen, aber wenn eine innere Leere damit einhergeht, kann man den Erfolg nicht spüren. Erfolgreich fühlt es sich dann an, wenn du in Balance bist.*

Dieses Gefühl der Ausgewogenheit, dass man Erfüllung findet in dem, was man macht, scheint eine grundlegende Zutat des Erfolgs zu sein.

## 3.1 SPRACHSPIELE

*„Ich kenne nichts auf der Welt, das eine solche Macht hat, wie das Wort. Manchmal schreibe ich eines auf und sehe es an, bis es beginnt zu leuchten."*
*Emily Dickinson*

Lassen wir erst mal die emotionale Komponente beiseite und betrachten Scheitern rein auf der sprachlichen Ebene. Bertelsmann definiert „Scheitern" als „einen Misserfolg erleiden, nicht zum Ziel gelangen" und stellt dem Scheitern somit den Erfolg gegenüber. Auf der deutschsprachigen Ausgabe von Wikipedia hat sich jemand die Mühe gemacht, ein wesentlich breiteres Spektrum des Scheiterns herauszuarbeiten:

1. In der Seefahrt bezeichnet Scheitern ein Schiffsunglück, bei dem das Schiff vom Sturm auf Klippen oder auf eine felsige Küste geworfen wurde und unter den Wellenstößen zerschellt ist.
2. In der Kunst ist Scheitern eine seit der Renaissance bekannte Pose, in der Künstler ihre Verzweiflung (oder ihre Bescheidenheit) darüber zum Ausdruck bringen, dass sie nicht gottgleich etwas Lebendiges schaffen können.
3. Scheitern wird auch als Synonym für das Fehlschlagen eines Vorhabens verwendet.
4. Ein angestrebtes Ziel o. Ä. nicht erreichen, keinen Erfolg haben.

Die Definitionen drei und vier klingen vertraut – von Erfahrungen dieser Provenienz erzählen viele unserer Scheiterexperten. Der Definition Nummer zwei werden wir in Kapitel 9.3 begegnen. Definition eins beschreibt die ursprüngliche, etymologische Bedeutung des Wortes. Es kommt vom mittelhochdeutschen „schiter", dem Wort für Scheit, das als

Adjektiv „dünn, mager, nicht dicht, lücken-, mangelhaft"[18] (Lexers Wörterbuch) meint. Das Zeitwort „schiteren" bedeutet somit „schiter" machen, etwas scheiden, in Stücke schlagen. Noch heute kennt das schweizerische Deutsch das Zeitwort „scheiten", welches spalten bedeutet.

Zerbarst ein Schiff an einem Felsen, so „ging es zu Scheitern" oder „wurde zu Scheitern", wie ein schriftlicher Beleg von vor 1546 beweist. Das Synonym „Schiffbruch erleiden" geht auf diese ursprüngliche Bedeutung von Scheitern zurück. „Schiffbruch erleiden" und „Scheitern" beschreiben etwas Endgültiges. Wenn ein Schiff am Felsen zerschellt, lässt es sich nicht einfach wieder zusammenzimmern, und man kann annehmen, dass auch Menschen ihr Leben lassen mussten. Eine extreme Form des Scheiterns und für alle Beteiligten eine schmerzliche Zeit. Wer Schiffbruch erlitt, war den Naturgewalten hilflos ausgeliefert. Diese Hilflosigkeit hat sich in das Wort „scheitern" hinübergerettet und schwingt noch heute mit.

Scheitern im übertragenen Sinn, als das Nichterreichen eines Lebensszieles, ein In-Stücke-Gehen einer Biografie, findet man ab dem 18. Jahrhundert. Geblieben ist dem Scheitern die Bedeutung, dass etwas entzweigeht, gespalten oder zerschlagen ist, eine gewisse Funktionsfähigkeit verliert. Der menschliche Drang nach Heilsein oder Ganzheit steht im starken Kontrast zum Zustand des Scheiterns. Kein Wunder, dass Scheitern negativ besetzt ist.

Ein bedeutungsgleiches Wort für scheitern gibt es nicht. Einige bedeutungsverwandte Wörter heben das Nichterreichen hervor, wie fehlschlagen, schieflaufen, missglücken, misslingen, missraten, zurückweichen müssen oder einen Misserfolg haben. Andere legen das Augenmerk auf den Fehler der Person, z.B. erliegen, straucheln, verunglücken, zusammenbrechen, versagen, zu Fall kommen, nicht in Erfüllung gehen, schlecht davonkommen, übel ankommen oder es nicht weit bringen. Bei einigen fühlt man regelrecht den Schmerz, den das Scheitern verursacht: stolpern, straucheln, hinfallen, auf die Nase fallen, sich die Knie blutig schlagen oder aufschlagen. Sollte einmal etwas „in die Hose gehen", darf man sich einer gewissen Häme sicher sein.

Im Zusammenhang mit dem Scheitern spricht man oft von Sterben, Tod, Schmach und Schande, Trennungsschmerzen, Angst, Zukunftsangst, aber

18 Lexer, Matthias: Mittelhochdeutsches Taschenwörterbuch.

auch von Schuld und Täter. Laut einer Umfrage des Gallup-Instituts[19], die im Herbst 2007 im Auftrag des Wirtschaftsclubs gruppe1031 durchgeführt wurde, verbinden ganze 39 Prozent der Befragten wirtschaftliches Scheitern mit negativen Gefühlen. Mit 25 Prozent klar auf Platz 1 rangieren „Traurigkeit, Depression und Frustration", gefolgt von „Hoffnungslosigkeit, Aussichtslosigkeit und Selbstaufgabe" (mit 14 Prozent). Andere Konsequenzen wie „Verlust des Ansehens" (7 Prozent), „Wut, Ärger, Aggression" (6 Prozent) oder „Angst" (6 Prozent) sind weit abgeschlagen.

Nicht selten ist ein Vorhaben „zum Scheitern verurteilt". Gescheiterte gelten als Verlierer, manchmal gleich auf vielen Ebenen: beruflich, persönlich, in der Gesellschaft, bei Banken und Behörden. Wenn es ihn oder sie schlimm erwischt, wird man sogar zum „Fall", um den sich Ämter und Sozialarbeiter kümmern müssen. Kein Wunder, dass man gerne Metaphern bemüht, wenn man vom eigenen Scheitern erzählt. Das weite Feld des Sportes bietet hier eine Auswahl verharmlosender Begriffe: So wurde „eine Chance vergeben", ein Fehlstart oder Fehlschuss gemacht, „aufs falsche Pferd gesetzt". Rückblickend hatte man „mit Kinderkrankheiten zu kämpfen" oder „Lehrgeld zu zahlen".

Wer vom Scheitern erzählt, schreibt es gerne den unglücklichen Umständen oder der Fehlleistung Dritter zu. Andere verharmlosen oder leugnen den Misserfolg. Es fehlt eine Erzähltradition des Scheiterns, die dem Scheitern ein wenig die Schärfe nehmen würde. Mit Erfolg können wir wesentlich unverkrampfter umgehen und blicken auch auf eine lange Erzähltradition zurück. Die Bandbreite reicht von den Heldensagen bis zu Autobiografien prominenter Persönlichkeiten. Dabei ist der wahrlich große Mensch erst jener, der aus dem Scheitern lernt, sich weiterentwickelt. Darin liegt die Kraft des Scheiterns.

Scheitern sollte zur Normalität des Alltags gehören. Wenn ich meinem Scheitern mit einem entspannten Zugang gegenübertrete, kann ich daraus Kraft schöpfen und mich weiterentwickeln. Man sollte nicht nur die Bedrohung sehen, sondern Scheitern als Teil des Lebens anerkennen. Dann kann man mit diesen Situationen anders umgehen.

---

19 gruppe1031: gescheiter(t)? Tabuthema und Chance. Eine konstruktive Auseinandersetzung mit dem wirtschaftlichen Scheitern. Die Frage lautet: „Welche negativen Gefühle und Konsequenzen verbinden Sie persönlich mit der Tatsache, in einer beruflichen/wirtschaftlichen Situation gescheitert zu sein? (S. 8) Zur in der Industriellenvereinigung angesiedelten gruppe1031: „Die gruppe1031 ist ein österreichisches Netzwerk von jungen Unternehmern und Führungskräften und versteht sich als Plattform und Diskussionsforum für wirtschafts- und gesellschaftspolitische Fragestellungen." (www.gruppe1031.at)

## 3.2 SOZIALGESCHICHTE DES SCHEITERNS

*„Wenn man erfolgreich ist, dann überschlagen sich die Freunde, aber erst wenn man einen Misserfolg hat, dann freuen sie sich wirklich."*

*Harry S. Truman*

Wenn Scheitern als persönlicher Makel betrachtet wird, ist der Schritt zur Sünde nicht weit. Wer gesündigt hat, muss Buße tun. Für Mitleid ist kein Platz und für Vergebung jemand anderer zuständig. Somit sind die Zaungäste des Geschehens von jeglichem Handeln freigesprochen. Aber warum ist es so? Warum können wir vom Scheitern nicht mit derselben Leichtigkeit erzählen, mit der wir vom letzten Wochenende berichten? Woher kommt es, dass Scheitern immer mit Schuldzuweisung verbunden ist? Warum kann Scheitern nicht einfach als eine von vielen Episoden im Leben akzeptiert werden? Um diese Fragen zusammenzufassen: Warum also wird die Leichtigkeit des Scheiterns nicht tagtäglich (vor)gelebt? Wie so oft sind die Wurzeln tief in der Gesellschaftsgeschichte vergraben.

Noch bis zum 19. Jahrhundert versteht man im europäischen Raum das menschliche Leben als „Lebenszyklus", ähnlich dem Verlauf der Jahreszeiten. Das Leben eines Menschen verläuft zirkulär, man erwacht zum Leben (Frühling), wächst zu voller Blüte bis zur Ernte heran (Sommer), bis die Kräfte langsam schwinden (Herbst) und man letztendlich erkaltet (Winter). Aufstiegskarrieren, wie wir sie heute kennen, sind den Menschen unbekannt, sie sehen den zyklischen Lauf der Dinge als gottgegeben an. Alle Menschen bekommen zu jeder Zeit einen fixen Platz zugewiesen.

Parallel dazu entwickelt sich in der bürgerlichen Gesellschaft eine Weltsicht, die im 19. Jahrhundert „Stufenalter des Menschen" genannt wird und bis in die 50er-Jahre des 20. Jahrhunderts Gültigkeit hat. Das Stufenalter kann man sich wie eine Steigleiter vorstellen: auf der einen Seite hinauf, oben eine Plattform, auf der anderen Seite ein gleich langer Abstieg. Die Gesellschaft kennt zwei Stufenleitern, eine für den Mann und eine für die Frau, da sie unterschiedliche gesellschaftliche Rollen auszufüllen haben. Der Mann steht an der Spitze der Leiter auf dem Gipfel des beruflichen Erfolges. Der darauf folgende Gang die Altersstufen hinab erfolgt langsam und würdevoll. Das Leben der Frau erlangt erst durch die Mutterschaft Vollwertigkeit. Auf dem Zenit des Stufenalters wird ihre eigene Mutterschaft durch die ersten Enkelkinder gewürdigt. Für beide Geschlechter sind die Stufen, die es zu erklimmen gilt, genau vorgezeichnet. Wenn sich jemand aus diesem System herausbewegt oder gar von einer der Stufen fällt, gibt es so gut wie kein Zurückkommen. Man spricht dann von einer „gescheiterten Existenz" und von einer „gefallenen Frau".

Die Industrialisierung bringt im England des 18. Jahrhunderts das Stufenalter gehörig ins Wanken. Auf einmal gibt es die Figur des sozialen Aufsteigers, ein Phänomen, das vorher undenkbar schien. Da überspringt jemand Stufen, wirtschaftlicher Erfolg wird mit weltlichem Ansehen gewürdigt. „Jeder ist seines eigenen Glückes Schmied", lässt sich an konkreten Beispielen ablesen. Die Mehrzahl dieser sozialen Aufsteiger sind Protestanten, denen bald eine bestimmte Ethik der Arbeit nachgesagt wird. Arbeit ist für Protestanten religiöse Pflicht und persönliche Berufung, anders im Katholizismus, wo sie Strafe für den Sündenfall darstellt. Die Lehre der christlichen Prädestination wird vom Calvinismus abgelöst. Fortan bestimmen die Tugenden Fleiß, Sparsamkeit und Bescheidenheit die Arbeitsmoral und finden in vielen Sprüche ihren Niederschlag: „Morgenstund hat Gold im Mund", „Müßiggang ist aller Laster Anfang", „Steter Tropfen höhlt den Stein" oder „Was du heute kannst besorgen, das verschiebe nicht auf morgen". Die protestantische Ethik wird in den USA zur Arbeitsmaxime, individuelles Erfolgsstreben geradezu zur sozialen Pflicht. Das verdiente Geld dürfen Puritaner aber nicht für weltliche Vergnügungen ausgeben. Daher wird es reinvestiert, bringt so wiederum neues Geld und verfestigt den Glauben an den Erfolg. Erfolg und Geld werden fortan als eng miteinander verknüpft wahrgenommen.

Wenn Erfolg ein Zeichen dafür ist, dass Gott das tugendhafte Leben belohnt, so ist ein erfolgloser Mensch bei Gott in Ungnade gefallen. Misserfolg und Scheitern sind selbstverschuldet. Gottes Gnade kann wiedererlangt werden, wenn man sich kraft eigenen Wollens und Tuns auf den Pfad der Tugend zurückbegibt. Aus dieser Denkweise heraus bedeutet Scheitern in den USA noch heute nicht denselben großen Makel wie in Europa – solange man Fleiß zeigt: Man muss es nur versuchen.

In den 1950er-Jahren erfährt die protestantische Ethik einen Säkularisierungsschub. Nicht so sehr der Glaube an Gott, sondern der Glaube an sich selbst ist fortan entscheidend. Fleiß, Beständigkeit und Aufrichtigkeit werden abgelöst von Selbstbewusstsein, Selbstvertrauen und positivem Denken. Man hält die Möglichkeit zum Erfolg fest in den eigenen Händen. Diese zutiefst amerikanische Arbeitsmoral strahlt bis nach Europa, als man hier nach dem Zweiten Weltkrieg neidvoll zusieht, welche wirtschaftlichen Wunder möglich sind.

Wer es aus sich selbst heraus zu Erfolg bringt, lernt bald, diesen Erfolg mit Statussymbolen für alle Welt sichtbar zu machen. Der Run auf den wirtschaftlichen Wohlstand wird gesellschaftlich einzementiert. Wer seine Statussymbole nicht halten kann, muss mit Statusverlust in der Öffentlichkeit rechnen. Ökonomische Sicherheit gewinnt als biografisches Ziel die Oberhand, andere Möglichkeiten wie Familiengründung werden in den Hintergrund gedrängt. Wahlfreiheiten in der Lebensplanung steigen, Berufswünsche haben sich nicht mehr zwingend an Familientraditionen zu orientieren. Bis vor wenigen Jahren sind berufliches Scheitern und Arbeitslosigkeit fast gleichbedeutend, nun gibt es weit mehr Möglichkeiten des Scheiterns, die durchwegs in das Feld der Eigenverantwortlichkeit gerückt sind.

Der Druck erfolgreich zu sein steigt stetig an. War während der Aufklärung Tugend die Voraussetzung für Glück, so lässt die Freiheit zur individuellen Lebensgestaltung heute alle Möglichkeiten offen. Nichts scheint vorherbestimmt. Das erzeugt Unsicherheit, bei vielen Orientierungslosigkeit, gelegentlich führt es zu Stillstand oder erzwungenem Richtungswechsel.

Erschwerend kommt hinzu, dass katholisch geprägte Gesellschaften einen Fehler mit Schuld gleichsetzen, die wiederum Angst auslöst. Scheitern und Sünde geraten in gefährliche Nähe. Vielleicht haftet Scheitern deswegen ein Leben lang, wie ein schwerer Sündenfall, an einem und tut man sich gar so schwer, Absolution zu erteilen.

## 3.3 ACHTUNG: TABU!

*„Tabus sind Dinge, über die man nicht spricht, weil ohnehin alle daran denken."*
*Ralph Boller*

Nun möchte man doch meinen, dass wir uns aus der Umklammerung des sündhaften Scheiterns bereits ein Stück weit gelöst hätten. Weit gefehlt. Obwohl Scheitern für immer mehr Menschen eine reale Lebenserfahrung darstellt, hat die Gesellschaft noch keine „scheiterfähigen" Biografiekonzepte entwickelt. Wir hetzen einer Normalität hinterher, die es so nicht mehr gibt. Die Sicherheiten werden weniger, lebenslanges Lernen stellt uns periodisch vor neue Herausforderungen, fixe Arbeitsplätze entwickeln sich zur Mangelware, ein beruflicher Zickzackkurs mit zwischengeschalteten Leerläufen wird zur Normalität.

Angesichts dieser Tatsachen ist es höchst an der Zeit, das Tabu des Scheiterns aufzubrechen. Scheiterfähigkeit heißt das Ziel. Scheiterfähigkeit? Die Fähigkeit zu scheitern liegt uns allen im Blut. Es geht bei Scheiterfähigkeit daher vielmehr darum, dass man lernt, Scheitern produktiv zu nutzen, nicht erst nach einer Zeit der Erstarrung und der langjährigen, einsamen Regeneration. Scheiterfähigkeit bedeutet, in der Krise selbst handlungsfähig zu bleiben, das eigene Scheitern aktiv anzugehen und zu verarbeiten. Es ist an der Zeit, eine Kultur des Scheiterns, die eine „Kultur der zweiten Chance" bedeutet, zu entwickeln. Eine Kultur der zweiten Chance besitzt Denkmuster und Strategien, um über biografisches Scheitern reden zu können, es zu teilen und als normalen, ja selbstverständlichen Bestandteil des Lebens zu verstehen. Von diesem Ziel trennt uns noch ein schönes Stück Weg. In der Zwischenzeit üben wir uns in ständigem Reden über

Erfolg und Leistung. Es gibt kaum gesellschaftliche Umgangsformen mit dem Scheitern bzw. mit den Gescheiterten. Viele Gescheiterte werden ausgegrenzt. **Franz Küberl,** Präsident der Caritas Österreich und Direktor der Caritas Graz, geht sogar so weit, von einem „Scheiterverbot" in Österreich zu sprechen:

> *Wir haben in Österreich ein Verbot des Scheiterns. Das erzeugt ein ganz bestimmtes Klima: Wenn jemand das Problem hat, dass etwas nicht funktioniert, dann kommt er in eine Abwärtsspirale, die von denen, die mit dem Finger auf ihn zeigen, auch mitbewegt und gedreht wird. Natürlich muss man fairerweise sagen, dass es Leute gibt, die Beachtliches selbst bewältigen können. Es gibt aber auch Leute, die diese Kapazität nicht haben - wie immer diese Nichtkapazität zustande kommt.*
> *Ich denke, neben dem Aufheben des Scheiterverbotes wäre ein Zweites wichtig: das Aufheben des Verbotes, dass man sich von jemandem helfen lässt. Das riecht bei uns, wenn man sich von jemandem helfen lässt. Das ist entsetzlich, weil es selbstverständlich gescheit sein kann, wenn man sich von jemandem helfen, beraten oder begleiten lässt. Es hat sich auch noch niemand selbst auf die Welt gebracht. Es ist nicht so, dass man nur für sich alleine leben kann.*

Was ist das Ergebnis solch einer gesellschaftlichen Einstellung? Keiner getraut sich den ersten Schritt zu tun. Jeder hofft darauf, dass endlich jemand das Eis bricht, und coacht sich in der Zwischenzeit selbst, eine Erfahrung, die auch die Vizepräsidentin der Wiener Polizei, **Michaela Pfeifenberger**, mehrfach gemacht hat:

> *Ich mache mehr mit mir selbst aus, als dass ich mein Leid meinen Freunden oder Verwandten klage. Sagen wir so: früher noch mehr als jetzt. Weil ich einfach darüber reden und einfach nur schimpfen muss: „Mist, schon wieder!" Das befreit mehr.*

Das Repertoire der gesellschaftlichen Umgangsformen ist heillos unterentwickelt. Wir grinsen betreten, wenn uns jemand von seinem Scheitern erzählt, stammeln vielleicht noch ein Empathie heuchelndes „Ach herrje!" und suchen nach Ausflüchten, das Gespräch zu beenden. Zu groß ist unsere eigene Unsicherheit. Bis wir eine vernünftige Antwort auf die Frage gefunden haben, wie man mit gescheiterten Menschen umgeht, beschränken wir uns darauf, das Scheitern sozusagen als Umkehrung einer Erfolgsgeschichte zu sehen. Scheitern hat einen großen Vorteil: Wenn man von den Erfolgen anderer hört oder sie weitererzählt, muss man allenthalben eingestehen, selbst „kleiner" zu sein. Wenn man vom Scheitern anderer hört oder es weitererzählt, wächst man über den anderen hinaus. Der Standpunkt, den man zum Scheitern einnimmt, gestaltet sich als: Du hast verloren, ich nicht. (Was noch lange nicht heißt, dass man gewonnen hat, aber zumindest kann man kurzfristig diesen Eindruck erwecken.) Diese Fingerzeigmentalität, die den anderen als Loser degradiert, ist dem Autor und Verleger **Lojze Wieser** oft untergekommen:

***Wie finden Sie es insgesamt, wie die Gesellschaft mit Gescheiterten umgeht?***

*Es ist so wie bei vielen anderen Sachen: Man muss unterscheiden, was sich dahinter verbirgt. Meine Sicht der Dinge in diesem Zusammenhang geht in die Richtung, dass äußerst undifferenziert und äußerst pauschalisierend über solche Sachen hinweggeschaut wird. Wenn man das auf der politischen oder gesellschaftlichen Ebene betrachtet, werden diese Menschen immer als Loser dargestellt. Ihre Kreativität und die Fantasie, die dahinterstecken, werden im Grunde genommen nicht betrachtet. Das ist wiederum ein Spiegelbild dessen, was wir in der Gesellschaft insgesamt erleben, dass Menschen mit Phantasie, Menschen mit Kreativität und Menschen, die nicht ausgetretene Pfade gehen, die nicht dem Mainstream anheimgefallen sind, im Grunde genommen schon vorne hinausgestellt werden, vor die Wand oder vor den Zaun. Und daher ist es nur verständlich, dass die Gesellschaft als solche, die auf die Maximierung des Kurzzeiterfolges ausgerichtet ist, mit Menschen, die oft umständlich ihre Wege suchen, nicht umzugehen versteht.*

Dabei könnte das Sprechen über das Scheitern sogar eine pädagogische Funktion einnehmen. Denn zum Scneitern gehört der Mut, etwas gewagt zu haben. Wir könnten aus den Fehlern anderer lernen, sie in Relation zu den eigenen Erfahrungen setzen und dadurch ein größeres Stück der Welt erkennen. Vielleicht liegt die Lösung des Problems ja vor unseren Augen. Wir müssten nur den Schritt wagen und voller Stolz unser Scheitern verkünden. Denn je weniger man sein eigenes Scheitern tabuisiert, umso eher weiß das Umfeld damit umzugehen. Kein leichtes Unterfangen. Auf den nächsten Seiten werden wir Schritte setzen, um dieses Tabu des Scheiterns aufzubrechen, und ihm stattdessen das Etikett „normal“ umhängen.

## 3.4 FEHLER! DAS ÜBEL NIMMT SEINEN LAUF

*„Die meisten Menschen* scheitern *nicht an ihren Fehlern, sondern an der Unfähigkeit, sie wiedergutzumachen."*

*Albert Schweitzer*

Scheitern wird rückblickend oft als Weggabelung beschrieben. Man hat einen Punkt im Leben erreicht, an dem der beschrittene Weg abrupt endet und eine Entscheidung getroffen werden muss. Ein Weg setzt sich immer aus vielen Teilabschnitten zusammen. Stellt sich heraus, dass ein Weg nicht mehr zum gewünschten Ziel führt, so kann es daran liegen, dass an einem bestimmten Punkt eine falsche Abzweigung genommen wurde. Ein Fehler ist passiert. Manchmal nur der eine, andere Male zieht ein Fehler eine Anhäufung weiterer Fehler nach sich.

Am Anfang des Scheiterns steht ein Fehler, ungeachtet dessen, ob er selbst verschuldet oder von außen zugetragen bzw. verstärkt wurde. Mit dem Fehler hätten wir also den Ursprung allen Übels identifiziert. Im Berufsleben einen Fehler zugeben? Gott behüte, bloß nicht! Ihn runterspielen, ihn einem anderen anhängen, ihn auszubessern versuchen, bevor es jemand merkt – ja. Dabei wäre es für alle Beteiligten das Beste, beim Auftreten eines Fehlers innezuhalten und sich mit anderen gemeinsam auf Ursachensuche zu begeben. In der Realität sieht das anders aus. Die Angst vor Strafe, Hohn, Reputationsverlust und Schaden lehrt uns das Fürchten, sodass ein furchtloser Umgang mit Fehlern nicht möglich erscheint. Dabei versteckt sich hinter einem Fehler nichts anderes als ein Fingerzeig des Systems: Der Fehler zeigt, dass noch nicht alle Eventualitäten bedacht wurden.

„Fehlertoleranz? Unnötiger Schnickschnack, Fehler und Irrtümer dürfen erst gar nicht entstehen!", sagen die einen. Und verfestigen das bestehende Angstparadigma – sie nennen es Null-Toleranz. Es geht aber auch anders – und interessanterweise in einem Betrieb, der sich Fehler nicht leisten darf, weil letztendlich Menschenleben davon abhängen können. **Monika Kircher-Kohl,** CEO des Halbleiterherstellers Infineon, hat mit der Null-Fehler-Toleranz von Infineon bei seinen Produkten einen interessanten Umgang gefunden.

*Bei uns steht hinter jedem Forschungsprojekt ein Kundenauftrag bzw. Kundeninteresse. Von daher ist es notwendig, in jeder Phase eines Projektes sehr offen mit den Zwischenergebnissen umzugehen. Weil gerade dieses Vertuschen von Problemen manchmal erst zum großen Scheitern führt. Der Versuch muss sein, sehr ehrlich mit sich selbst und seiner Umgebung umgehen zu können, und nicht aus Sorge oder Angst dann letztlich statt weniger kleiner einen riesigen Fehler zu machen.*

*Fehler machen wir alle und es ist besser, wir machen erstens nicht immer dieselben und zweitens eher mehrere kleine als den einen, der uns das Hemd kostet. Von daher wäre es höchst unerfreulich, wenn wir ein riesiges Projekt bis zum Ende betreiben und dann feststellen, dass es gescheitert ist. Aber auch das kommt in Spitzenleistungen vor. Nur: Von der Fehlerkultur und dem Wissensmanagement her muss das Ziel Fehlermanagement sein. Man kann es auch Risikomanagement nennen, sich gegenseitig so zu unterstützen, dass die Wahrscheinlichkeit minimiert wird, dass einzelne Teams oder Projektleiter große Fehler machen.*

*Ich empfinde das als sehr befreiend, dass man Fehler offen zugeben kann. Ich glaube, wir sind innerhalb der Branche relativ weit entwickelt, was diese Kultur betrifft. Dass, wenn ein Fehler passiert, nicht die Frage gestellt wird „Wer war es?" oder die Leute mit dem Finger aufeinander zeigen. Sondern: „Haben wir's verstanden?", also „Warum ist es passiert, was hat dazu geführt?" etc. Aus dem heraus kann man eigentlich erst sagen: „Was tun wir, um das das nächste Mal zu vermeiden – bei uns selbst und auch bei KollegInnen?" Diese Form der Fehlerbewältigung führt dann auch dazu, dass man mit Fehlern viel leichter umgehen kann und damit auch sofort solidarischer umgeht.*

*Einen Fehler zu erkennen, verlangt konsequenterweise danach, etwas zu verändern, anzupassen, neu zu ordnen. Bisherige Abläufe und Routinen gehören überdacht, lang eingesessene Strukturen aufgebrochen. Vielleicht auch das ein Grund, warum auf Managementebene die Fehlerkultur noch so wenig gefördert wird: weil „Unruhe im System" tunlichst vermieden gehört – und jede Veränderung bringt Unruhe mit sich. Dabei wäre ein langsames Angleichen an kleine Misslichkeiten wesentlich einfacher als das große Aufräumen nach dem Fehler-Overkill. „Kaizen" heißt auf Japanisch „Veränderung zum Besseren" und beschreibt als Managementstil die schrittweise Optimierung eines bewährten Produktes. Nicht die großen Schritte bringen die Verbesserung, sondern die kleinen – denn diese erlauben auch einmal einen Schritt zur Seite oder rückwärts und ermöglichen so eine neue Sicht der Dinge. Der beste Weg zum Ziel muss nicht unbedingt der schnellste sein. Kaizen ist prozess- und mitarbeiterorientiert, es steht im Kontrast zur sprunghaften Änderung durch Innovation.*

Fehler sind Quell und Motor des Fortschritts. Fehler passieren in jedem Unternehmen, selbst große Marken wie Coca-Cola sind davor nicht gefeit. 1985 startete der Softdrink mit großem Tamtam einen Relaunch. „New Coke" sollte von nun an für Erfrischung sorgen. Die Markenstrategen ersetzten den geschwungenen Schriftzug durch Blockschrift, die Telefone des Kundendienstes liefen heiß. Nach 79 Tagen hatte der Spuk ein Ende, das Management erkannte den Fehler und der Softdrink hieß wieder Coca-Cola.

# KAPITEL 4: SCHEITERN IST ...

*„Verschiebe nicht auf morgen, was genauso gut auf übermorgen verschoben werden kann."*

*Mark Twain*

Die Feststellung „Scheitern ist ..." lässt sich nicht so leicht vervollständigen. Es bedarf vieler Erklärungen, bis man eine zufrieden stellende Definition findet. Viel zu komplex und facettenreich ist der Sachverhalt. Was ist Scheitern, was bringt mich zum Scheitern, wie sehe ich mich selbst als Gescheiterte/r und wie werde ich von den anderen wahrgenommen? Unsere Scheiterexperten durften ihre persönliche Definition des Scheiterns abgeben und wir waren überrascht, wie unterschiedlich sie doch ausfielen. Landläufig spricht man von Scheitern, wenn ein Ziel nicht erreicht wird. So sieht es auch **Hans Georg Hirschl**, der als Geschäftsführer die Reifenproduktion des Semperit-Werkes in Traiskirchen unter medialer Aufmerksamkeit schließen musste.

> *Wenn du dein Ziel nicht erreichst, dann bist du gescheitert. Du kannst im Kleinen und im Großen scheitern – aber sobald du dein Ziel nicht erreichst, bist du gescheitert.*

Doch schon hier fängt es an schwierig zu werden, denn wer definiert das Ziel? Und was, wenn ich meine Ziele rechtzeitig anpasse, wie der Krisen- und Sanierungsmanager **Burkhard Neumayer** ins Treffen führt:

> *Gescheitert bin ich dann, wenn ich meine Ziele nicht erreicht habe. Dabei macht es vorerst keinen Unterschied, ob die Ziele von außen oder von mir selbst vorgegeben worden sind. Auch nicht, ob die Gründe*

*extern oder bei mir selbst zu suchen sind. Die interne Betrachtung: Es kann ja sein, dass ich erkenne, dass ich etwas nicht kann. Mit einer solchen Situation wird jemand leicht fertig, indem die Zielvorgabe geändert wird. Daher setzt man sich in diesem Fall ein neues Ziel, etwa es ohne Selbstständigkeit wieder zu etwas zu bringen, wieder unselbstständig zu arbeiten. Dann, würde ich sagen, hat das mit Scheitern nur bedingt zu tun. Erschwerend kommt natürlich häufig das soziale Umfeld dazu, das einen (temporären) Misserfolg erst zum Scheitern macht. Niemand hat das Scheitern zum Prinzip erhoben, manche kommen damit besser zurecht als andere.*

Obwohl Caritas-Präsident **Franz Küberl** in seiner täglichen Arbeit mit gänzlich anderen Facetten des Scheiterns konfrontiert ist als ein Krisenmanager, schlägt er in eine ähnliche Kerbe:

*Scheitern ist, wenn etwas, das ich tun will oder tun soll, nicht zustande kommt, wenn ich das nicht zustande bringe oder es unmöglich gemacht wird.*

Das Nichterreichen eines Zieles kann auch den letzten Punkt einer Entwicklung markieren, nach der nichts mehr kommt. Scheitern als Anfang des Endes – so sieht es der Eventmanager **Hannes Jagerhofer,** der als Veranstalter des jährlichen Beachvolleyball Grand Slams einer breiten Öffentlichkeit bekannt wurde:

*Scheitern ist ganz klar, wenn man ein Ziel, das man sich gesetzt hat, nicht erreicht. Wenn man kapituliert und sagen muss: „Es macht keinen Sinn mehr, das Thema weiterzuverfolgen." Es gibt 100 verschiedene Arten, Menschen von etwas zu überzeugen, aber wenn einem das nicht gelingt, dann kommt es irgendwann zur Kapitulation.*

*Man muss sich die Frage beantworten, ob man alles, was in der eigenen Macht steht, getan hat. Wenn man das mit „Ja" beantworten kann und es nichts gibt, was man unversucht gelassen hat, was soll man dann probieren? Wenn's nichts mehr gibt, was man probieren sollte, dann macht's auch keinen Sinn mehr, und dann, glaub ich, sollte man sich eben etwas Neuem zuwenden oder sich neu orientieren, was auch immer.*

Aber Scheitern muss nicht unbedingt das Aus bedeuten, es gibt auch noch an einem Ende der Scheiterskala den Misserfolg. Die Abgrenzung zwischen Scheitern und Misserfolg gestaltet sich streckenweise diffizil. Ein Misserfolg wird als weniger definitiv erlebt und lässt mehr Handlungsoptionen offen. Der Manager **Hansjörg Tengg** erklärt, wann für ihn aus einem Misserfolg Scheitern wird:

> *Ein Scheitern ist erst dann gegeben, wenn man das Ziel nicht erreicht beziehungsweise vorzeitig aus dem Zielerreichungsprozess ausscheidet – wenn du an etwas arbeitest und daran gehindert wirst, es fertigzumachen, weil man dich vorzeitig wegschickt, oder du eben ein gestecktes Ziel in einem angestrebten Prozess nicht erreichst. Es ist ziemlich klar, was Scheitern ist: Wenn ich ein gestecktes Ziel nicht erreiche. Punkt. Aus welchen Gründen immer.*

Bei der Definitionssuche sind wir wiederholt auf zwei große Unbekannte gestoßen, die in unterschiedlichen Ausprägungen auftreten können: den persönlichen Anteil am Scheitern – wenn es um die Schuldfrage geht – und die persönliche Anteilnahme am Scheitern – wenn man den Grad der Betroffenheit betrachtet. **Johanna Zugmann**, Ressortleiterin Karriere bei der Presse, und **Erhard Busek**, Vorstand des Instituts für den Donauraum und Mitteleuropa, erkennen das Definitionsproblem vor allem darin, dass persönliche Wahrnehmung und objektive Wertung aufeinanderprallen:

> ***Johanna Zugmann:*** *Zum Wort Scheitern fällt mir ein, dass es sehr subjektiv ist, je nachdem, wie hoch man die Ansprüche an sich selbst stellt. Es gibt aber auch ein objektives Scheitern, wenn ich eine Aufgabe übernehme – das Ziel ist klar definiert – und ich erreiche es nicht, obwohl ich die nötigen Ressourcen dazu hätte, obwohl die äußeren Umstände, das Timing etc., gepasst hätten. Das kann man dann als Scheitern bezeichnen.*
>
> ***Erhard Busek:*** *Ich definiere Scheitern subjektiv und objektiv. Subjektiv, wenn jemand quasi inhaltlich oder möglicherweise auch positionsmäßig nicht das erreicht, was er sich vorgenommen hat. Und schließlich am Schluss seines Lebens sich die Frage stellen muss: Wieso war ich eigentlich da? Da würde ich, das liegt aber an meinem Alter, das Gesamthafte eines Lebens nehmen und nicht irgendwelche Teilaspekte.*

*Beim objektiven Scheitern gibt es gesellschaftliche Kennzeichen: Wenn einer in Konkurs geht oder wenn er arbeitslos ist, dann ist er wirtschaftlich gesehen gescheitert, wenn er in einer Beziehungskiste nicht zurechtkommt, ist er familiär gescheitert. Das sind gewisse objektive Dinge, die man aufschlüsseln kann.*

**Regina Haberfellner**, Initiatorin der Plattform unternehmer-in-not.at, erkennt in der persönlichen Komponente die ausschlaggebende Qualität des Scheiterns. Der Grad der persönlichen Betroffenheit bestimmt, als wie schwerwiegend das Scheitern empfunden wird:

*Für Scheitern gibt es keine objektive Definition, das ist eine subjektive Wahrnehmung. Und das ist das Elementare daran, das ist das einzig Entscheidende.*

*Scheitern ist auf jeden Fall negativ besetzt. Es ist nichts schön am Scheitern. Meiner Meinung nach ist das Humbug, wenn man es schönreden möchte. Scheitern ist nie schön und niemand scheitert gerne.*

Ähnlich sieht es die Motivforscherin **Sophie Karmasin**. Sie erkennt Scheitern als eine persönliche Erfahrung eines Individuums, das der jeweilige Mensch letztendlich mit sich alleine ausmachen muss:

*Scheitern ist immer eine Frage der Ziele, die ich mir setze, oder der Prioritäten. Wenn ich sage, der Beruf ist mir das allerwichtigste und mein Lebensziel ist es, an die Spitze zu kommen, dann scheitere ich, wenn ich es nicht erreiche. Wenn das für mich aber kein Ziel ist und ich es nicht erreiche, dann ist es auch kein Scheitern. Je nach Ziel und Priorität in ihrem Leben haben Menschen auch unterschiedliche Felder des Scheiterns. Diese sind, nicht notwendigerweise, aber die sind nun mal noch unterschiedlich zwischen Männern und Frauen. Ich bin überzeugt, dass das jeder für sich anders definiert, was für ihn Scheitern ist. Das ist für jeden etwas Individuelles.*

Auch der ehemalige Finanzminister **Rudolf Edlinger** betont den persönlichen Aspekt des Scheiterns:

*Ist es Scheitern, wenn man heute in einem Betrieb arbeitet und gekündigt wird? Oder ist Scheitern etwas, wo man sich ein persönliches Ziel setzt, das man nicht erreicht? Für mich ist Scheitern, wenn ich die persönliche Zielsetzung nicht erreiche. Denn wenn ich heute in einem Betrieb beschäftigt bin und aufgrund eines Strukturwandels hinausgeworfen werde, wird mich das möglicherweise existenziell bedrohen, aber das würde ich nicht als persönliches Scheitern empfinden. Dafür kann ich nichts. Da muss man halt schauen, dass man irgendwo Fuß fasst. Das ist nicht sehr leicht, vor allem, wenn man über 40 Jahre alt ist.*

*Aber wenn ich mir ein persönliches Ziel setze, sehr massiv, und das nicht erreiche, dann würde ich das als persönliches Scheitern betrachten. Vielleicht war ich immer sehr vorsichtig, ich habe mir nie sehr große Ziele gesetzt, ich wollte nie ein Spitzenpolitiker werden. Ich bin das ganz einfach geworden.*

*Wenn man Scheitern so definiert, wie ich das sehe, dann fällt das zunächst einem Dritten nicht auf, oder zumindest weniger. Es kommt dann darauf an, wie man selbst mit dem so genannten Scheitern umgeht. Ob man resigniert oder ob man sagt: „Jetzt erst recht!" Für die Gesellschaft scheitert einer erst sichtbar, wenn er faktisch als Obdachloser am Bahnhof sitzt. Mit diesen Menschen geht man in der Regel nicht sehr freundlich um. Was auch immer die Ursache einer solchen Entwicklung ist – es denkt ja niemand nach, welche Ursachen das hat. Nicht jeder ist selbst schuld, der ganz nach unten fällt. Daher ist es schwer zu sagen, wie die Gesellschaft das Scheitern beurteilt. Dieser Mensch ist sichtbar gescheitert, aber es gibt viele Leute, die auch gescheitert sind, was aber von den anderen nicht bemerkt wird.*

Ganz ähnlich sieht es die TV-Moderatorin **Barbara Stöckl**:

*Scheitern hat einen sehr großen eigenen Anteil. Scheitern ist, wenn ich ein selbst gestecktes Ziel nicht erreiche, es aus eigener Kraft nicht erreichen kann. Das ist eigentlich für mich das Wichtige am Scheitern: dass ich nicht durch andere zu Fall gebracht werde oder weil das Umfeld mir Böses will, sondern dass ich es selbst nicht schaffe. Aber damit wird es letztendlich für mich so wertvoll, weil ich mir in der Folge eingestehen muss, dass ich etwas nicht geschafft habe. Daraus kann ich dann lernen. Und es wird zu einer großen Antriebsfeder für meinen weiteren Weg. Scheitern, wieder Aufstehen – wieder Scheitern, diesmal besser Scheitern.*

*Scheitern ist für mich nicht gleichbedeutend mit Verlieren. Bei Niederlagen, da spielen für mich viel deutlicher auch andere mit, da gibt es Gegner, Kämpfe, Wettbewerb, Mitbewerber. Scheitern kann ich ganz alleine.*

*Das pure Scheitern ist für mich deshalb das, wo man auf sich alleine zurückgeworfen wird. Das können kleine Alltäglichkeiten sein. Ich scheitere fast täglich daran, dass ich mir vornehme, nach 18 Uhr nichts zu essen, und es trotzdem mache – das betrifft nur mich alleine. Ich scheitere am Vorsatz, dreimal die Woche zu laufen. Das sind die kleinen Dinge. An den großen Entscheidungen oder Weichenstellungen im Leben ist man natürlich nicht ganz so eigenbestimmt, da gibt es immer auch die Anderen, Umstände, Gegebenheiten – aber das Scheitern hat immer einen großen Anteil an Eigenverantwortung!*

Nun mag man das Scheitern in all seinen Konsequenzen mit sich selbst ausmachen, daraus lernen oder daran verzweifeln: Wie die Gesellschaft auf das eigene Scheitern reagiert, spielt ebenfalls eine Rolle, befindet **Monika Kircher-Kohl**:

*Scheitern heißt für mich, vorhandene Erwartungen zu verfehlen – ob das jetzt die eigenen sind oder die der Gesellschaft ist zweitrangig. Scheitern ist natürlich etwas Schlechtes, es erweckt sozusagen Magengrummeln. „Oh Gott, scheitern!" Vielleicht auch die Assoziation Scheiterhaufen. Also Scheitern ist sicher in unserer Kultur negativ besetzt.*

Für **Anneliese Rohrer,** Kolumnistin der Tageszeitung Kurier und vorher langjährige Ressortleiterin Innenpolitik bei der Presse, setzt Scheitern dort ein, wo man nicht mehr versucht hochzukommen, wo man Handlungsoptionen nicht einmal andenkt. Sie attestiert dem Scheitern ein Generationenproblem, da Statussymbole, die als Gradmesser des Erfolgs herangezogen werden, zu unterschiedlichen Zeiten unterschiedliche Werte besitzen:

*Als sehr persönlichen, nicht als theoretischen Zugang würde ich für mich Scheitern so definieren: Wenn jemand etwas nicht erreicht hat und vollkommen aufgibt. Das ist für mich echtes Scheitern. Wenn jemand an etwas scheitert und dann wieder von vorne anfängt, dann zählt das für mich nicht als Scheitern. Aber wenn jemand einfach aufgibt und nicht neu anfängt, das ist dann für mich echtes Scheitern.*

*Die Frage ist: Wie kann ich Scheitern messen? Kann ich es daran messen, dass ich mit 40 Jahren keine 120-Quadratmeter-Wohnung habe? Wenn ich aber mit 40 Jahren auf 80 Quadratmetern sitze, aber dafür eine befriedigende Arbeit habe, bin ich dann gescheitert? Bin ich gescheitert, nur weil ich die 120 Quadratmeter meiner Eltern nicht erreicht habe? Ja, wenn die 120 Quadratmeter für mich ein Maßstab sind, dann bin ich gescheitert. Wenn ich Scheitern anhand dieser Statussymbole messe, ist es etwas anderes. Also für mich wäre jemand wirklich gescheitert, sag ich ganz ehrlich, wenn er ein Leben lang einer Arbeit nachgeht, die ihn unglücklich macht.*

Im Scheitern liegt aber auch ein gestalterisches Potenzial versteckt, eine Chance für Veränderung und Bewegung. Dieser Aspekt ist für **Harry Gatterer**, Bundesvorsitzender der Jungen Wirtschaft Österreich und Future-Speaker des Zukunftsinstitutes, ausschlaggebend:

*Scheitern steht für einen unerwünschten Ausgang – eines Projektes, eines Plans, eines Unternehmens. Mit Scheitern verbinden wir das, was wir eigentlich vermeiden wollen. Ich persönlich verbinde damit drei Begriffspaare, die jeweils zwei Betrachtungen desselben Ereignisses beschreiben: Ende / Anfang, Fehler / Lernen, Emotion / Distanz.*

*Der Begriff Scheitern ist für mich auf jeden Fall negativ besetzt. Ganz ehrlich, wer scheitert „gerne"? Und gleichzeitig erlebe ich das Scheitern als neutral. Denn es gehört halt zum Leben. Wer nicht scheitert, hat nichts getan. Vielleicht passt folgender Vergleich: Wenn man ein Gelenk „einrenken" muss, ist das auch nicht angenehm, es tut weh. Aber es ist ein Leiden, das für Wachstum und Bewegung sorgt. Richtig verstanden ist Scheitern dasselbe;*

*und trotzdem tut es weh! Scheitern verursacht Schmerz. Dieser wird sehr empfindlich von der Gesellschaft wahrgenommen. Je betroffener, desto intensiver. Ganz grundsätzlich denke ich, dass die meisten jedoch eher gleichmütig mit dem „Gescheiterten" umgehen. Ich denke, die Gesellschaft wird hier auch „gescheiter". Ganz nach dem biblischen Spruch: „Wer ohne Sünde ist, der werfe den ersten Stein!" (frei zitiert)*

Auch **Wilhelmine Goldmann**, ehemalige Postbus- und ÖBB-Managerin, erkennt das (Wachstums-)Potenzial, das in der schmerzlichen Erfahrung des Scheiterns steckt:

*Scheitern hat sowohl etwas Negatives als auch etwas Positives. Denn Scheitern ist immer auch ein Neuanfang, ein Auftakt zu einer Weiterentwicklung. Ganz abgesehen davon, dass es schmerzhaft ist zu scheitern, an einer Aufgabe oder in der Wirtschaft. Scheitern gibt umgekehrt wieder Impulse für etwas Neues.*

*Das ist der eine Aspekt. Der andere Aspekt, den ich sehe, ist, woran man scheitert. Scheitert man an einer Aufgabe, die man sich selbst gestellt hat, oder scheitert man an einem Umfeld, in dem man arbeitet. Es ist etwas anderes, wenn man an einer Aufgabe scheitert, die man sich selbst gestellt hat, dann betrifft es einen persönlich. Oder sind es die Umstände, die das Scheitern bewirken – obwohl man das Beste gemacht hat und sich selbst gar nichts vorzuwerfen hat. Sogar wenn man gar keine Fehler gemacht hat, kann man trotzdem scheitern.*

**Werner Mück,** ehemaliger Chefredakteur der ORF-TV-Information und jetzt Geschäftsführer des Spartenkanals TW1, geht sogar so weit, Scheitern als segensreich zu bezeichnen:

*Scheitern hat zwei Dimensionen. Die eine ist schlicht ärgerlich und sollte einem nicht passieren: Wenn man an handwerklichen Mängeln scheitert. Wenn man das, was man tut, nicht ausreichend gelernt und trainiert hat. Diese Form des Scheiterns ist deprimierend und etwas, wo man sagen kann: „Na gut, wem das passiert, der ist selbst schuld, und darüber brauchen wir nicht viele Worte verlieren." Vor dieser Form des Scheiterns haben mich dankenswerterweise meine Lehrmeister und Vorbilder bewahrt.*

*Die andere Form des Scheiterns wäre, wenn man gesteckte Ziele nicht erreicht und das als Scheitern empfindet. Oder wenn man beispielsweise Konzepte, die man hat, nicht so weit umsetzen kann, dass man damit zufrieden ist. Da gibt es also verschiedene Kategorien. Mit dieser zweiten Kategorie hatte ich viel zu tun, was ja in meinem Beruf kein Wunder ist, da er sehr vernetzt und man in sehr vielen Bereichen auch fremdbestimmt ist. Vor allem in einem Großunternehmen wie dem ORF ist man niemals alleine unterwegs und muss schon aus Loyalität oft Entscheidungen anderer mittragen.*

*Scheitern bedeutet im übertragenen Sinn beispielsweise – und das ist etwas, womit ich mich oft auseinandersetzen musste –, dass man eine inhaltliche Konzeption nicht im wünschenswerten Umfang umsetzen kann. Da hat man selbst natürlich seinen Anteil daran und man ist auch durch Fremdbestimmung oft gehindert. Das ist etwas, was einen den ganzen Beruf lang begleitet, denn Berufswege sind nicht dadurch geprägt, dass sie nach dem Prinzip Wunschkonzert laufen. Viel hat damit zu tun: Der Weg ist das Ziel, und manchmal ist der Weg steinig. Manchmal wünscht man sich, dass manches schneller ginge, dass es besser ginge, und man muss dann doch zur Kenntnis nehmen, dass es anders ist oder anders verläuft, als man sich das vorgestellt hat.*

*Bei all diesen Dingen, bei dieser Form des so genannten Scheiterns gibt es allerdings einen enorm positiven Effekt. Man wird, wenn man das entsprechend aufarbeitet, stärker. Man wird viel stärker, man geht immer gestärkt daraus hervor, und man wird auch viel sicherer, weil man aus Fehlern lernt. Wenn man das im Auge hat, dann hat sich so mancher Misserfolg, den man selbst so empfunden hat, eigentlich* on the long run *als sehr segensreich erwiesen. Es gibt Leute, die rückblickend noch dankbar sind, dass ihnen ganz bestimmte Laufbahnen dann nicht möglich waren, weil sie dort, wo sie gelandet sind, wesentlich besser aufgehoben und glücklicher waren.*

**Rainer Schönfelder** wurde von uns mit der Frage des Scheiterns konfrontiert, nachdem er in der Skisaison 2006/07 verletzungsbedingt vorzeitig von den Wettkämpfen heimkehrte. Geprägt von diesen Erfahrungen stehen für ihn Lerneffekte und Entwicklung im Vordergrund:

*Scheitern heißt für mich: „So nicht – bitte etwas anderes ausprobieren!"*

***Welche drei Schlagworte würden Sie spontan mit dem Begriff Scheitern assoziieren?***

*Aktion – Reaktion – Entwicklungschance*

***Ist der Begriff Scheitern für Sie eher positiv oder eher negativ besetzt?***
*Im Sinne von Entwicklung, von Lernen ist Scheitern positiv besetzt. Das Scheitern sagt mir viel eindeutiger im Leben, was für mich stimmig ist und was nicht, als es der Erfolg im Sinne von richtigem Handeln macht. Denn wer weiß denn beim Erfolg, ob es nicht einen anderen Weg gegeben hätte, der auch zu einem guten Ergebnis geführt hätte …*

***Wie wird Scheitern bzw. der Gescheiterte von der Gesellschaft wahrgenommen?***
*Das hat viel mit der Selbstsicht des so genannten Gescheiterten zu tun. Es ist primär ein Resonanzphänomen, ein sehr wichtiges, das einem jederzeit die Chance gibt, genug interne Referenz auszubilden, um sich einen eigenen Sinn daraus zu machen. Wenn ich scheitere und glaube, ich bin ein Verlierer, dann verkörpere ich das auch so, wodurch mich die Gesellschaft auch als solchen wahrnimmt. Wenn ich hingegen das Scheitern als Richtungsweiser sehe und versuche daraus zu lernen, dann bin ich ja eigentlich kein Verlierer, sondern ein Gewinner – ein Gewinner an Erfahrung! Und als Extrapreis erhalte ich auch noch persönliche Entwicklung und inneres Wachstum dazu – super, oder?! Und wer im Scheitern kongruent ist, der ist immer ein Gewinner in der Betrachtung durch das Außen, der ist ein Vorbild.*

Ein anderer Spitzensportler, der Surf-Olympionike und Olympia-Aspirant im Segeln **Christoph Sieber**, plädiert für einen entkrampften Umgang mit dem Thema. Mit sich selbst nicht zu streng ins Gericht zu gehen, sieht er als Voraussetzung für einen furchtloseren Umgang mit dem Scheitern. Er fordert eine gesunde Portion Demut vor den eigenen Leistungen ein:

> *Für mich persönlich ist Scheitern, wenn man nicht das zu leisten schafft, wozu man imstande ist. Und im gleichen Atemzug: Das zu leisten, wozu man imstande ist, ist das Schwierigste, das es gibt. Denn das ist irrsinnig viel. Jeder hat ein unglaublich größeres Potenzial, als er wahrscheinlich erahnt. Dieses Potenzial nur annähernd auszuschöpfen, ist eine große Aufgabe, die umfassender Vorbereitung und umfassenden Trainings bedarf. Im körperlichen, mentalen, im technischen Bereich – egal, in welchem Lebensbereich, diese drei Dinge sind notwendig.*
>
> *Scheitern ist, wenn man nachgibt, wenn man nicht Herr oder Frau seiner Emotionen oder Gedanken ist. Das ist schließlich für mich auch Ziel des mentalen Trainings: dass man über seine Emotionen oder Gedanken Kontrolle bekommt. Im Normalfall sind wir Opfer dieser beiden Dinge und werden getrieben wie ein orientierungsloses Ruderboot am Meer draußen. Wenn man über diese beiden Bereiche Kontrolle bekommt, dann kann man wirklich Ziele verfolgen und kann sie mit höchster Wahrscheinlichkeit auch erreichen, wenn sie vernünftig gesetzt sind. Egal, welche Ziele verfolgt werden, es sollte immer eine übergeordnete Vision geben, nämlich die persönliche Weiterentwicklung. Unter ihrem Mantel gibt es keine Fehler mehr, nur weiterführende Erfahrungen.*
>
> *Ich habe Scheitern kaum noch in meinem Wortschatz, und wenn doch, dann ist es der Beginn eines neuen Aufstiegs. Glück liegt nicht im Ergebnis. Glück erfahren wir in der Leistung – in der Tätigkeit – in der Entwicklung.*

**Christoph Sieber** gehört zu der wahrscheinlich recht kleinen Zahl jener Menschen, die das Gefühl des Scheiterns erst gar nicht beziehungsweise nicht mehr an sich heranlassen. **Agnes Husslein-Arco**, Direktorin des Belvedere, zählt sich ebenfalls zu diesem Typ Mensch:

*Ich versuche grundsätzlich, die Dinge immer positiv zu sehen. Man kann vielleicht ein Ziel nicht erreichen oder etwas nicht zuwege bringen, die Konsequenz heißt für mich jedoch nicht, sich ins Scheitern zu ergeben, sondern sich auf neue Wege zu begeben. Geht nicht, gibt's nicht.*

*Das Wort „Scheitern" hat für mich etwas sehr Destruktives, es hat für mich mit zerbrechen zu tun, an etwas kaputtgehen, zugrunde gehen.*

*Mein Vater hat uns Kindern sehr oft gesagt: „Du musst dir Ziele setzen, auch auf die Gefahr hin, dass du sie nicht erreichst. Das ist nicht so tragisch, das muss man zur Kenntnis nehmen und sich dann fragen: Was habe ich falsch gemacht? Was kann ich besser machen?" Konstruktive Kritik ist die Zauberformel, man muss sie annehmen und reflektieren können.*

Scheitern ist also gar nicht so leicht zu erfassen. Wenn etwas zerbricht, ist es klar. Das Ding liegt in Scherben vor einem. Man kann es zwar kleben, selbst dann wird man die Bruchstelle immer sehen: „Schau, hier ist es einmal zerbrochen." Wenn man an etwas scheitert, kann auch ein Lebenstraum zerbrechen. Manchmal wird man diesen Lebenstraum, das Ziel über einen anderen Weg erreichen. War es dann Scheitern? Manchmal wird man sich ein neues Ziel suchen und dieses erreichen. War es dann Scheitern? Diese Frage wird wahrscheinlich von ein und derselben Person unterschiedlich beantwortet, je nachdem, wie weit sie sich bereits vom ursprünglichen Ziel verabschiedet hat. Sind seelische Narben geblieben, wird es eher als Scheitern empfunden. Es gibt auch Momente, in denen dir jemand die Hand auf die Schulter legt: „Komm, diesen Fehler haben wir gleich wieder aus der Welt geschafft!", und das Ziel wird gemeinsam erreicht. War es dann Scheitern? Manchmal ja, manchmal nein.

Dass sich Scheitern einer einfachen und schnellen Definition entzieht, erhöht sein Bedrohungspotenzial. Wir können es nur schwer einschätzen. Eines steht fest: Wenn man sich keine Ziele steckt, kann man auch nicht scheitern. Nur wer in den Tag hinein lebt, entzieht sich dem Scheiterpotenzial des Lebens. Eine Lebensstrategie, mit der man in unserer Gesellschaft nur schwer über die Runden kommt. Somit bleibt einem kaum etwas anderes übrig, als sich Ziele zu setzen – auch auf die Gefahr hin zu scheitern. Werfen wir einen Blick auf mögliche Wege, die das Scheitern nehmen kann, um etwas Licht ins Dunkel zu bringen.

## 4.1 WEGE DES SCHEITERNS

*„Die besten Ideen* scheitern *an der Halbheit ihrer Ausführung."*
*Elisabeth Schöffl-Pöll*

Wer scheitert, steht an einer Kreuzung, an einer Weggabelung, am Ende einer Sackgasse. Je nach Situation drängt sich ein anderes Bild auf. Der eingeschlagene Weg muss verlassen werden, er führt nicht oder nicht mehr ans Ziel. Wie geht es weiter? Es stehen mehrere Wege zur Auswahl, nicht alle sind gleich attraktiv. Die Vorstellung, dem Scheitern noch ein Sahnehäubchen aufzusetzen, indem man gleich noch einmal den falschen Weg einschlägt – als wollte man sich endgültig beweisen, dass man nichts zustande bringt –, macht die Situation nicht angenehmer. Denn nicht immer bedeutet Scheitern Lernen, nicht immer ist klar, wohin es nun geht:

> ***Barbara Stöckl:*** *Scheitern kann eine Krise bedeuten, dann kann es mitunter eine wertvolle Erfahrung sein. Aber auch eine Katastrophe, dann kann es auch zynisch sein, auf die positive Seite zu verweisen. Wenn jemand seine Existenz verliert, bringt es zunächst nicht viel zu sagen: „Scheitern ist toll. Du wirst daraus lernen." Vielleicht. Vielleicht auch nicht. Es ist nicht gesagt, dass man aus dem Scheitern zwangsläufig lernt, das ist nur der positivste Fall. Man kann auch resignieren, kapitulieren, aufgeben. Scheitern ist nicht zwangsläufig der Weg zum Erfolg. Aber es gibt wohl kaum einen Erfolg ohne auch irgendwann gescheitert zu sein. Wie eine Weggabelung ohne Schild: Es kann, muss aber nicht eine ungeheure Bereicherung fürs Leben werden. Ich habe so viele Menschen kennen gelernt, die wir „gescheiterte*

*Existenzen" nennen. Da braucht es dann zunächst unmittelbare Hilfe in Notsituationen und keine weisen Ratschläge, wie toll das Scheitern sein kann.*

Es gibt ebenso viele Wege, ein Ziel zu erreichen, wie zu scheitern:

1. Ich schaffe es nicht, mein Ziel zu erreichen, und gebe vorzeitig auf.
2. Äußere Umstände hindern mich daran, mein Ziel zu erreichen.
3. Wenn ich endlich mein Ziel erreicht habe, stelle ich fest, dass es das falsche war.
4. Bevor mir jemand ein Scheitern vorwerfen kann, definiere ich mein Ziel neu.
5. Ich verfolge ein Ziel, dass ich nie und nimmer erreichen kann.
6. Ich setze mir ein Ziel, versuche aber nicht, es zu erreichen.
7. Jemand zwingt mir ein Ziel auf, das ich nicht erreiche.
8. Ich kann mein Ziel nicht genau definieren und daher nicht sagen, ob ich es erreicht habe.
9. Jemand befindet meine Existenz als gescheitert, obwohl ich es nicht so sehe.
10. Ich arbeite in einem Team, bei dem die Teammitglieder unterschiedliche Ziele verfolgen.[20]

Zu dieser Aufzählung ließen sich noch weitere Scheiterwege finden, oder Schattierungen und Abwandlungen der angeführten Punkte. Das macht es so schwierig zu erkennen, ob man sich auf dem viel zitierten Holzweg befindet. Die Angst vor gesellschaftlichen Sanktionen spielt mit hinein. Ungern gibt man zu, dass man ein Ziel abschreiben muss, denn die Neidgesellschaft scharrt schon in den Startlöchern, um mit Hohn und Spott über einen herzufallen. Der Sanierungsmanager **Burkhard Neumayer** stellt immer wieder fest, dass es einigen Mutes bedarf, diesen Schritt zu setzen:

*Was den Leuten fehlt, ist der Mut zu erkennen, ab wann es schiefgehen wird. Im Krisenmanagement nennen wir das „mangelnde Früherkennung". Erkenne ich ein Problem am Beginn, jedenfalls*

20 Vgl. Scherer, Tanja: Wo bitte geht es hier zum Scheitern?

*aber rechtzeitig, kann ich Maßnahmen setzen, so dass es gar nicht zum Problem, zur Krise kommt. Wenn z.B. erkannt wird, dass ein Produkt einen latenten Fehler hat, dann werde ich alle Kraft dahintersetzen, diesen Fehler zu vermeiden oder zu beheben.*

*Und genauso ist es beim persönlichen Scheitern. Wenn ich den Mut habe zu erkennen, dass ich es nicht schaffe, oder zu erkennen, dass es sein könnte, dass ich es aus eigener Kraft nicht schaffen werde, müssen daraus Maßnahmen abgeleitet werden: Hilfe von außen in Anspruch nehmen, bis hin zum rechtzeitigen Schließen des Geschäfts. Dazwischen liegen viele Chancen, von der Anpassung der Strategie, der Hereinnahme von Partnern, bis zur Änderung des Standorts usw. Kurz, das gesamte Szenario der unternehmerischen Möglichkeiten. Auch der Verkauf oder letztlich die Insolvenz gehören dazu.*

*Früherkennung mit einer großen Portion kritischer (Selbst-)Einschätzung – das empfehle ich den Leuten sehr! Denn damit kann ein beachtlicher Teil des Scheiterns verhindert werden. Außerdem kommt dann das negative Selbstwertgefühl – gescheitert zu sein – nicht zum Durchbruch.*

Man kann erkennen, wann man sich auf dem falschen Weg befindet. Man kann sich aber auch auf der Suche nach dem richtigen Weg für den falschen entscheiden. Nicht so schlimm, gehört alles zum Spiel des Lebens, resümiert **Lojze Wieser**:

*Scheitern ist etwas Aktives. Scheitern ist etwas, was einem die Hoffnung nicht raubt. Scheitern ist etwas, was einen – im Gegensatz zum Bankrott – nicht kaputt macht. Das ist so wie mit der Angst und mit der Furcht. Die Angst erschlägt einen, die Furcht wagt das Hoffen.*

*Und daher wird es wahrscheinlich gar keinen Menschen geben, der aktiv im Leben steht, der etwas verändern und etwas erreichen will, der nicht bei jedem Versuch, den er tut, auch einfach entweder an die Verzweiflung herankommt oder daran verzweifelt, dass er nicht mehr weiter weiß. Und dass er nach Auswegen sucht. Das Scheitern ist auch immer wieder das Suchen nach Wegen. Und daher denke ich, dass das Scheitern sehr viel mit dem aktiven Wollen und Tun zu tun hat.*

## 4.2 GESCHEITERT, WAS NUN?

*„Ignorieren ist der Königsweg des Tabuierens."*

*Ludwig Marcuse*

Scheitern ist also „das Suchen nach Wegen". Daher steht beim großen beruflichen Scheitern ganz zuoberst auf der Tagesordnung: aus der Erstarrung zu finden, sich zu sammeln, zu analysieren. Wenn man das geschafft hat, ist man schon die ersten Schritte gegangen. Bis man stolz verkünden kann, das Scheitern überwunden zu haben, liegt noch ein langes Wegstück vor einem. Ein Weg, den man ohne die Attribute, die einen bisher ausgezeichnet haben, gehen muss. Seien es nun offiziell erlangte Auszeichnungen wie „erfolgreichste Managerin", „Start-up des Jahres", „bester Marketer der Branche" oder Zuschreibungen, die wir uns kraft unserer Leistungen erarbeitet haben. Wenn mich mein berühmtes goldenes Näschen, um das mich meine Kollegen beneiden, täuscht, ich den falschen Lockdüften erlegen bin und mein Job am seidenen Faden hängt, worauf kann ich dann noch bauen? All das, was ich beruflich darstelle, wodurch ich mich definiere und von den anderen unterscheide, ist mir abhanden gekommen. Erwerbsarbeit und das, was man dort leistet, ist Identitätsstifter Nummer eins – doch das kann ich nicht mehr greifen.

Identität ist nicht gottgegeben. Klassenzugehörigkeit als Identitätsmerkmal hat in der modernen Gesellschaft an Bedeutung verloren, der soziale Status mitsamt den dazugehörigen Statussymbolen stellt ebenfalls keine Konstante dar. Identitätsfindung ist vielmehr ein lebenslanger Prozess, eine fortdauernde Entwicklung, an der jede Person selbst einen hohen Anteil hat. Mit jedem Job definiere ich mich neu, durch die Position, die ich dort einnehme, den Ruf, den die Firma hat oder eben nicht. An diesem Prozess sind alle Menschen beteiligt, mit denen man intensiver in Kontakt tritt und die über einen befinden. Fremdzuschreibungen wirken auf das Selbstbild zurück. Ebenso wie ein gewandeltes Selbstbild den Eindruck, den man auf andere macht, beeinflusst. Wir definieren uns immer in Relation zu anderen. Wenn einem bei einem Klassentreffen der ehemalige Klassenclown, der während der Schulzeit fast kläglich um Anerkennung bettelte, mit einem Achtung einflößenden Selbstbewusstsein von seinem Job als gefeierter und beliebter Geschäftsführer erzählt, wird sich unweigerlich der Eindruck, den man von der Person hat, verändern. Man wird die Meinung wiederum ändern, wenn man Jahre später erfährt, dass diese Person wegen Untreue vor Gericht stand. Beispiele wie diese ließen sich beliebig weiterführen und ergänzen. Eines ist klar: Identitäten sind fließend und einem ständigen Wandel unterworfen. Identitätsbildung ist aktive Arbeit. Identitäten leben durch die Erzählung, zuallererst die Selbsterzählung. Herzlich willkommen in der Postmoderne.

Unsere Geschichte vom ehemaligen Klassenclown ruft eine sich auf dieser Welt täglich tausendmal wiederholende Situation in Erinnerung: Wenn man jemanden kennen lernt, auch im privaten Umfeld, lautet eine der ersten Fragen: „Was machen Sie beruflich?" Normalerweise fängt man hier an, in epischer Breite seine Erfolge auf dem Partytisch auszubreiten. Welche Optionen hat ein Gescheiterter? Wenn er sich der Wahrheit verpflichtet fühlt, bleibt ihm nur die Wahl zu sagen: „Ich habe gerade meine Firma in den Sand gesetzt, ich kann Ihnen gar nicht so genau sagen, was ich weiter machen werde." Oder: „Ich bin arbeitslos." Oder: „Das eine Projekt ist ausgelaufen, eine fixe Zusage für ein Folgeprojekt habe ich nicht." Und erntet scheele Blicke. Denn viele haben noch das Bild vor Augen, dass eine Biografie stabil, dauerhaft und geradlinig zu sein habe.

Erwerbsarbeit bestimmt über Ansehen und persönliche Identität[21]. Womit wir uns mitten im großen Scheiterfeld des 21. Jahrhunderts befinden: Erwerbsarbeit ist als Basis von Identität an vielen Stellen brüchig

21 Mehr als ein Drittel (35 Prozent) der im Herbst 2007 von Gallup Befragten antwortete auf die Frage „Wann wird Ihrer Meinung nach eine Person als gescheitert angesehen?" mit „Arbeitslosigkeit, Arbeitsverlust". Die am zweithäufigsten genannte Kategorie „Armut, kein Geld, Schulden" kam hingegen nur auf 18 Prozent der Nennungen. Siehe dazu Gruppe 1031: gescheitert(t)? Tabuthema und Chance. Eine konstruktive Auseinandersetzung mit dem wirtschaftlichen Scheitern. S. 6

geworden. Dieses Phänomen wird uns in einem späteren Kapitel noch beschäftigen, hier sei nur so viel festgehalten: Die Zahl derer, die auf einer Party statt von Erfolgen von Fehlschlägen zu berichten hätten, steigt kontinuierlich. Ob sie es tun oder wie sie damit umgehen, ist eine andere Frage.

Dass der Beruf für das Selbstbild wie für das Fremdbild eine so immens wichtige Bedeutung hat, ist genau der Grund, warum berufliches Scheitern als gar so fatal empfunden wird. Es zieht andere Lebensbereiche in Mitleidenschaft. Wer geht schon gerne auf eine Party, wenn er mitleidige Blicke erntet?! Eine willkommene und oft gepflegte Exit-Strategie ist das Vertuschen, findet der ehemalige Finanzminister und jetzige Präsident des Wiener Fußballklubs Rapid **Rudolf Edlinger**:

> *Ich weiß natürlich auch, dass sehr viele Leute scheitern. Das Problem ist nur bei der Personifizierung dieses Themas. Persönlich versucht man in der Regel, ein Scheitern zu vertuschen. Selbst wenn Sie scheitern, versuchen Sie, von der Startlinie wieder nach vorne zu kommen. Oder Sie resignieren, das gibt's auch.*

Das erste Gebot lautet: Bloß nicht zugeben. Es zeugt von einer Portion Mut lauthals herauszuposaunen, dass man gescheitert ist, denn dadurch widersetzt man sich den gesellschaftlichen Konventionen, die gänzlich andere Erzählformen vorsehen.[22]

1. „Die anderen sind schuld!" Man selbst ist das arme Opfer, das sich mit den Konsequenzen herumschlagen muss. Widrige Umstände oder die Fehler anderer sind der Ursprung allen Übels.
2. „Ist ohnedies besser, dass nichts daraus geworden ist!" Das eigentliche Ziel wird als irrelevant abgetan, entweder nachträglich oder sobald sich abzeichnet, dass es nicht mehr erreicht werden kann.
3. „Ich wollte den Job ohnehin nicht so wirklich!" Das Ziel wird herabgesetzt oder gar zur Nebensache erklärt.
4. „Na ja, eigentlich wollt ich nichts anderes erreichen!" Man beschreibt das, was man erreicht hat, als das eigentliche Ziel,

22 Vgl. Tarr, Irmtraud: Das Donald Duck Prinzip. Scheitern als Chance für ein neues Leben. S. 112f.

obwohl ursprünglich etwas anderes angestrebt war. Das Ziel wird umgedeutet, aus Scheitern wird Erfolg.

5. „Gut, dass mir das passiert ist, jetzt weiß ich erst, was ich wirklich machen möchte!" Scheitern als eine positive Erfahrung, die einem den Blick auf das Bessere erst öffnet. Der Gescheiterte zieht seine Lehren und wird kraft dessen zum „Schüler". Scheitern mutiert zur Anekdote auf dem Weg zum Erfolg.
6. „Auch wenn ich diesen Kunden verloren habe – stattdessen habe ich zwei andere dazugewonnen." Scheitern und Erfolgserlebnisse werden gegeneinander ausgespielt.
7. „Aber mein Nachbar hat schon viel mehr Bewerbungen geschrieben und noch keinen Job bekommen!" Das eigene Selbstwertgefühl wird gehoben, indem man sich mit jemandem vergleicht, der schlechter dasteht.

Wir haben eine ganze Palette an möglichen Umfangsformen entwickelt, die alle darauf abzielen, das Gesicht zu wahren. Die Sozialpsychologie spricht dabei von Kognitiver Dissonanz[23], also wörtlich übersetzt vom „Missklang im Erkennen". Eine kognitive Dissonanz tritt dann auf, wenn man zu bestehendem Wissen eine neue Erkenntnis hinzufügt und sich daraufhin eingestehen muss, dass man eine falsche Entscheidung getroffen hat. Was also tun, wenn man dieses Scheitern sich selbst und vor allem vor den anderen nicht eingestehen möchte? Man löst den inneren Konflikt durch Vermeidungsreaktionen (und geht dem Thema in nächster Zeit aus dem Weg), man gleicht den Widerspruch dadurch aus, dass man „passenden Informationen" unverhältnismäßig größere Bedeutung zumisst, oder man „repariert" nachträglich die eigene Sichtweise (beides finden wir in den eben beschriebenen Erzählformen). Manche der angeführten Erzählformen lassen erahnen, worum es beim Scheitern letztlich gehen kann – um das Lernen aus Fehlern. Dieser Lerneffekt ist das eigentlich und urtümlich Positive am Scheitern.

> ***Michaela Pfeifenberger:*** *Scheitern bedeutet für mich zuallererst eine Niederlage. Es ist eindeutig etwas Negatives. Wahrscheinlich erst, wenn man emotional betrachtet darüber hinweg ist,*

23 Das Konzept der Kognitiven Dissonanz wurde maßgeblich vom amerikanischen Sozialpsychologen Leon Festinger (1919–1989, New York City) entwickelt und 1957 in dem Buch „A Theory of Cognitive Dissonance" veröffentlicht.

> *kommen die Fragen: Kann ich aus dem Fehler lernen? War es mein eigener? Habe ich etwas falsch formuliert? Wurde es nicht verstanden? Aber zuerst hat es eine negative Komponente.*

Scheitern eröffnet neue Entwicklungspotenziale. Sowohl eine berufliche als auch eine persönliche Entwicklung kann auf das Scheitern folgen, sofern man sich dafür öffnet und es zulässt. Hier sind wir wieder auf der eingangs zitierten Zeitschiene. Es braucht Distanz zum Scheitern, um überhaupt darüber reflektieren zu können und die Vorgänge, Gründe und Verwicklungen zu verarbeiten. **Regina Haberfellner** hat die Erfahrung gemacht, dass noch eine geraume Zeit nach dem Scheitern die persönliche Betroffenheit groß sein kann:

> *Distanz ist hoch notwendig. Bei den Interviews für unternehmer-in-not.at trachte ich immer, dass das Scheitern mindestens drei Jahre her ist. Diese Zeit brauchen die Menschen in der Regel, um die Fassung wiederzugewinnen. Dann können sie auch beginnen, mit dem Scheitern konstruktiv umzugehen. Ab dem Moment, wo sie sich selbst wieder ein bisschen zeigen können, wo sie nicht mehr das Gefühl haben, völlig inkompetent zu sein, ab diesem Moment beginnt der Prozess, wo sie auch beginnen, reflektiert darüber zu reden.*
>
> *Bei den Interviews ist für mich ganz wichtig, dass die Menschen darüber reden können, was ihr Anteil an dem Ganzen war. Denn wenn die Unternehmer in der Hochphase der Krise stecken oder es gerade erst passiert ist, dann waren die Banken schuld, oder die Kunden, oder die Mitarbeiter. In einer instinktiven Abwehrreaktion wird als Selbstschutz die gesamte Schuld an die Umwelt abgeladen. Und es dauert eine Zeit, bis die Leute beginnen können, ihren eigenen Anteil zu reflektieren, zu überlegen, wann sie was gemacht haben, wo sich schon gezeigt hat, dass die Dinge nicht richtig laufen, wo sie schon reagieren hätten können und anderes mehr.*

## 4.3 EINE DEFINITION, DIE KEINE IST

*„Jedes Wort ist ein Vorurteil."*

*Friedrich Nietzsche*

Beschränkt man sich rein auf die Fakten, bedeutet zu scheitern, ein Ziel nicht zu erreichen. Wenn man aber die emotionale Komponente in die Definition mit einbezieht, entzieht sich das Scheitern jeglicher kurzen, griffigen Beschreibung. Wir scheitern hier und jetzt am Scheitern. Und das ist gut so.

Wenn man sich einer Aufgabe stellt, ist Scheitern immer eines von mehreren möglichen Ergebnissen. Scheitern ist per se kein Makel, vielmehr liegt im Scheitern die Möglichkeit der Weiterentwicklung, des Lernens. Daher sprechen wir von der Kraft des Scheiterns. Dass diese Kräfte auch ein zerstörerisches Potenzial entwickeln können, das müssen selbst wir, die wir die positiven Seiten des Scheiterns auf die Bühne bitten, eingestehen. Doch wenn man um dieses Potenzial weiß und sich diesem nicht mehr alleine stellen muss – weil die Gesellschaft Möglichkeiten im Umgang mit Scheitern entwickelt hat –, dann verliert auch das seinen Schrecken.

Somit ist Scheitern eine Weggabelung, ein Punkt, an dem man sich für das eine, gegen das andere oder zum Umkehren entscheiden kann. Als solches ist Scheitern ein höchst flüchtiges Phänomen, denn in dem Moment, in dem ich mich dem Scheitern stelle, entferne ich mich schon davon. Zum Scheitern in seiner Reinform kommt es dann, wenn man im Scheitern verharrt.

Scheitern ist auch deswegen so schwer zu greifen, weil Selbst- und Fremdwahrnehmung auseinandergehen können. Mehr noch, sogar in der eigenen Wahrnehmung kann ein und dieselbe Situation zu unterschiedlichen Zeiten unterschiedlich gedeutet werden. Würde Kunde X den Vertrag nicht verlängern, kommt es heute für mich einem Scheitern gleich, weil es mich an den Rand der Existenz bringt, vor einem halben Jahr noch wäre es ärgerlich gewesen, aber vom Scheitern keine Rede, weil das Auftragsbuch eng beschrieben war. Und egal zu welcher Zeit, einige hätten den Kopf geschüttelt, wie es mir nicht gelingen konnte, den Kunden X zu halten, andere hätten keine Gedanken daran verschwendet.

Grundvoraussetzung für einen positiven Umgang mit dem Scheitern ist, Fehler machen zu dürfen. Nicht alles muss immer noch besser als erwartet gelingen. Kritische Stimmen mögen nun behaupten, dass dies dem Dilettantismus, der Schlampigkeit und Gleichgültigkeit Tür und Tor öffnen würde. Wir meinen, dass diese Einstellung vielmehr zu Entspanntheit und letztendlich zu Selbstvertrauen führen würde. Wir würden mehr wagen und dadurch eher dem Erfolg als dem Scheitern Tür und Tor öffnen. Wenn wir das Damoklesschwert des Scheiterns abmontieren, lässt es sich leichter erhobenen Hauptes durch die Arbeitswelt schreiten. Unser Blick ist nicht mehr abgelenkt von dem, was über dem Kopf schwebt.

# KAPITEL 5: JEDER SCHEITERT – MANCHE FRÜHER, MANCHE SPÄTER

*„Lege ich mir die Latte hoch genug, bin ich auch im* Scheitern *hoch gesprungen."*
*Heinz R. Unger*

Unsere Scheiterexperten erzählen vom Scheitern in all seinen Facetten. Vom Scheitern, das von anderen nicht einmal erkannt wird; vom Scheitern, an dem sie fast zerbrochen wären; vom Scheitern, das das weitere Berufsleben maßgeblich beeinflusst hat; vom Scheitern, das sich nachträglich als positive Wendung herausstellt. Eben die gesamte Bandbreite, die wir festgestellt haben. So unterschiedlich die Erfahrungen sein mögen, eines steht fest: Gescheitert ist ausschließlich jede und jeder.

> **Lojze Wieser:** *Ach, ich bin bei vielem gescheitert. Wenn ich alleine denke, wie viele Konzepte ich in den letzten 15, 20 Jahren geschrieben habe und wie viele von diesen Konzepten umgesetzt worden sind. Der Großteil ist nicht umgesetzt worden. Als wir damals die Briefbomben[24] zugeschickt bekommen haben, oder als diese Ausländerfeindlichkeit aufgekommen ist, da hat es zuerst Anfang der 1990er-Jahre noch den Willen gegeben, sich all diesen Fragen zu nähern. Ich kann mich erinnern, dass es die Überlegung gegeben hat, ein „Haus der (vielen) Bücher" zu*

24 In den 1990er-Jahren wurden in Österreich mehrere Briefbombenanschläge verübt. Dabei starben vier Roma im Burgenland, und Helmut Zilk, der damalige Bürgermeister von Wien, verlor durch eine Briefbombe eine Hand. Am 4. Oktober 1994 wird eine Briefbombe an den Wieser-Verlag geschickt, die jedoch nicht explodiert. Der Erbauer der Briefbomben, Franz Fuchs, versuchte sich bei seiner Verhaftung in die Luft zu sprengen und verlor dabei beide Hände. Franz Fuchs nahm sich, noch während sein Prozess lief, in der Gefängniszelle das Leben.

*machen, wo man den zur Flucht gezwungenen Leuten aus Ex-Jugoslawien die Möglichkeit geben wollte, ihre eigenen Bücher in ihrer eigenen Sprache zu erhalten. Wo man nach innen von der Ausländerfeindlichkeit noch nichts gewusst hat und man mit Leichtigkeit dagegen angetreten wäre, indem man Information und Wissen verbreitet hätte. Das wurde nicht realisiert. Daran sieht man, dass Kultur und Literatur eigentlich friedensbewegende Maßnahmen sind und nicht nur eine marktwirtschaftliche Geschichte. Aber noch einmal – von dem, was ich wollte, ist der Großteil gescheitert. Was übrig geblieben ist, ist aber auch nicht so schlecht.*

Mit ein Grund, warum **Lojze Wieser** sein wiederholtes Scheitern unverkrampft sieht, ist sicher, dass die Erfahrung ihn gelehrt hat, dass jede Idee und jedes Konzept das Potenzial besitzen, nicht umgesetzt zu werden. Wenn man diese Möglichkeit nicht bedenkt, sondern die Messlatte hoch hängt – vielleicht in der sicheren Annahme, dass man ein Ziel erreichen wird –, trifft einen das Scheitern entsprechend unvermittelt. Das ist eine Erfahrung, die jeder gemacht hat. Eine schmerzliche Erfahrung, wie **Thomas Rabitsch** relativ früh innerhalb seiner Tätigkeit als Musikproduzent in den 1990er-Jahren feststellen musste, als er einen Auftrag, für den er hart gekämpft hatte, nicht erhielt. Aber nicht die finanzielle Größe des Projektes war es, die ihn die Absage als Scheitern erleben ließ, der hohe Grad der persönlichen Betroffenheit war ausschlaggebend:

*Ich habe darüber nachgedacht, wo es mich wirklich einmal an die Wand gestellt hat. Das war eher der Moment, wo ich nicht die Chance gehabt habe, zu beweisen, dass ich es machen kann. Mein größtes berufliches Scheitern war 1996. Damals wurde ich angefragt, für ein großes Projekt die Musik zu machen. Das war ein Riesending, die Musik zu einer Ausstellung in Prag in einem, wie es damals in den 1990er-Jahren sehr oft entstanden ist, Event- oder Erlebnispark, aber historisch bezogen auf Prag. Dazu gab es ein irre großes Buch von einer amerikanischen Eventgesellschaft. Ich bekam ein sehr genaues Briefing mit der Bitte, durchzukalkulieren, was das inklusive Orchesteraufnahmen und so weiter kosten würde. Das waren in Schilling Millionenbeträge, die ich vorkalkuliert habe. Ich habe daran mit Kollegen, die ich zu Rate gezogen habe, zwei Monate gearbeitet, mit dem Ergebnis, dass doch die anderen genommen wurden. Im Endeffekt sogar derjenige, der das Briefing gemacht hat. Und ich bin draufgekommen, dass ich nichts anderes war als ein Steigbügelhalter, damit er wiederum von den Auftraggebern preislich gedrückt werden konnte. Ich bin sozusagen ausgespielt worden.*

*Zusätzlich war ich damals Excel-Neuling und habe plötzlich Tabellenkalkulationen betreiben müssen: Was kostet mich das Orchester von hier oder das von Prag, und was für einen Tag? Eine enorme logistische Arbeit, die wirklich riesige Berge von Papier hervorgebracht hat. Und die war vergebens, weil mir gesagt wurde: „Wir machen's dann doch lieber mit dem. Danke, es war aber sehr nett." Ich konnte nicht einmal für die bereits erbrachte Arbeit irgendetwas bekommen, weil noch kein Vertrag da war – klassische Geschäftssituation.*

*Das hat mich damals extrem aus dem Tritt gebracht. Meine Frau, die mir viel geholfen hat, hat mir nachher gesagt: „Du warst in einem Zustand, der war unbeschreiblich." Ich war die nächsten drei Monate weg vom Fenster. Das war sicher einerseits, weil ich mit Summen jongliert hab, die für mich schon halbreal waren, und dann alles verpufft ist – von einem Tag auf den anderen. Und wenn man sich gedanklich auf so ein Projekt einlässt, weil man weiß, dass man einen seriösen Kostenvoranschlag abgeben muss, der wirklich von der anderen Seiten abgeklopft wird, und man merkt, man wurde eigentlich nur benutzt – ich bin mir echt missbraucht vorgekommen. Sicher auch deshalb, weil ich nicht beweisen konnte, dass ich das machen kann, dass ich es künstlerisch umsetzen kann. Das Projekt ist über eine Werbefirma und Art Direktoren gegangen, die auch unheimlich lieb und bemüht waren. Ich habe lange Zeit das Gefühl gehabt, da wird was draus. Und als das dann weg war: Das war mein größtes berufliches Scheitern.*

*Aus diesem Tief bin ich zuerst nur durch Ablenkung herausgekommen. Ich musste das Erlebte mit Freunden besprechen, musste mich anvertrauen. Ich kann mich noch gut erinnern, wie ich bei Spaziergängen mit Freunden mein Herz ausgeschüttet habe. Das waren eigentlich fast therapeutische Sitzungen. Ich habe erst im Nachhinein realisiert, wie mich dieses Erlebnis aus dem Tritt gebracht hat. Das war jetzt in Kurzform mein berufliches Scheitern, das größte, das ich erlebt habe.*

*Es gibt darüber hinaus natürlich noch andere, rein technische Situationen, in denen man scheitert. Aber da ist das Problem nicht durch mein eigenes Versagen entstanden, sondern wenn ich an dem System, der Technik, dem Gerät scheitere. Ich hatte einmal ein sehr lustiges Erlebnis: Einer meiner Freunde hat bei mir etwas aufgenommen und ich musste über MIDI*[25] *die Keyboards einspielen und bin daran komplett gescheitert. Irgendein Interface war kaputt und hat mir nur für ungefähr eineinhalb Takte zu spielen erlaubt, und dann ist alles stehen geblieben. Ich habe damals nicht gewusst, wo der systemspezifische Fehler liegt. Es war aber rotes Licht, die Aufnahme im Studio ist gelaufen, er hat gewartet, ich mich gespielt. Er ist dann irgendwann hinter mir gestanden, und nach einer halben Stunde bin ich mit einem glasigen Blick vor dem Computer gesessen und habe gesagt: „Scheitern." Mir ist wirklich das Wort Scheitern eingefallen, jetzt ist es so weit, ich scheitere! Er hat gelacht und ich habe dann auch nur mehr lachen können, und wir haben abgedreht und es gelassen. Ein paar Tage später, nachdem es repariert war, haben wir uns wieder getroffen.*

Ganz anders ging das österreichische Event-Urgestein **Hannes Jagerhofer** damit um, als er einen Zuschlag nicht erhielt. 2005 bewarb er sich um die Ausrichtung des Grand Slam Turniers im kanadischen Montreal. Obwohl seine Bemühungen unter guten Sternen standen, wurde aus dem Auftrag nichts. Statt der großen Einnahmen schlugen die Vorlaufkosten mit 200.000 Euro zu Buche. Und trotzdem, für Jagerhofer kein Scheitern – obwohl es von außen so wirken mag:

*Bei mir gibt es sehr viel Scheitern in unterschiedlichen Projekten. In unserer Branche ist es wie ein Gießkanneneffekt – d.h., du musst*

25 MIDI (musical instrument digital interface = „Digitale Schnittstelle für Musikinstrumente") ist ein Datenübertragungsprotokoll zum Zwecke der Übermittlung, Aufzeichnung und Wiedergabe von musikalischen Steuerinformationen zwischen Instrumenten oder mit einem PC. (http://de.wikipedia.org/wiki/Musical_Instrument_Digital_Interface)

*möglichst viele Samen aussäen, damit von 20 Projekten eines groß wird. Das ist unser tägliches Business. Projekte, von denen du glaubst, sie könnten erfolgreich werden, werden es nicht, und andere, wo du sagst: „O.k., das probieren wir einfach, mal schauen, wie sich das entwickelt", werden zu einem Riesenthema. Aber damit sind wir sehr oft konfrontiert, gewisse Dinge funktionieren und andere nicht.*

*Eine wirkliche Totalkapitulation, rien ne vas plus, nix geht mehr, ist natürlich in der Wirtschaft mit Konkurs verbunden, und Gott sei Dank habe ich das nicht erlebt. Dass ich für den Grand Slam in Montreal nicht den Zuschlag bekommen habe, habe ich nicht als Scheitern empfunden. Ich hab's probiert und es ist nichts geworden. Das passiert bei uns öfters, dass du ein Riesenprojekt irgendwann einmal loslassen musst. Dann setze ich mich hin und sage mir: „O.k., I gave my best, but I guess my best wasn't good enough." In Kanada war es sowieso wirtschaftlich nicht zu verantworten, dass du ein Jahr lang eine Veranstaltung organisierst (weil sich der Verband entschieden hat, die Rechte nur für ein Jahr freizugeben), damit sich der Verband das dann anschauen kann, und wenn es erfolgreich ist, dann sagt er: „Danke nein, und gute Heimreise!" Man kann nichts übers Knie brechen. Ich glaube, das ist das Wichtigste: Man kann einfach nichts erzwingen. Wir haben unser Büro in Kanada zugesperrt und unseren Mitarbeitern gesagt, es geht wieder zurück nach Österreich. Ich habe das eher positiv gesehen.*

*Wir haben ein ähnliches Projekt in Amerika mit dem Hubschrauberfliegen[26] gehabt. Wäre da nicht das tragische persönliche Schicksal dabei gewesen – dass mein Freund beim Absturz ums Leben gekommen ist und seine Familie einen wichtigen Menschen verloren hat –, ich wäre nie so weit gegangen, dass ich meine Substanz in Österreich riskiere, auch wenn ich dort geblieben wäre. Das Geschäft hat bis zum Absturz irrsinnig gut funktioniert. Aber allein das Erlebnis in Amerika, ein Unternehmen von null auf zu gründen, wo du nicht einmal einen Mietvertrag unterschreiben kannst, weil du ein No-Name bist,*

26 Hannes Jagerhofer betrieb von 2004 bis 2006 in Miami ein gut gehendes Helikopter-Shuttleservice. Als im Mai 2006 ein Helikopter abstürzte, entschied Jagerhofer noch am selben Tag, die Firma zuzusperren. Bei dem Unglück verstarb sein Fluglehrer und guter Freund.

*geschweige denn ein Handy kaufen. Dort ein Unternehmen zu haben, das hat für mich, für das, was ich alles in meinem Leben erleben möchte, hervorragend reingepasst. Und wenn es auch so gewesen wäre, dass ich den Betrieb zusperren hätte müssen, weil es wirtschaftlich nicht funktioniert hätte, wäre das für mich kein Scheitern gewesen. Sondern es wäre ein interessanter Bereich in meinem Leben gewesen.*

*Wer viel riskiert, verliert logischerweise auch viel, und wenn ich – da bin ich mir sicher – mich dauernd auf der sicheren Seite des Lebens bewege, dann werde ich nie scheitern. Dann nehme ich einfach 100 Prozent gelernte Modelle und setze diese mit einem überschaubaren Risiko um.*

Den scheitertechnischen „Supergau", wie **Hannes Jagerhofer** ihn nennt, erlebte er gleich zu Beginn seiner Karriere, als er bei einer Veranstaltung an der Technik scheiterte.

*Als junge Firma – mein Unternehmen gibt es jetzt immerhin seit 17 Jahren – haben wir bei der Print-Oscar-Verleihung 1994 einen Supergau gebaut. Veranstalter war der VÖZ*[27]*, was für ein junges Unternehmen im Marketing die Chance des Jahrhunderts ist. Alle Werbenden, die Tageszeitungen und die gesamte Wirtschaft waren da, und wir haben einen echten technischen Supergau gebaut. Da denkst du dir schon: „O.k., Surflehrer in Hawaii, das wäre es jetzt eher." Wir hatten natürlich keine Kapitaldecke, die Auftragslage war noch nicht so rosig – da kann es relativ schnell vorbei sein. So eine richtige Exit-Strategie hatten wir auch nicht, da kann man ohnehin nur warten, bis etwas passiert. In diesem Fall musst du dich halt hinsetzen und dir wirklich mal eine Auszeit nehmen. Als junger Unternehmer bist du dem schon ausgesetzt.*

***Wie haben Sie diesen „Supergau" erlebt?***
*Horror. Ich war im Vorfeld schon mit den ganzen Clubbings und Veranstaltungen sehr erfolgreich, und dann war da dieser*

27 Verband Österreichischer Zeitungen

*technische Supergau. Es ist alles in die Hose gegangen und am nächsten Tag ist im Kurier gestanden: „Jagerhofers erster Flop" – so richtig schön mit fetten Buchstaben.*

*Bei der Veranstaltung selbst merkst du dann schon, wenn du durch die Menschenmenge gehst – weil die Konfrontation darfst du nicht scheuen –, wie dich die Leute anschauen. Ein paar, die Mitleid haben und dir erzählen, was ihnen schon alles passiert ist. Bei anderen merkst du, dass das eine ziemliche Genugtuung ist und dass sie Spaß haben, dass es jetzt endlich so weit ist. Aber damit musst du leben.*

*Im Prinzip kann man es mit einem Tennismatch vergleichen: Wenn zwei Tennisspieler irgendwo ein Finale spielen, dann weißt du, dass einer von den beiden geknickt sein wird, dem wird es emotional nicht gut gehen. Von den 20.000 Zuschauern werden sich 12.000 freuen, dass er geknickt ist und dass er verloren hat. Oder bei jedem Fußballmatch – das ist doch immer das gleiche. Die Frage ist nur die Intensität dieser Auseinandersetzung, des Gefühles, und wie lange oder wie schnell du die Möglichkeit hast, das zu bewältigen: der Tennisspieler beim nächsten Turnier, der Fußballer beim nächsten Fußballmatch. Ein Wirtschaftstreibender, der einen Totalflop hat, braucht ein bisschen länger.*

***Wie sind Sie es damals angegangen?***

*Mein Glück war, dass ich eine Woche später eine andere große Veranstaltung hatte. Der Kunde hat das in der Zeitung gesehen und gesagt: „O.k., jetzt ist es ohnehin zu spät, ich setze auf Sie, ich vertraue Ihnen." Ich glaube schon, dass mir das darüber hinweggeholfen hat. Die Veranstaltung war ein riesiger Erfolg und mein Image wieder gekittet.*

*Was die Leute am meisten erstaunt hat, war, dass ich ein paar Tage nach dem VÖZ-Event ein Ö3-Interview gegeben habe, wo sie mich gefragt haben, warum ich veranstalte. Sie haben das Thema gar nicht angesprochen, aber ich habe es selbst von mir heraus angesprochen – dass es eine schwierige Situation und der Megagau war. Daraufhin hat mir der Vorstand der VÖZ gesagt, er wäre beeindruckt, dass ich das nach außen hin ganz offen kommuniziere und darüber rede. Ja, das war sicherlich unsere bis dato schwierigste Zeit für die Firma.*

Eine ähnliches Erlebnis hatte **Agnes Husslein-Arco**, als sie mit ansehen musste, wie zehn Jahre zäher Vorarbeit beim Auktionshaus Sotheby's innerhalb weniger Tage zunichtegemacht wurden, die Konkurrenz den von ihr geebneten Weg beschritt und ihr eigenes Image Kratzer davontrug:

*Natürlich habe ich im Beruf Rückschläge einstecken müssen – zum Beispiel bei Sotheby's, wenn ich mich um ein Werk bemüht habe, das dann der Konkurrent Christie's bekommen hat.*

*Eine furchtbare Niederlage, eines meiner Schlüsselerlebnisse, war die „Mauerbachauktion". In Mauerbach war eine große Anzahl an enteigneten Kunstwerken aus jüdischem Besitz gelagert. Ich habe jahrelang daran gearbeitet, dass die Kunst auf den Markt kommt und dass die Nachkommen der rechtmäßigen Besitzer Ansprüche stellen können. Über Jahre habe ich Verhandlungen geführt und Vorbereitungen getroffen, weil ich das Zustandekommen der Auktion für ganz wichtig hielt, aus beruflicher wie moralischer Sicht. Als es dann endlich so weit war, haben meine Chefs bei Sotheby's beschlossen, dass sie die Auktion nicht machen: Es war ihnen zu gefährlich. Unser ärgster Konkurrent hat die Sache mit Handkuss übernommen und einen Erfolg eingefahren, den man sich gar nicht vorstellen kann. Ich habe über zehn Jahre den österreichischen Auktionsmarkt aufgebaut und internationalisiert, die Konkurrenten haben sich in meinem Schatten bewegt und schlussendlich von meiner Arbeit profitiert.*

*Der Ausgang dieser Geschichte lag nicht in meinen Händen, aber am Ende des Tages brauchen sie in großen Konzernen immer einen Schuldigen, und so hieß es, es sei der Husslein ihr Fehler gewesen. Das ist mir tief in die Knochen gefahren: Meine eigene Firma hatte dem Konkurrenten geholfen, mich zu überrunden, und mich dann für die Überrundung verantwortlich gemacht. Ich stand mit dem Rücken zur Wand – aber selbst das hat mich nicht davon abgehalten, weiter meinen Weg zu gehen.*

*Auch wenn ich diese Geschichte als Misserfolg in meinem Leben verbuche, kann mir dennoch niemand nehmen, dass ich die Erste war, die Mauerbach zum Thema gemacht und den Markt geändert hat. In allem Schlechten verbirgt sich etwas Gutes. Das ist für mich ein ganz wichtiger Leitsatz, den mir meine Großmutter immer gesagt hat. Und das ist auch so, weil man sich durch Krisen neu zu orientieren lernt. Man muss immer nach neuen Möglichkeiten und Chancen Ausschau halten. Sonst würde ich heute auch nicht im Belvedere sein. Das war letztendlich das Gute an der Geschichte. Ich bin überzeugt, dass man aus jeder Niederlage sehr viel lernen kann. Man muss allerdings fünf Schritte zurückgehen – und ich weiß, dass das sehr schwierig ist. Mein Bruch mit Sotheby's war letztendlich äußerst schmerzhaft. Mit dieser Entscheidung ist ein Lebensabschnitt zu Ende gegangen – danach völlig neu zu beginnen, war eine Herausforderung. Mein Umfeld hat mir dabei sehr geholfen.*

Ein Scheitern kann die Lebensplanung gehörig ins Wanken bringen. **Agnes Husslein-Arco** musste ihre Pläne für die Zukunft neu schreiben. Ähnlich ausweglos erschienen **Michaela Pfeifenberger**s Bemühungen um eine Karriere bei der Polizei.

*Das erste Mal bin ich daran gescheitert, meinen ersten Berufswunsch umzusetzen. Ich wollte Kinderärztin werden und bin bereits bei der Studienberatung gescheitert, wo man mir gesagt hat, dass man auf den Turnus drei bis vier Jahre wartet. Da habe ich gesagt: „Nein, danke." Ich bin an mir selbst gescheitert, weil ich nicht überlegt habe: Was bedeutet das, bis ich studiere? Kann ich mir diese drei Jahre leisten, kann ich sie überbrücken? Das war einfach persönliches Scheitern, indem ich es nicht zu Ende überlegt habe, sondern gleich abgeschreckt war.*

*Mein erster Versuch zur Polizei zu kommen, war auch ein Scheitern. Ich habe die letzte Prüfung auf der Uni gemacht, denke mir „Hurra, jetzt bist du Magister", gehe in die Telefonzelle und rufe direkt bei der Bundespolizeidirektion Salzburg an: „Grüß Gott, ich bin gerade mit dem Studium fertig und will zur Polizei, was muss ich tun? Ich mache ganz normal die Polizeischule?" „Nein." Sag ich: „Warum, ich bin 22, fast 23, nicht zu jung, nicht zu alt." „Nein, nein." „Ich bin eine Frau – ist auch nicht mehr das Problem." „Nein, nein." Ich hake nach: „Was ist dann? Ist es schlecht, dass ich schon studiert habe? Ich fange ganz normal in der Polizeischule an, und irgendwann hätte ich dann gerne einen Job als Polizeijuristin!" – „Nein!" – Daraufhin habe ich gesagt: „Gut, auf Wiederhören."*

*Und dann habe ich mir gedacht: „Lass dich nicht schon wieder abschrecken! Du hast nicht Medizin studiert und wirst nicht Ärztin. Jetzt hast du Jus studiert, du willst zur Polizei. Nicht aufgeben, nicht wieder einen neuen Beruf suchen." Und so habe ich mir gedacht: „Gut, du scheiterst vielleicht jetzt, aber nicht endgültig." Daraufhin habe ich mein Dissertationsthema so gewählt, dass mein Interesse an der Polizeiarbeit eindeutig zu erkennen war – mit dem Thema „Hausdurchsuchung". Als die Dissertation fertig war, war es eigentlich Zufall oder Glück, denn Polizei heißt ja nicht nur Bundespolizeidirektion, auch die Bezirkshauptmannschaft ist eine Sicherheitsbehörde. Zufällig kam eine Ausschreibung vom Amt der Landesregierung, bei der ich mich beworben habe, und es hat funktioniert. Allerdings kam ich ins Frauenbüro. So dachte ich mir: „O.k., da musst du durch, zeig einmal, dass du flexibel bist, auch wenn es nicht dein Lieblingsthema ist – beginn!" Die Dienstprüfung wollte ich aber in Polizeiverwaltungsrecht machen, in der Hoffnung, dass mich irgendwann jemand entdeckt und sagt: „O.k., du darfst zur Polizei."*

*Und tatsächlich, mein Prüfer hat gesagt: „Sie waren gut." Darauf sagte ich: „Ja, ich will aufs Polizeiamt bitte!" „Na, ins Polizeiamt nicht, aber kommen S' einmal zur Bezirkshauptmannschaft." Ich bin hartnäckig geblieben: „Ich will aufs Polizeiamt bitte!" „Na, fangen S' einmal mit Gewerberecht an und ich verspreche Ihnen, wenn sich im Polizeiamt etwas tut, sind Sie die Erste, an die ich denke." So habe ich halt wieder einen Zwischenweg gemacht. Und das andere war dann Glück, dass ich wirklich zur Polizei gekommen bin. Letztendlich habe ich nicht gleich beim ersten kleinen Scheiteranzeichen w.o. gege-*

*ben, sondern versucht, es wiedergutzumachen.*
*Als ich dann schlussendlich Vizepräsidentin der Wiener Polizei wurde, dachte ich mir: „Es darf bei dir nichts schiefgehen, weil wenn es bei dir schiefgeht, dauert es bis zur nächsten, die die Chance bekommt, ewig." Also ja, ich hatte Angst zu scheitern.*

Bei **Michaela Pfeifenberger** ist es gut ausgegangen. Sie hat letztendlich ihr Ziel erreicht, wenn auch über Umwege. Doch das weiß man nur in der Rückschau. Es hätte genauso gut sein können, dass sie eine falsche Abzweigung nimmt, dass sich das Frauenreferat oder die Bezirkshauptmannschaft als Sackgasse herausstellen. Eine der grundlegenden Fragen, die man sich im Laufe seines Berufslebens stellt, ist: Bringt mich das, was ich jetzt mache, dorthin, wo ich hin möchte? Auch **Thomas Rabitsch** sah gelegentlich die Gefahr, dass ihm ein Job, den er aus finanziellen Gründen annehmen musste, den Weg zum Musikmanager verbaut:

*Ich kann mich erinnern, in den 1980er-Jahren konnte ich zu gar nichts Nein sagen. Obwohl es ein paar Mal sicher besser gewesen wäre – und das ist auch Scheitern. Wenn man dann draufkommt, dass man das nicht hätte tun sollen oder diesen Job lieber hätte lassen sollen, dann ist es wenigstens dafür gut, dass man sich das merkt. Also ich kann mich erinnern, dass ich Jobs angenommen habe, weil ich mir gedacht habe: „Ich muss zusagen, ich habe ja kein Geld." Diese Hektik, den Beruf so zu finden und in der Art zu definieren, dass ich auch davon leben kann, wenn es keinen Falco oder Drahdiwaberl oder irgendeinen Gig[28] gibt. Ich habe Theatermusik für das Volkstheater und das Burgtheater gemacht, schöne Sachen, aber auch Sachen, bei denen ich mir gedacht habe: „Das hätte jetzt nicht sein dürfen." Aber diese Erfahrung macht jeder.*

An ihre Grenzen sind auch **Alexander Böck** und **Marcus Praschinger** gestoßen. Während sie über viele Jahre um die Finanzierung ihres Traumes kämpften, die erste Jugendherberge nach Vorbild eines Australischen Hostels in Wien zu betreiben, regte sie ihr unternehmerischer Geist dazu an, ein anderes Projekt in Angriff zu nehmen. Dieses war schon weit fortgeschritten, als sie in der sprichwörtlichen letzten Minute die Bremse zogen.

---

28 Live-Auftritt

**Alexander Böck:** *Wir wollten etwas in der Zeitungsbranche ausprobieren, und das hat nicht geklappt. Nach einigen Monaten war dann klar, dass das weder unser Metier ist, noch dass wir das nachhaltig positiv umsetzen können. Es war Gott sei Dank nicht so kostspielig, dass wir an den Verlusten nagen mussten, die wir erlitten hatten.*

*Dieses Zwischenspiel ist vom Umfeld durchaus mit Schadenfreude wahrgenommen worden. Heute würde ich es genauso sehen, aber damals war ich davon überzeugt, dass das eine gute Sache ist und dass wir uns das auch überlegt haben. Heute würde ich mich auch fragen, ob ich deppert[29] war, weil es vom Typ überhaupt nicht zu uns gepasst hat.*

*Das ganze Umfeld, jene, die unsere Idee mit dem Hostel kannten, haben gesagt, dass wir völlig durchgeknallt sind. Dass wir jetzt mit der Brechstange irgendetwas umsetzen wollen, nur damit irgendwas geschieht – das ist natürlich sehr belächelt worden. Wir haben sozusagen den Last Exit genommen, bevor es zu einem richtigen Scheitern ausgewachsen wäre.*

Ebenfalls mit einem blauen Auge davongekommen ist der ORF-Journalist **Werner Mück**, für den 1989 ein kurzer Ausflug in die Privatwirtschaft mit bösen Überraschungen verbunden war. Drei Wochen nachdem er in ein Bauunternehmen als Geschäftsführer eingestiegen war, schlitterte dieses in die Insolvenz. Statt sich in seinen neuen Job einzuarbeiten, sah sich Werner Mück vor Gericht stehen:

*Ich bin einmal vor mittlerweile 25 Jahren in die Privatwirtschaft gegangen und habe als Vorstand einer Wohnbaugesellschaft zu arbeiten begonnen, die 5 Wochen später als Konsequenz anderer Pleiten, also total fremdbestimmt, in die Insolvenz geschlittert ist. Wenn man nach 5 Wochen so eine Katastrophe erlebt, während man sich noch gerade umsieht, wie denn das Ganze überhaupt läuft, ist das ein Intensivkurs, den man zunächst einmal nervlich durchstehen muss und wo man dann einige Zeit braucht, um rückblickend sagen zu können: „So viel wie in diesen – dann letztlich – dreieinhalb, vier Monaten, die ich dort absolviert*

29 Österreichischer Dialektausdruck für „verrückt"

*habe, habe ich in vielen Jahren davor und danach nicht mehr gelernt." Man lernt schlicht und ergreifend Überlebenstaktiken: Was macht man, wenn man an Bord eines Schiffes sitzt, das Schlagseite bekommt und innerhalb kürzester Zeit untergeht. Da lernt man viel und man lernt auch Menschen kennen, man lernt Zusammenhänge kennen, auch, wie die verschiedenen Interessengruppen ihre Interessen schützen. Wenn man das ohne Blessuren übersteht, dann kann einen in diesem Bereich nichts mehr erschüttern. Da hat man natürlich ein Sensorium entwickelt, um zu erahnen, woher der Wind weht.*

*Im Augenblick selbst war es natürlich dramatisch. Ich kann rückblickend sagen, dass ich das Glück hatte, gute Nerven zu haben. In solchen Situationen die Nerven wegzuschmeißen, wäre noch viel schlimmer gewesen. Das Ganze hat sich auch ein bisschen zugespitzt, weil in Folge dieser Insolvenz ich, der ich als fünfter Vorstand in die Geschäftsführung kam, nach drei Wochen der Einzige war, der noch da war. Alleine auf weiter Flur, alle anderen waren weg. Das ist ein Erlebnis, das ich niemandem wünsche. Das ich rückblickend selbst nicht missen möchte, auch nicht könnte, weil ich daraus sehr viel gelernt habe.*

*Mein Umfeld war zunächst fassungslos, und dann haben sie sich gefragt, wie ich das durchstehe. Gute Freunde haben dann, was auch sehr tröstlich ist, immer so den Spruch drauf „Du schaffst das schon, du wirst das schon irgendwie machen." Ja, der Satz „Du machst das schon, du schaffst das schon" begleitet mich schon viele, viele Jahrzehnte.*

*Es gab auch Leute, die sich abgewendet haben. Die sind aber kein wirklicher Verlust. Auch die sind nichts anderes als ein Lehrbeispiel an Menschenkenntnis. Auch da war ich ja Gott sei Dank nicht mit besonderen Fantasien im Sinne von Erwartungen geprägt, sondern habe gewusst, was auf mich zukommt. Die Leute, die sozusagen nur bei Schönwetter eine Wanderung mitmachen, auf die kann man verzichten, wenn sie bei den ersten Wolken oder Niederschlägen nicht dabei sind. Andererseits erlebt man ausreichend viele, die dann mit dabeibleiben.*

## 5.1 IST SCHON BESSER SO

*„Manche Menschen bleiben nur durch ihr* Scheitern *in Erinnerung. Auch das ist Unsterblichkeit."*

*Henri Troyat*

Nicht jedes Scheitern bedeutet gleich das Aus. Es mag sogar sein, dass sich rückblickend herausstellt, dass das Scheitern eine positive Wendung ins Leben gebracht hat. Im Moment des Scheiterns lässt sich nicht notwendigerweise ersehen, dass es sich positiv auf die weitere berufliche Entwicklung auswirken wird. **Hansjörg Tengg** hatte keineswegs geplant, zum „Vorzeigesanierungsmanager" zu werden, sein Berufstraum sah ihn als Politiker in den Nationalrat einziehen. Dass er an diesem Ziel gescheitert ist, hat ihm im Endeffekt große wirtschaftliche Vorteile gebracht und mehr Reputation, als er als Politiker vielleicht je erlangt hätte. Aus der Position des erfolgreichen Managers heraus betrachtet er sein Scheitern an der politischen Laufbahn nicht mehr als ein solches.

> *Mit meinen persönlichen Zielsetzungen bin ich sicher gescheitert. Aber – und das ist etwas ganz Wichtiges – was man in dem Zusammenhang, wenn man älter wird, lernt: dass sich oft ein so genanntes Scheitern im Rückblick des Lebensweges als riesiges Glück erweist. Aber im Moment erlebt man es als Misserfolg oder Scheitern. Ich habe das Gott sei Dank im Berufsleben kaum erlebt. Ich habe es eigentlich in meinem vorberuflichen Leben erlebt oder parallel zu meinem ersten Job, neben meiner Tätigkeit in der Grazer Stadtwerke AG. Ziel des Gesamtsetups war es, in die Politik zu gehen. Meine politischen Zielsetzungen habe ich nicht erreicht. Ich wollte Nationalratsabgeordneter werden und nichts weniger.*

*Ich bin durch meine hochschulpolitische Tätigkeit, wo ich durch Zufall ÖH-Vorsitzender an der TU in Graz geworden bin, bekannt geworden. Der damalige Bürgermeister von Graz, Alexander Götz*[30]*, wollte mich gewinnen. Ich habe mir gedacht: „Das ist ganz interessant." Er hat mir mit einer Stadtratsfunktion gewinkt und ich habe gesagt: „Mich interessiert aber die Gemeindepolitik nicht, ich will in den Nationalrat." Daraufhin hat er gesagt: „Aber die Kommunalpolitik ist der Grundstein jeder politischen Tätigkeit", und ich habe geantwortet: „Ich will nicht Stadtrat, ich will Nationalrat." Und als verschiedene Personen in der Partei damals gemerkt haben, da kommt ein junger intellektueller Quereinsteiger, haben sie mit allen Parteiintrigen gegen mich gearbeitet. Daraufhin habe ich mir gedacht, ich muss die Herausforderung annehmen, bin Bezirksparteiobmann von Leibnitz geworden, habe versucht, die Partei von der Basis her aufzurollen, und bin natürlich in diesen ganzen wilden Parteiintrigen stecken geblieben.*

*Ich war aber parallel dazu Gründungsmitglied des Attersee-Kreises, des liberalen Kreises der Hochschulpolitik, die angetreten ist, aus der FPÖ eine liberale Partei zu machen. Da haben wir partielle Erfolge erzielt, indem wir damals mit Norbert Steger*[31] *als Parteiobmann die erste Regierungsbildung gemacht haben. Damals war ich sozusagen Energieberater des Ministers. Jedenfalls haben wir ein paar Jahre ein bisschen regiert. Ich habe dort einigen Einfluss ausüben können und einiges erreicht, bin Verbundaufsichtsrat geworden und Direktor des ganzen Donaukraftwerke-Vorstandes – also, für mich hat das einen ganz guten Spin-off gehabt und eigentlich das Fundament meiner weiteren Entwicklung gelegt. Ich habe konkreten Einfluss ausgeübt, aber mein politisches Ziel habe ich nicht erreicht.*

*Ich bin gescheitert mit dem Ziel, Politiker zu werden, habe aber verstanden, dass das für mich ziemlich hoffnungslos ist und habe das in meine berufliche Tätigkeit transferiert. Das gipfelte im 1984er-Jahr in einer Frage von Steger, der damals Vizekanzler und Energieminister war: „Du musst dich jetzt entscheiden, willst du Verteidigungsminister werden oder Donaukraftwerke-Vorstand." Er musste damals*

30 Alexander Götz (*1928, Graz), FPÖ, 1973–1983 Bürgermeister von Graz.

31 Norbert Steger (*1944, Wien), FPÖ, 1983–1987 Vizekanzler und Handelsminister

*Friedhelm Frischenschlager*[32] *ablösen, der wegen des Reder-Handschlags ins politische Gezerre gekommen war. Ich fragte ihn: „Wie lange habe ich Zeit zum Nachdenken?" Sagt er: „Gar nicht, das musst du jetzt entscheiden." Da habe ich kurz mit mir gerungen – das rechne ich mir selber hoch an, weil ich meine ganzen Eitelkeiten unterdrückt habe – und habe gesagt: „Dann entscheide ich mich für meinen beruflichen Weg." Das war eine weise Entscheidung, und damals habe ich eigentlich den politischen Weg verlassen.*

Berufliches Scheitern kann überschwappen in das Privatleben und dort weiteren Schaden anrichten. Man denke nur an die vielen Beziehungen, die dieser enormen emotionalen Belastung nicht gewachsen sind. Doch nicht immer sind die Auswirkungen beruflichen Scheiterns negativ. Diese Erfahrung machte **Anneliese Rohrer**, als sie sich glücklos um die Stelle der Chefredakteurin bei der Tageszeitung „Die Presse", bei der sie schon viele Jahre das Innenpolitikressort geleitet hatte, bemühte:

***Gab es einen Punkt, wo Sie gescheitert sind?***

*Nicht in meiner Definition, aber theoretisch sicher. Das war 1995, als ich mich um die Chefredaktion der Presse beworben und sie nicht bekommen habe. Nur ist es mit dem Scheitern so: Im Nachhinein, also nicht im Moment des Nichterreichens, aber im Nachhinein stellt sich heraus, dass das vielleicht doch etwas Gutes hat. In meinem Fall hatte es etwas wirklich Gutes, dass ich die Chefredaktion, die ich gerne gehabt hätte, einem Kind im Teenageralter nicht vorgezogen habe. Das hätte in diesen turbulenten Jugendjahren sicher Auswirkungen gehabt. Rein der Buchform nach bin ich mit dem Wunsch, Chefredakteurin der Presse zu werden, gescheitert.*

***Wie haben Sie den Moment des Scheiterns erlebt?***

*Das war gar nicht so schlimm, aber das ist ein bisschen kompliziert: Es war mein Fehler, ich habe nicht genug dafür getan – was Frauen meistens machen. Ich habe z.B. keine Bewerbungsfolder*

32 Friedhelm Frischenschlager (*1943, Salzburg), FPÖ, 1983–1986 Verteidigungsminister. Musste abdanken, nachdem er 1985 den NS-Kriegsverbrecher Walter Reder bei seiner Rückkehr nach Österreich mit Handschlag begrüßte („Reder-Handschlag"). Später Gründungsmitglied des Liberalen Forums.

*hergerichtet. Heute würde ich das anders machen. Ich war aber immer der Meinung, dass der Styria Verlag als „Kirchenverlag" mit nur Männern als Entscheidungsträger sowieso einen Mann nehmen würde. Und insofern war es für mich keine Überraschung und daher war der Umgang auch nicht schlimm. Aber im Grunde genommen – ich rede das jetzt nicht schön, sondern das ist meine Überzeugung –, hätte ich damals die Position dem Privaten vorgezogen, hätte es andere Auswirkungen gehabt. Das ist mir erst im Nachhinein klar geworden. Es war für mich nicht schlimm, aber auch weil ich mich wahrscheinlich von vorneherein selbst konditioniert habe.*

**Thomas Rabitsch** ist bis zu seinen Erfolgen als Keyboarder und Bandleader bei Falco einen langen Weg gegangen. Angefangen hat er mit den avantgardistischen Wiener Bands „Drahdiwaberl" und „Hallucination Company". Nach jedem Live-Konzert verfestigte sich sein Vorsatz, dass er immer nur Musik machen wolle. Aus dieser Überzeugung heraus hat er schon früh einen musikalischen Plan B für die Zeit danach entwickelt.

***Hast du je daran gedacht, was du machen wirst, wenn der Falco-Hype vorbei ist?***

*Als der eigentliche Falco-Hype begonnen hat, da war ich ja schon so 25 Jahre alt und habe schon vorher lange Zeit über andere Dinge nachdenken müssen, können, wollen, sollen. Das habe ich aber nur zum Teil betrieben. Ich habe meiner Mutter zuliebe die Matura gemacht, aber während der Oberstufe schon in Bands gespielt und gewusst, dass mich Musik mehr interessiert, als einen bürgerlichen Beruf zu ergreifen. Meine Mutter war auch musikalisch sehr begabt, aber eher von der Seite Orgel, Kirchenchor und Hausmusik, für die war alles andere keine Kunstform. Jazz war schon einmal suspekt, das ging aber grade noch, weil da gab's den Louis Armstrong – aber Pop! Und wir waren damals mit Drahdiwaberl und Hallucination Company schon eher die abgehobenere Partie auf der Bühne, das war richtiges Teufelswerk. Meine Mutter und ich haben uns später wirklich gefunden und sie war stolz auf mich, aber das hat lange gedauert.*

*Mit 19 oder 20 bin ich in die erste eigene Wohnung ausgezogen, dann kam der Zivildienst und dann kamen die ersten Bands, von denen ich alleine leben konnte oder wollte. Zuerst lief es irre gut, und dann gab es natürlich den ersten Hänger. Ich weiß noch, wie ich in einer Substandardwohnung vor einem alten Schreibtisch gesessen bin und die Groschen, die Zehnerln, in Stößchen vor mir liegen gehabt habe, um zu sehen, ob ich Geld für eine Semmel in der Früh habe. Da dachte ich mir schon „Pfau, wird das überhaupt was, geht sich das aus, sollte ich nicht drauf pfeifen und vielleicht auswandern? Ziehe ich das da durch, oder hätte ich nicht viel früher etwas anderes machen sollen?" Diese Zweifel waren in diesen Jahren schon sehr groß, sind aber immer durch megamäßig geile, lustige Events unterbrochen worden – und die haben dann letztendlich gesiegt. In diesem Alter ist man dann einfach beeindruckt, wenn man weiß, man hat jetzt tatsächlich einmal in der Woche einen Auftritt vor 500 bis 600 Leuten, sozusagen die Wiener Szene, die damals noch recht überschaubar war. Ich kam immerhin auf 1.000 Schilling in der Woche, das war dann schon Argument genug zu sagen, das mach ich jetzt einfach.*

*Ich habe gleichzeitig bei mehreren Bands gespielt, dadurch konnte ich mir das in Summe irgendwie leisten. Diese harte Zeit Ende der 70er bis Mitte der 80er war schon ein ziemliches Abenteuer. Ab 1986/87 war mir klar, dass ich es anders nicht mehr machen will und in den 90ern war das kein Thema mehr. Diese Berufsfindung hat sich bei mir immer über Spaß definieren müssen. Mein Kriterium war: Wenn es mir gefällt, wird es richtig sein. Das ist vielleicht sehr naiv, aber es war mir wichtig. Ich bin kein Anhänger der Spaßgesellschaft, aber ich musste schon das Gefühl haben, wir müssen das gemeinsam machen und dahinterstehen können. Es muss uns gefallen und wir spielen nicht in einer Tanzmucke*[33] *für Geld. Diesen Kommerzmusiker, den habe ich von Haus aus ausgeschlossen. Meine Brüder haben das gemacht, der Falco hat's gemacht, viele haben's gemacht und ich hab's nie gemacht.*

33 Wienerischer Ausdruck für „Tanzmusik"

***Kratzt es am Selbstbild, nicht der Frontman zu sein und dadurch auswechselbar zu wirken?***

*Das klingt logisch und ist ein Gedanke, der naheliegt. Aber bei mir war es eher die umgekehrte Geschichte, weil ich dadurch, dass ich in der zweiten Reihe stand, zwei Sachen kennen gelernt habe: Erstens die vermehrte Studioarbeit – und mein Weg zum Produzenten ist so gegangen. Ich arbeite sehr gern mit Menschen und versuche, bei der Aufnahme zu einem Titel wie ein Regisseur aus den Musikern etwas herauszukitzeln. Es macht mir extrem viel Spaß zu schauen: Was kann der oder die mir geben, was kann man daraus machen? Das habe ich auch in den Bandproben damals gelernt. Es hat mir extrem Spaß gemacht, in der Probe mit einer Band bei einer Nummer eine Struktur zu finden – so freakig wir auch waren. Wir machen eine Jamsession[34], es kommt ein Riff[35] raus, etwas, das uns allen gefällt, was man repetitiv zu einem Konglomerat erarbeitet, das tatsächlich gemeinsam entstanden ist. Dann die Frage: Wie schaut der B-Teil aus, wie gliedern wir das? Rein die musikalische, die strukturelle Formsuche war für mich extrem spaßig und viel interessanter, als der Frontman zu sein.*

*Und der zweite Aspekt: Wenn du auf der Bühne bei einer Band in der zweiten Reihe stehst, und vorne steht einer, der sein Ding macht, verkauft er auch seine Seele komplett. Der ist in Wirklichkeit nackt. Das sind seine Texte, er sieht 10.000 Leute, die den Mund zu seinem Song aufmachen. Das ist natürlich etwas, wo du schon sehr abheben kannst, und das kann mir nicht passieren. Ich kann zuschauen, es ist eigentlich ein Logenplatz. Bei großen Sachen wie Falco war es oft so, dass ich mich unter dieser Glocke von Falco eigentlich geschützt gefühlt habe. Ich war nicht der, auf den alles eingeprasselt ist, das war er – und ich war dahinter und war Teil des Motors, der ihm das ermöglicht hat. Das ist eigentlich viel angenehmer, weil du weniger Schaden davonträgst.*

---

34 Freies Zusammenspiel von Musikern

35 „Ein Riff (der) ist ein Begriff aus der Rock-, Pop- und Jazzmusik und bezeichnet eine kurze, prägnante, sich wiederholende Ton- oder Akkordfolge in der Begleitmusik zum Hauptthema eines Musikstücks.“ http://de.wikipedia.org/wiki/Riff_%28Musik%29

## 5.2 KNAPP VORBEI IST AUCH DANEBEN

*„Auch eine Enttäuschung, wenn sie nur gründlich und endgültig ist, bedeutet einen Schritt vorwärts."*

*Max Planck*

Es hätte auch anders kommen können, denkt man sich, wenn man auf Thomas Rabitschs Leben blickt und es mit dem vieler anderer junger Musiker vergleicht, die sich eher früher als später vom Traum des gefeierten Stars verabschieden müssen. Erfolgsgeschichten wie diese gibt es viele, quer durch alle Branchen. Verklärt erzählt man sie sich bei einem Gläschen Wein. Es sind letztendlich solche Success-Storys, die anderen Menschen Mut machen, es auch zu versuchen – selbst mit dem Risiko zu scheitern.

Dieses Risiko gingen auch die zwei jungen Unternehmer Alexander Böck und Marcus Praschinger ein. Über viele Jahre, wie sich herausstellt, wenn sie ansetzen, um von ihrer Erfolgsgeschichte zu erzählen. Ihr Traum, in Wien das erste Hostel zu eröffnen, stieß in Bankkreisen auf taube Ohren. Sieben Jahre dauerte es, bis ein Wink des Schicksals sie an die richtige Türe klopfen ließ und sie sich endlich an die Umsetzung machen konnten. Was ist passiert? Durch einen Zeitungsartikel aufmerksam gemacht, wurden **Praschinger** und **Böck** bei der KABAG vorstellig. Die KABAG, Kapital-Beteiligungs AG, ist eine von Banken, Versicherungen, der Stadt Wien und der Wirtschaftskammer gegründete Gesellschaft, um die Eigenkapitalquote von Firmen für besonders innovative Projekte, die gängigen Banken zu riskant erscheinen, zu erhöhen. Wie sich herausstellte, war die Tochter des Vorstandsvorsitzenden gerade mit dem Rucksack durch Australien gereist und hatte begeistert von den dortigen Hostels berichtet. Auf das Gespräch folgten bald die ersten Schritte. Doch bis es überhaupt zu diesem Termin kam, durchlebten die zwei Möchtegern-Jungunternehmer so manche Höhen und Tiefen:

**Alexander Böck:** *Mit Freunden und Familie haben wir verschiedene Erlebnisse gehabt. Zugetraut haben sie uns durchaus unsere Idee umzusetzen, aber niemand hat daran geglaubt, dass ein wombat's CITY HOSTEL etwas Gutes ist, mit dem man wirklich Geld verdienen kann. Das war der eigentliche Punkt, der unserem engen Umfeld Sorge gemacht hat.*

***Wie sind Sie selbst mit der Unsicherheit umgegangen?***

**Marcus Praschinger:** *Diese vier, fünf Jahre bis zum Aufsperrtermin war schon ein sehr langer Prozess. Man gewöhnt sich während einer so langen Zeitperiode an vieles, auch an ganz negative Umstände. Auch an den Umstand, etwas vorantreiben zu wollen und immer wieder auf den Boden zurückgeholt zu werden – und die kleinen Erfolge immer wieder schwinden zu sehen. Das wird dann irgendwie zur Routine. Nach dem Motto: „So, wieder nix – zum Nächsten." Wobei dieses „zum Nächsten" zum entscheidenden Punkt wird. Das ist es, worum es in letzter Konsequenz geht: sich von den Rückschlägen und dem Scheitern nicht unterkriegen zu lassen und das Ziel nicht aus den Augen zu verlieren. Ein wichtiger Punkt ist auch immer wieder rückzufragen, die gesetzten Ziele zu überprüfen und gegebenenfalls zu korrigieren – zu erkennen, dass es auch Ziele gibt, die einfach nicht erreichbar sind.*

**Alexander Böck:** *Es gibt ja das Sprichwort „Zwischen Genie und Wahnsinn" – für uns bedeutete das die Gratwanderung zwischen erfolgreich und nicht erfolgreich zu sein. Und das sind genau diese Momente, die Marcus gerade beschrieben hat – wie geht man damit um? Für mich war völlig klar, dass die anderen einen Poscher*[36] *haben und nur ich weiß, wie es geht. Irgendwann fragt man sich aber: „Hab' ich wirklich Recht?", und nicht: „Wie gehe ich mit der Kritik um?" Auch für mich war das der Punkt, mich zu sammeln und ein Resümee zu ziehen: „Wie weit bin ich gekommen mit dem, von dem ich glaubte, dass ich Recht habe." Und diesen Punkt wertneutral zu betrachten.*

---

36 Wienerischer Ausdruck für „einen Vogel haben"

***Gab es Momente, in denen Sie sich mehr Unterstützung gewünscht hätten? Oder anders gefragt: Wie hätten sich die anderen verhalten sollen?***

***Alexander Böck:*** *Für mich war es unverständlich, dass uns kein einziger zum Kauf des Grundstückes in der Grangasse gratuliert hat. Für uns war das der Moment – wow, jetzt geht's wirklich los, jetzt gibt's kein zurück mehr! Vorher waren es immer relativ kleine Schritte und wenn der Kauf nicht geklappt hätte, hätten wir eine überschaubare Größe an Verlusten einstecken müssen. Aber der Grundstückskauf war der Point of no Return.*

***Marcus Praschinger:*** *Ich muss gestehen, dass ich während der Zeit des Grundstückskaufs und der Finalisierung eher einen Tunnelblick hatte. Ich habe in dieser Zeit nicht analysiert, wie ich es gerne hätte, wie sich unser Umfeld verhalten soll. Das ist überhaupt eines der Dinge, die mir von der Anfangsphase in Erinnerung geblieben sind. Wir haben uns nie hingesetzt und gefragt: „Wie geht es uns eigentlich dabei?" Irgendwie war das wie verschüttet zu sein, und schön langsam gräbt man sich frei, plötzlich sieht man einen Lichtstrahl, und dann räumt man noch einen Stein zur Seite und sieht mehr Licht. Nachdem wir eröffnet haben – unser Hostel lief vom ersten Tag an wirklich gut – und wir nach ein paar Monaten die ersten Mitarbeiter eingestellt haben, die uns entlastet haben, erst da haben wir uns hingesetzt und gefragt: „Wie geht's uns jetzt?"*

***Alexander Böck:*** *Interessant ist es, dass man ja eigentlich nur sein Umfeld damit überrascht, dass es jetzt wirklich so weit ist – vor allem die, die immer dagegen waren. Wir haben ja vier, fünf Jahre gehabt, um uns darauf vorzubereiten, dass der Tag der Eröffnung irgendwann da sein wird. Nüchtern betrachtet ist es der Schlusspunkt dieses langen Prozesses gewesen. Haben wir eigentlich darauf angestoßen, dass das wombat's CITY HOSTEL nach so langer Zeit wirklich fertig wurde?*

*Wir sind nach jeder Ablehnung mehr oder weniger lange zusammengesessen und haben uns das eine oder andere Bier genehmigt. Schon damals haben wir uns Gedanken gemacht: Wie werden wir erst feiern, wenn eine Bank zusagt? Als wir die Zusage in der Tasche hatten, war es eigentlich wieder „nur" ein weiterer Schritt Richtung Ziel. Es gab ja noch 100 weitere Hürden zu bezwingen und deswegen ist der Abend X – aber jetzt feiern wir so richtig – nie gekommen. Schade eigentlich!*

**Marcus Praschinger:** *Insofern haben wir das Scheitern schon zelebriert. Wäre jetzt doch interessant herauszufinden, aus welcher Motivation heraus das passiert ist. Eine Zeit lang wahrscheinlich deswegen, weil wir öfter die Gelegenheit hatten, das Scheitern zu feiern als die Erfolge wahrzunehmen. Scheitern ist oft ein klar festzumachender Zeitpunkt, bei unseren Terminen war es ein Satz wie: „Nein, mit Ihnen nicht." Das ist endgültig. Egal, ob man sich von jemandem trennt oder eine Absage erhält – es ist immer ein sehr genau markierter Punkt.*

*Rückblickend betrachtet waren die einzelnen Absagen der Banken natürlich kein „klassisches Scheitern". Wir wissen jetzt ja, dass es gut ausgegangen ist. Aber zum damaligen Zeitpunkt war der Ausgang ungewiss. Jede Absage brachte uns Näher zur Erkenntnis, dass so ein Projekt in Österreich nicht realisierbar ist. Im Nachhinein ist es immer leicht zu sagen: „Ja, wir haben das recht locker gemacht."*

**Alexander Böck:** *Aber es gab ja auch die schönen Anekdoten!*

**Marcus Praschinger:** *Richtig – wenn ich so darüber nachdenke, weiß ich gar nicht mehr, warum wir diese Zeit so zelebriert haben. Wichtig war es schon, weil uns das Zeit gebracht hat und wir sonst in diesem Einheitsbrei untergegangen wären. Von einer Absage zur nächsten und immer mehr und immer tiefer ist auf Dauer schon frustrierend. Oft haben wir uns in diesen Feierstunden nach den Absagen auch wieder gefunden. Oft sind wir in depressiver Stimmung zum Heurigen gegangen und erhobenen Hauptes und mit „Jetzt er recht!" wieder rausgegangen. Ja, wir haben uns gegenseitig immer wieder Mut gemacht.*

**Welchen Einfluss hat wohl Ihr Alter gespielt?**

**Marcus Praschinger:** *Für die Vis-à-vis-Seite war es natürlich von Bedeutung. Wir waren junge Burschen mit einem unkonventionellen Konzept und gehen zu den Banken und wollen Geld. Wir sind gesettelten Bankern gegenübergesessen, die zwischen Mitte Vierzig und Ende Fünfzig waren – die fast unsere Väter hätten sein können. Natürlich waren wir aufgemascherlt wie die Großen, aber die Auftritte waren rückblickend betrachtet eher peinlich. Die meisten Banker haben sich ganz offensichtlich gefragt: „Was wollen die zwei eigentlich hier?"*

**Alexander Böck:** *Das war mit Sicherheit ein zusätzlicher Aspekt. Eigentlich hat alles dagegengesprochen. Erstens: Zwei junge Burschen wollen sich erstmalig selbstständig machen, noch dazu im Tourismusbereich, mit einem Projekt, das es so in Österreich noch nicht gegeben hat. Das bedeutete höchstmögliches Risiko. Das sind Rahmenbedingungen, die objektiv betrachtet nicht funktionieren können – zumindest für einen Banker. Ich habe oft gesagt, dass ich viel Geld darauf verwetten würde, dass man nicht zwei andere Personen findet, die das geschafft hätten, was wir geschafft haben. Nicht den Punkt, dass wir jetzt so erfolgreich sind, sondern dass wir es wirklich geschafft haben, dieses Projekt umzusetzen und in die Gänge zu bringen. Es spielen so viele verschiedene Aspekte eine Rolle, die wir beide mit unseren unterschiedlichen Charakteren fusioniert haben. Das ist überhaupt nicht überheblich gemeint, wir wissen einfach, was das für eine beinharte Geschichte war und was es gebraucht hat, das umzusetzen.*

Genau so haben Success-Storys auszusehen! Das Schicksal fordert Marcus Praschinger und Alexander Böck heraus, immer und immer wieder, nach jedem Rückschlag stärken sie sich gegenseitig den Rücken und marschieren wieder los. Es bedarf schon zweier hartnäckiger, vielleicht auch sturer Persönlichkeiten, dem Scheitern so lange die Stirn zu bieten, diesen längeren Atem zu haben und trotz so vieler Scheitererfahrungen das Ziel nicht aus den Augen zu verlieren. Der Mythos lebt weiter: Wenn du etwas wirklich willst, kannst du es auch schaffen!

Dieser Grundsatz gilt auch für **Walter Thirring**, der heute 80 Jahre alt ist. Der Physiker von Weltrang, der zu den wenigen noch lebenden Menschen zählt, die sich mit der Physiklegende Albert Einstein[37] fachlich ausgetauscht haben, musste sogar noch länger, nämlich mehr als 30 Jahre zuwarten, bis sich seine Vorstellung eines international ausgerichteten Schrödinger Instituts[38] verwirklichte:

*Ich kann viel erzählen, wo ich gescheitert bin, aber ich bin auf der Lauer geblieben und dann, nach Jahrzehnten, ist es doch gegangen.*

37 Albert Einstein (*1879, Ulm, Deutschland; † 1955, Princeton, USA), einer der bedeutendsten theoretischen Physiker des 20. Jahrhunderts. Seine Arbeiten zur Relativitätstheorie revolutionierten das Verständnis von Raum und Zeit. Erhielt 1921 den Nobelpreis für Physik. Setzte sich für Völkerverständigung und Frieden ein.

38 Das Erwin Schrödinger Institut für Mathematische Physik wurde 1993 in Wien gegründet.

*So war es zum Beispiel bei der Entstehung des Schrödinger Instituts. Ich habe 1949 in Wien doktoriert, bin dann weg von Österreich und kam 1959 als Vorstand des Instituts für Theoretische Physik zurück. Damals war Wien noch direkt am Eisernen Vorhang und dadurch im Wissenschaftsbetrieb sehr isoliert. Meine erste Bedingung war, hier eine Gastprofessur zu schaffen, damit wir Leute aus dem Ausland bekommen, die uns sozusagen erzählen, was sich in der großen Welt so abspielt. Damals hat es geheißen, dass das prinzipiell unmöglich sei, an der Universität sei so etwas nicht vorgesehen. Die Verhandlung hat lange gedauert. Nach zwei Jahren habe ich doch ein bisschen Geld bekommen, um jemanden wenigstens für zwei Wochen im Jahr nach Wien zu holen.*

*Ich bin dann auf der Lauer geblieben und habe mir gedacht: „Na ja, die Zeiten können sich ja ändern." Bei der Wende 1989 habe ich mir gedacht: Jetzt ist der richtige Augenblick, dass man den Politikern sagt: „Jetzt fällt der Eiserne Vorhang und da muss Wien wieder das intellektuelle Zentrum von Zentraleuropa werden. Daher müssten wir hier ein internationales Institut machen über ein möglichst interdisziplinäres Gebiet." Deswegen habe ich das im Vorschlag Erwin Schrödinger internationales Institut für Mathematische Physik genannt. Wir haben zwei Jahre lang die Politiker und die verschiedenen Komitees, die das zu begutachten hatten, bearbeitet und waren letztendlich erfolgreich. Jetzt haben wir im Jahr nicht einen Besucher über zwei Wochen, sondern etwa 120 Besucher. Das anfängliche Scheitern hat sich dann doch noch zum Positiven gewendet.*

*In der Anfangszeit, in den späten 50er-Jahren, bin ich schon durch verschiedene Stimmungen gegangen. Vor allem wurde mir vielfach davon abgeraten. Damals war ich noch im Ausland und mir wurde gesagt: „Österreich hat keine Chance, da wird nichts draus." Ich war Professor in der Schweiz und hatte eigentlich eine ganz gute Position. Warum sollte ich das aufgeben und nach Wien gehen? Aber ich habe gesehen, dass da so viele begabte Leute sind, und habe daran geglaubt, dass wir das schaffen würden – zumindest in der theoretischen Physik. Dann habe ich also geschaut, was geht, und habe letztlich doch akzeptiert nach Österreich zu kommen, eben in der Hoffnung, dass sich mit der Zeit die Sachen verbessern. Und das ist auch geschehen. Es ist ja nicht nur, dass wir in der theoretischen*

*Physik hinaufgekommen sind, in der Experimentalphysik sind wir jetzt an der Weltspitze. Die Zeiten können sich schon ändern.*

Wie so oft zeigt es sich auch hier: Es braucht das glückliche Zusammenspiel der richtigen Umstände, um Erfolg zu erzielen. Nicht immer lassen sich diese Umstände von den handelnden Personen selbst beeinflussen. Man kann das Schicksal nicht übers Knie brechen. Walter Thirrings Möglichkeiten, den Eisernen Vorhang zu Fall zu bringen, um das Schrödinger Institut voranzutreiben, waren nun wirklich begrenzt. Glückliche Umstände haben sich zu einem guten Ganzen gefügt.

Glückliche Umstände sind wahrlich kein ausschließlich österreichisches Phänomen. **Walter Thirring** war die benachbarte Schweiz in seiner Zeit bei CERN wohlgesonnen. Fast am anderen Ende der Schweiz, in Zürich, war den Brüdern Markus und Daniel Freitag das Glück hold und verhalf ihren „Freitag-Taschen"[39] zu Kultstatus. Aus einer Laune heraus hatten die zwei Brüder, der eine Student, der andere Grafiker, 1993 Lkw-Planen bei einem Speditionsunternehmen billig gekauft. Die ersten selbst genähten Taschen fanden großen Anklang. Bald lagerten sie die Näharbeiten an eine Behindertenwerkstatt aus und verkauften so in zweieinhalb Jahren mehr als 1.000 Taschen, jedoch noch ohne Gewinn. Die Taschenproduktion stand kurz vor dem Aus, als die alles entscheidende Wende eintrat. Die Brüder setzten sich eine Frist von drei Monaten, dann wollten sie gewinnbringend arbeiten. Markus Freitag machte sich kurz entschlossen – vielleicht auch aus einer naiven Laune heraus – auf den Weg zum Schweizer „Tages-Anzeiger", um die Taschen für die Rubrik „Das Ding – Produkte im Trend" vorzustellen. Die Sekretärin, die ihn auf dem Weg in die Redaktion abfing, war nicht nur überrascht, sondern begeistert. Der Tipp erschien und innerhalb kürzester Zeit war die Schweiz von Freitag-Taschen überschwemmt. Heute werden die Kulttaschen in einer eigenen Fabrikhalle von 40 Mitarbeitern produziert, jährlich über 100.000 Stück, bestimmt für den weltweiten Verkauf.

Wem es schon beliebig erscheint, dass das vorzeitige Aus der Freitag-Taschen von einer begeisterten Redaktionssekretärin abgewendet

39 Die nach ihren „Erfindern" benannten Freitag-Taschen sind aus Lkw-Planen, Fahrradschläuchen (gegen das Ausfransen) und Autogurten (als Tragegurt) gefertigt.

wurde, dem sei gesagt, dass es noch beliebiger geht. Eine Verkettung von Zufällen war es, die **August Schmölzer** zum Schauspielen brachte und letztendlich die Weichen für einen Karriereweg legte, der ihn vom „Jedermann" bei den Salzburger Festspielen bis an der Seite von Liam Neeson in „Schindlers Liste" auftreten ließ:

***Hat Ihr überlegtes, langsames Handeln dazu geführt, dass Sie diese Karriere gemacht haben, möglicherweise um Scheitern zu verhindern?***

*Nein, ich war aufgrund meiner Herkunft und meiner Bildung gar nicht fähig, das war damals nicht Überlegung, das war eher Affekt. Ich bin Schauspieler geworden, weil ich etwas werden wollte. Ich könnte auch genauso gut sagen, ich bin Schauspieler geworden, weil ich etwas gespürt habe. Ich habe lediglich gespürt, dass ich aus diesem kleinen steirischen Ort raus will. Raus aus dieser engen Welt, ich will etwas werden. Das ist das Einzige, was mich interessiert hat. Ich hatte auch keine Matura, was anderes konnte ich also nicht studieren. Ich hatte keine weiterbildende Schule, nur Volks- und Hauptschule. Ich hatte aber volkstümliche Musik gemacht, so Oberkrainer Musik, und da hat sich durch Zufall etwas ergeben – also immer in dieser komischen, naiven Affekthandlung. Jemand hat gesagt: „Gehen S' da rein, bewerben Sie sich bei der Kunstakademie." Also bin ich da hinein und habe mit steirischem Akzent gesagt: „Grüß Gott, ich möchte Schauspieler werden." „Ja bitte, dann machen S' das." Habe ich gesagt: „Ja, dann machen wir das." Und so haben sie mich aufgenommen: „Bitte, die nächsten drei Jahre werden S' schon ein Problem haben, Sie müssen mit Ihrer Sprache was machen", weil die damals sehr stoasteirisch[40] war. „Ja gut, machen wir!" Also, es war immer so dieses „Ja, super, machen wir!", dieses Kopflose, Instinktive, das sehr genau ins Chaos führt. Das ja genau in das Scheitern führen kann – normalerweise. Ich habe wohl immer Glück gehabt. Ich glaube, durch eine gewisse Bauernschläue, durch eine gewisse Naivität sind mir Dinge erspart geblieben.*

40 Bezeichnung für einen ausgeprägten steirischen Dialekt

*Zumindest bis dorthin, wo es wirklich ans Eingemachte ging. Und bis ich wirklich begriffen habe, was Schauspiel ist. Die Leute gehen ins Theater, kaufen sich ein Ticket um 50 Euro und haben somit auch ein Recht, etwas dafür zu bekommen. Das habe ich irgendwann begriffen, durch meinen Lehrmeister Rudolf Noelte*[41] *– ein ganz, ganz großer deutscher Regisseur. Über dieses Bewusstsein beginnt natürlich auch die Angst. Die Verantwortung, die man einer Geschichte gegenüber hat, oder einfach nur dem gegenüber, der sich eine Karte um 50 Euro kauft – da hat man eine Wahnsinnsverantwortung.*

Wenn ein Schauspieler für seine Arbeit kritisiert wird, wird er indirekt auch als Mensch angegriffen. Die Angst vor dem Scheitern ist seit diesem Vorfall August Schmölzers Wegbegleiter. Der Zweifel an der eigenen Arbeit, an sich selbst, begleitet viele Künstler. Bisher hat das Schicksal **August Schmölzer,** wenn man es so will, mit dem Scheitern verschont:

*Also, wenn ich mich recht erinnere, dieses Angstgefühl vor dem öffentlichen Scheitern auf der Bühne ist erst dann eingetreten, als ich die erste Brezn*[42] *gerissen habe. Das war glaub ich ein Nestroy, wo dieser unselige Franz Endler*[43]*, ein Kurier-Kritiker, einen Verriss geschrieben hat – das können Sie sich nicht vorstellen. „Was ist das? Was spielt dieser Mensch dort oben? Was tut der da oben?" Dann habe ich mich beeindrucken lassen, und da beginnen dann die Fragen. „Was meint er? Fehlt irgendetwas? Ist das richtig, was ich mache? Ist es falsch? Ist er im Recht, bin ich im Recht?" Dann beginnen diese Fragen aufzutauchen, sie schleichen sich einfach so ein. Und da beginnt aber dann der Beruf noch breiter zu werden.*

41 Rudolf Noelte (*1921, Berlin; † 2002, Garmisch-Partenkirchen), deutscher Fernseh-, Theater- und Opernregisseur.

42 „a Brezn reißn": österreichischer Dialektausdruck für „stürzen", „hinfallen"

43 Franz Endler (*1937, Wien; † 2002, Wien) war ein führender Kulturjournalist und Musikkritiker Österreichs, Gründungsmitglied der „Kronen Zeitung", später bei „Kurier" und „Die Presse".

## 5.3 AUS SCHADEN WIRD MAN KLUG

*„Nenne dich nicht arm, weil deine Träume nicht in Erfüllung gegangen sind; wirklich arm ist nur, der nie geträumt hat."*

*Marie von Ebner-Eschenbach*

**Margit Leidinger** wuchs mit dem elterlichen Steinmetzbetrieb im ländlichen Raum in Oberösterreich auf. Frühzeitig war für sie klar, dass sie den Betrieb übernehmen würde. Der Konkurs des Unternehmens traf sie doppelt schwer. Einerseits als Tochter und Familienmitglied, das von Freunden der Familie auf einmal gemieden wird. Andererseits als zukünftige Unternehmerin, die erkennt, dass sie nun bei null anfangen wird müssen. Am Land bekam jeder den Konkurs mit. Erst in Wien konnte Margit Leidinger letztendlich ungetrübt von Vorurteilen neu anfangen und entwickelte Produkte zur Reinigung von Steinen und Fliesen. Im Werkstoff lebt ihre Familientradition weiter. Ihre Antriebskraft besteht darin, den Ruf ihrer Familie zu rehabilitieren. Die Erfahrung des Scheiterns ist zu ihrem unternehmerischen Motor geworden:

> *Eine der Grundregeln für Erfolg als Selbstständige ist, keine Angst vor dem Scheitern zu haben. Das hat man meistens nur dann nicht, wenn man es schon einmal erlebt hat. Da sind wir ja beim Thema: Warum ist diese große Angst da? Weil Sie denken, Sie verlieren alles – für den einen ist das mehr, für den anderen ist das weniger. Das bedeutet, dass man nicht weiß, wie es weitergeht. Wenn ich das aber schon einmal durchlebt habe – und das war in meiner Familie der Fall –, weiß ich genau: Auch wenn ich ganz am Boden liege, geht es wieder weiter, ob meiner Fähigkeiten oder ob der Möglichkeiten, die es überhaupt im Leben gibt. Das*

*ist die erste Grundregel, dass man weiß, wenn irgendetwas schiefgeht, kann man aus so einer Situation immer wieder etwas Gutes machen. Das heißt auch, keine Angst vor Fehlentscheidungen zu haben. Denn du musst viele Entscheidungen am Tag fällen und es ist nicht jede richtig.*

*Das Zweite ist, dass man alles erreicht, wenn man will. Das ist für mich ein wichtiges Motto. Ich habe überhaupt keine Scheu, irgendjemanden anzureden, ein Projekt anzugehen, mir Ziele zu setzen, wo andere die Hände über den Kopf zusammenschlagen. Ich bin mir immer sicher, dass ich es schaffe. Der Wille und der Glaube versetzen Berge, das kommt da auch noch einmal zum Tragen.*

*Und das Dritte ist ein Motto, das ich von meinem Vater übernommen habe, das mir auch irrsinnig hilft: „Es gibt immer andere Lösungen." Du stehst jetzt vor einem Problem und kommst nicht weiter und hast dir dazu etwas überlegt – und es gibt tatsächlich immer andere Lösungen, wenn du mit anderen Leuten redest. Das bringt dir eine Bandbreite und einen Weitblick. Nicht sich in etwas verrennen aufgrund seiner Angst, etwas falsch zu machen, sondern mit Ruhe und Gelassenheit alles überlegen und die richtige Lösung finden.*

*Beim Konkurs meines Vaters, der ja im ländlichen Raum in Oberösterreich stattfand, gab es völlig andere Reaktionen als in Wien. In Wien war das fast egal, weil es nur die paar, die uns kannten, wussten und es durch die Schnelllebigkeit der Stadt relativ schnell vergessen haben. Aber am Land war das eine Katastrophe, und das ging jahrelang so. Am Land ist wirklich ein emotionaler Druck da.*

*Ganz generell ist das Scheitern deswegen verpönt, weil du erstens, wenn einer vorher Erfolg gehabt hat, immer ein bisschen neidisch warst. Und zweitens, wenn es ihm dann passiert, sagen diese Leute: „Ich hab's eh immer schon gewusst", aber gleichzeitig haben sie Angst, dass es ihnen auch passieren kann, weil sie den Menschen ja kennen. Man übernimmt das in die eigene Persönlichkeit und fühlt sich vielleicht ein wenig schlecht, weil man vorher neidisch auf ihn war. Es ist ein wirklicher Zwiespalt.*

*Wohingegen die Amerikaner – wenn du dort zwei Konkurse hinter dir hast, bist du fein raus, weil du genau weißt, was du nicht mehr machst. Und ich sage das aus Erfahrung. Denn als Tochter habe ich das miterlebt, ich war in die Abwicklung des elterlichen Konkurses involviert und weiß ganz genau, was ich heute nicht mehr mache. Für mich war das eine tolle Lernphase. Privat und emotional war es entsetzlich, das ist überhaupt kein Thema. Aber für die Knackpunkte, wo ich jetzt weiß, da muss ich aufpassen, dafür war es eine großartige Schule. Es gibt keine bessere.*

**Welche Knackpunkte sind das für dich?**

*Erstes würde ich nie die Macht unterschätzen. Das heißt, wenn ich glaube, dass ich mit Produkten gut am Markt etabliert bin, würde ich trotzdem wie ein Geier auf alles, was sich rund um mich bewegt, schauen und hören, ob es da irgendwo eine Gefahr gibt, die mir vielleicht zu nahe kommt. Das ist eine Urangst, die ich seit damals habe, dass irgendetwas kommen könnte.*

*Zweitens, dass ich meine Kosten transparent habe und kostenintensive Entscheidungen lange überdenke und schaue, dass das Investitionen sind, die sich direkt amortisieren. Dass ich sage: „Na, machen wir's halt", gibt es bei mir überhaupt nicht. Ich habe die Firma von null beziehungsweise von minus aufgebaut. Ich würde mir nie einen Bankkredit nehmen, den ich dann irgendwo investiere. Ich habe immer mit dem eigenen Geld, also mit keinem Geld, gearbeitet. Den Kauf einer Kaffeemaschine um damals 5.000 Schilling habe ich mir circa ein Jahr lang durchgerechnet – ob die Filtermaschine nicht doch noch billiger ist als die Espressomaschine. Und nach einem Jahr habe ich sie mir dann gekauft. Das will ich auch nicht mehr machen. Natürlich könnte ich sagen, ich nehme mir einen Kredit, gehe nach Deutschland und erobere den Markt. In einem Jahr, wenn alles gut geht, verkaufe ich. Das ist auch ein Ansatz, aber das machst du nur, wenn du so einen Konkurs nicht selbst erlebt hast.*

**Begleiten dich diese persönlichen Erfahrungen bei den Entscheidungen?**

*Immer. Das ist immer da. Das ist immer präsent.*

**Wie war das am Land in der Zeit des Konkurses? Wie ist deine Familie damit umgegangen?**

*Das war krass. Es gab Bekannte meines Vaters, die gleich beim Masseverwalter angerufen haben, ob vielleicht sein Auto – damals hat er einen Jaguar gefahren – bei der Masse ist, weil sie das gerne hätten. Ein paar Abende vorher waren die noch mit meinen Eltern essen. Ich hatte Freunde, die, weil sie sich nicht auskennen, zu mir gesagt haben, so Firmen wie die meines Vaters würden den Insolvenzausgleichsfonds ausplündern. Bis hin zu nicht mehr miteinander reden, nicht mehr anrufen, sich nicht mehr melden. Oder die ganz normale Reaktion: Ich will mit denen nichts zu tun haben, weil es denen nicht so gut geht.*

**Ist das dann eine Antriebskraft zu zeigen, dass man alles wieder auf die Reihe bekommen kann?**

*Ja, natürlich, wie ein Kind, das runtergemacht wird und zeigen will: Ich kann es, und jetzt erst recht. Das ist genau derselbe Effekt. Wenn du scheiterst, stehst du auf und sagst: „Ja!" In dem Fall war es ein indirektes, aber als Familienmitglied bekommst du das genauso mit. Und ja, dann fängst du einfach wieder an.*

Wer einmal scheitert, den lässt diese Erfahrung nicht mehr los. Scheitern stellt einen vor eine schwierige Aufgabe. Sie lautet: Mach weiter, lass dich nicht unterkriegen. Wenn man einen Konkurs hinter sich hat oder ein Projekt finanziell nicht erfolgreich ist, geht man ungleich weiser aus dieser Erfahrung heraus. Diesen Reichtum kann man gewinnbringend bei der nächsten Aufgabe einsetzen – sofern man hierfür die Chance bekommt und sie wahrnimmt.

Es gibt wenige Berufe, die es Außenstehenden ermöglichen mitzuverfolgen, wie jemand an seinen Leistungen und Fehlleistungen wächst. Bei Sportlern ist dies der Fall, ebenso bei Moderatoren, vor allem bei Fernsehmoderatoren. Wir beobachten, wie er oder sie vor laufender Kamera agiert. Wird eine Sendung abgesetzt, mutmaßt man als Außenstehender schnell, dass der Moderator oder die Moderatorin am Scheitern der Sendung zumindest Mitschuld trägt. **Barbara Stöckl,** eine der profiliertesten österreichischen Moderatorinnen, sieht das anders:

*So richtig großes Scheitern gab es in meiner Berufsbiografie eigentlich nicht. Jedes Mal, wenn in meiner Fernsehtätigkeit eine Sendung eingestellt oder beendet wurde, war das sehr schmerzhaft, weil ich ein sehr treuer Mensch bin und am liebsten immer hätte, dass alles so bleibt, wie es ist. Das ist natürlich nicht so – und das ist gut so. Schon in der Bibel steht: Alles hat seine Zeit. Wenn ein beruflicher Lebensabschnitt zu Ende geht, ist das also kein Scheitern, sondern einfach ein Ende. Das tut zwar weh, aber das gehört dazu. Das ist in der Medienlandschaft sehr normal, dass Dinge kommen und gehen. Ohne zu scheitern, einfach weil die Zeit vorbei ist.*

*Als ich etwa die Millionenshow*[44] *nicht mehr moderiert habe, das habe ich überhaupt nicht als Scheitern empfunden! Ich habe die mir gestellte Aufgabe unter den gegebenen Bedingungen optimal erfüllt. So gut, wie ich es konnte. Es hatten sich die Umstände geändert: Es gab eine neue Geschäftsführung, die einen neuen Moderator wollte. Es hat wehgetan, vor allem auch wie man mit mir umgegangen ist. Aber dennoch war das für mich kein Punkt, wo ich sage, da bin ich an irgendetwas gescheitert.*

*Einmal bin ich aber gescheitert, das wissen nur mein Kompagnon Peter Nagy und ich. Ja, das war ein Scheitern. Ich bin einmal an der Aufgabe gescheitert, das optimale Team für eine Aufgabe zusammenzustellen. Das war ein sehr langer Prozess, immer wieder habe ich es probiert, weil mir jeder Mensch, der in dem Team war, so wertvoll war und jeder so tolle Qualitäten hatte. Nachdem ich aber so darum gekämpft habe, auch durch Einzelgespräche, ich immer wieder etwas verändert oder umbesetzt habe und das letztendlich nicht geklappt hat, wusste ich: Ich bin gescheitert! Ich habe es nicht geschafft, eine wirklich gute Mannschaft zu formieren. Das war für mich ein Scheitern. Das hat kaum jemand bemerkt, weil nach außen hin hat ja alles funktioniert – und sogar ganz gut –, aber ich wusste, ich schaffe es nicht. Man kann also auch Scheitern, ohne dass das irgendwer bemerkt!*

---

44 Seit der ersten Folge im Jänner 2000 wurden bereits mehr als 500 Ausgaben der Millionenshow gesendet. Barbara Stöckl moderierte die Quizshow von Mai 2000 bis September 2002.

Nicht nur äußere Umstände können über Erfolg oder Scheitern entscheiden. Auch das Team kann sich als Stütze oder Krücke herausstellen, wie das Grazer Kultur-Urgestein **Emil Breisach** in seiner langjährigen Arbeit, sei es als Landesintendant des ORF-Landesstudios Steiermark, als Mitbegründer des „Forum Stadtpark" oder als Leiter der „Akademie Graz", immer wieder feststellen musste:

> *Beim Begriff „Scheitern" schwingt für mich mit, dass man eigentlich alles, was man angeht, so durchführen möchte, wie man es sich vorstellt. Dass man verärgert ist über Schwierigkeiten, die sich aufbauen und die man zu meistern hat, oder über Hürden, die man zu nehmen hat. Und dass man eigentlich in unserem ganzen gesellschaftlichen Gefüge - das ist ein Grundtenor dessen, was ich ausdrücken möchte - nicht als Einzelperson tätig ist. Man ist immer abhängig, etwa von Menschen, die in der Politik Entscheidungen treffen. Ich war zwar frei und unabhängig, aber ich musste auch immer nach oben blicken, Partner finden und manches davon ist abhängig, ob sie das entsprechende Einsehen oder die entsprechende Meinung haben. Bedeutendere Dinge, die man nicht als Einzelperson durchführen kann, sind immer auch von einem Team abhängig, das funktioniert, das man motiviert. Man muss in einer arbeitsteiligen Teamarbeit jeden dazu bewegen können, seine Aufgabe zu erfüllen. Enttäuschungen gibt es auf der einen und auf der anderen Seite – und auch erfreuliche Umstände.*
>
> *Ich glaube, dass alle bedeutenden Dinge in einer gewissen Teamarbeit passieren und dass man sehr, sehr bedacht sein muss, welche Menschen man für bestimmte Sekundäraufgaben wählt.*

Was bedeutet es für Teamarbeit, wenn arbeitsmarktpolitische Gegebenheiten eine Verstärkung der Ellenbogentechnik erfordern? Wenn mangels Fixanstellung Menschen zu unternehmerischen Einzelkämpfern werden und von der sozialen Absicherung eines Angestelltenverhältnisses nur träumen können. Vor welchen Herausforderungen stehen wir, wenn Wissen quasi im Moment der Veröffentlichung zu altern beginnt? Vor welche Herausforderungen also stellt uns das 21. Jahrhundert?

# KAPITEL 6: STOLPERSTEINE DES 21. JAHRHUNDERTS

*„Wenn man in die falsche Richtung läuft, hat es keinen Zweck, das Tempo zu erhöhen."*

*Birgit Breuel*

Erwerbsarbeit ist Identitätsstifter Nummer eins. Und wirklich, kaum den Windeln entsprungen, werden die Kleinen traktiert: „Was willst du denn einmal werden, wenn du groß bist?" Die wahren Wünsche, wie „Astronaut", „so toll wie Superman" oder „Zauberhexe", werden mit dem Hinweis auf den Ernst des Lebens in die Schranken verwiesen. Schon früh werden die Kinder in die Bedeutung und Gewichtigkeit von Erwerbsarbeit eingeführt. Die Großen hören von den Kleinen lieber, dass sie ähnliche Ziele verfolgen wie sie selbst, so dass sie in ihrer Vorbildwirkung nicht versagt haben. Können sie und ihre berufliche Sozialisation noch als Vorbilder herhalten?

Das Gültigkeitsdatum ihrer Lebensweisheiten ist abgelaufen, da sie soziologische Entwicklungen wie Flexibilität, Individualisierung, Gestaltung eigenständiger Lebensphasen und offene Berufsfelder nicht mehr widerspiegeln. Was früher war, gilt nicht mehr, was noch lange nicht heißt, dass es früher besser war. Es war zumindest anders. Die alte Lebensrealität hielt folgende Weisheiten parat: Entscheide dich für einen deinen Möglichkeiten und deiner Herkunft angemessenen Beruf, absolviere die entsprechende Ausbildung, steige bei einer Firma ein und arbeite dich langsam, aber stetig hoch, Annuitätensprünge inkludiert. Dadurch bist du wirtschaftlich unabhängig und kannst beizeiten eine eigene Familie gründen, mit der du das neu erworbene Eigenheim beziehst, um diese Lebensweisheiten an deine Kindern weiterzugeben. So zumindest das

„Normalmodell" für Männer. Diese Lebensrealität bröckelt, und zwar gehörig. Für gewisse administrative Berufsfelder, den Handwerksbereich und Arbeiter mag es noch großteils gelten, aber selbst da werden althergebrachte Normen durch Leiharbeitsfirmen im großen Stil aufgeweicht. Permanent wechselnde Anforderungen führen dazu, dass die Wahrscheinlichkeit, zumindest einmal gehörig auf die Nase zu fallen, ungleich größer ist, als es früher der Fall war. Das Gros der Bevölkerung muss sich in dieser geänderten Realität erst zurechtfinden.

> ***Regina Haberfellner:*** *Es gibt noch ein paar seltene Exemplare, die seit Beginn ihrer Berufstätigkeit in derselben Firma sind. Aber die kann man bald an einer Hand abzählen. Viele Wechsel und Unterbrechungen, sehr häufig ungewollt, haben längst Einzug gehalten. Man merkt auch, was für ein Thema das für die Leute ist. Sich nach dieser alten Sicherheit zurücksehnen, das ist nach wie vor ein Idealbild. Auch die Politik tut so, als könne sie diesen Zustand wiederherstellen. Weil das auch im Rückblick ein so positiv besetzter Zustand ist. Wechsel, Brüche, Sprünge haben bei uns wenig Geschichte. Da werden einfach neue Orientierungen passieren müssen.*
>
> *Wir haben jetzt eine neue Generation, die von Beginn an mit völlig anderen Berufsverläufen konfrontiert ist und die sich nicht mehr in dieser Form solche Illusionen macht. Der Druck kommt noch eher von der Elterngeneration, die zum Teil, meiner Meinung nach, noch nicht verstanden hat, was tatsächlich vor sich geht. Die noch die eigenen Berufsverläufe sieht und der Meinung ist, die Kinder müssten das genauso machen. Die sind zum Teil noch nicht wirklich in der Realität angekommen.*

Menschen mit Hochschul- oder Universitätsabschluss wird in einer diversifizierten Wissensgesellschaft Managementpotenzial zugesprochen. Die empirische Karriereforschung zeigt eine schier unendliche Vielzahl möglicher Karriereverläufe für diese Personengruppe. Die unterschiedlichsten Formen der Arbeit und der globale Arbeitsmarkt machen es möglich. Trotz und vielleicht genau wegen dieser Unübersichtlichkeit zeigen sich zwei Konstante recht deutlich. Erstens: Menschen unterscheiden zwischen objektivem und subjektivem Karriereerfolg. Subjektiven Karriereerfolg erreicht man durch Karriere- und Lebenszufriedenheit,

Persönlichkeitsentwicklung sowie durch die Balance zwischen Beruf und Privatleben. Objektiver Karriereerfolg misst sich an Parametern wie Einkommenssteigerung oder Arbeitsplatzsicherheit. Zweitens: Subjektiver und objektiver Karriereerfolg laufen nicht unbedingt parallel. Nur etwa die Hälfte der Bevölkerung bringt subjektiven und objektiven Karriereerfolg in Einklang. Männer neigen dazu, objektiv erfolgreich und subjektiv unzufrieden zu sein, bei Frauen ist es eher umgekehrt.

Noch lange bevor jemand daran dachte, zwischen subjektivem und objektivem Karriereerfolg zu unterscheiden, führte der ungarisch-amerikanische Forscher Mihály Csikszentmihályi[45] 1974 unter tausenden Menschen eine Umfrage durch, um dem Glück auf die Schliche zu kommen. Die Kernfrage lautete: „Wann waren Sie zuletzt glücklich?" Das Ergebnis war überraschend. Nicht bei irgendeiner Freizeitbeschäftigung oder beim Nichtstun fühlen sich die Menschen am wohlsten, sondern beim Arbeiten. Genauer gesagt dann, wenn sie bei der Arbeit den so genannten Flow-Zustand erreicht haben. Nicht wenn sie gestresst von einem Termin zum nächsten hetzen, mit E-Mail-Korrespondenz in Echtzeit dazwischengeschaltet, sondern wenn sie in das eigene Tun versinken, in die Arbeit hineingleiten, nicht mehr registrieren, was rund um sie passiert. Wenn der Mensch regelrecht mit seiner Tätigkeit verschmilzt, verlieren sich Zeit und Raum und das Gefühl, wie man sich darin bewegt. Laut Csikszentmihályi gibt es nur eine kleine, beneidenswerte Gruppe von Menschen, die diesen Flow erreichen kann, nämlich jene, die eine selbstbestimmte Tätigkeit erledigten, bei der die Aufgabenstellung eine machbare Herausforderung darstellt. Für dieses Glücksgefühl ist übrigens unser körpereigenes Drogenzentrum zuständig, das uns mit Dopamin und körpereigenen Opiaten belohnt, wenn wir eine Aufgabe lösen.

Was heißt das nun für den Homo oeconomicus, der in den Mühlen von Praktikum, Billig-Job und der Suche nach einer adäquaten Arbeitsstätte gefangen ist? Wohl dass sein Wunsch nach Selbstbestimmung ein bewiesenermaßen richtiger ist. Ob die Realität diesem Wunsch gerecht werden kann, steht auf einem anderen Blatt. Erfolgsorientierung und Gewinnmaximierung alleine können nicht Heilsbringer sein, es wäre

45 Mihály Csikszentmihályi (*1934), emeritierter Professor für Psychologie an der University of Chicago, renommierter Glücksforscher. Sein 1990 erschienenes Buch „Flow: The Psychology of Optimal Experience" (deutscher Titel „Flow: Geheimnis des Glücks") wurde zum Bestseller.

an der Zeit, auch alle anderen Lebensbereiche optimal zu nutzen und einzubinden. Damit wäre Erfolg auch in unserer Leistungsgesellschaft vorprogrammiert und dem Scheitern der Garaus gemacht. Eine Utopie, selbstverständlich. Daher zurück zur Realität, denn vielmehr beobachten wir, dass die Anforderungen an den Einzelnen ständig steigen, die Gültigkeitsdauer von Wissen sukzessive abnimmt, soziale Ungleichheiten wachsen und sich der Staat aus der sozialen Verantwortung zurückzieht. Risiko wird zum täglichen Begleiter, Erfolg und Misserfolg undurchschaubare Konstrukte, die Einkommensentwicklung nicht mehr absehbar. Unsicherheit wächst, wenn pyramidenförmige Hierarchien durch losere Netze ersetzt werden. Wir scheitern, weil es unmöglich ist, in der hoch komplexen Arbeitswelt ungebrochen erfolgreich zu sein. Die Postmoderne hält alles im Fluss, erklärt alt bekannte Gegensatzpaare wie „beschäftigt versus arbeitslos" für obsolet und bringt damit unser gesamtes Weltbild ins Wanken, das uns von Kindesbeinen an lehrt, in Dichotomien zu denken, angefangen bei „gut und böse" oder „Himmel und Hölle". Und all das in einem atemberaubenden Tempo.

## 6.1 SPEED KILLS

*„Viele erkennen zu spät, dass man auf der Leiter des Erfolges einige Stufen überspringen kann. Aber immer nur beim Hinuntersteigen."*

*William Somerset Maugham*

Die Sozialwissenschaften haben einen neuen Begriff gefunden, um dem Tempo der Änderungen einen Namen zu geben: Sie sprechen von „Gegenwartsschrumpfung". Unserem subjektiven Zeitempfinden gehen die Bezüge zu Vergangenheit, Gegenwart und Zukunft verloren. Was gestern noch aktuell war, ist heute veraltet. Die rasante Erneuerungsrate etwa im Bereich der Informationstechnologien lässt den Berg an veraltetem Wissen stetig wachsen. Aktuell geltender State of the Art ist innerhalb kurzer Zeit angestaubt.

Auf die Frage, ob diese aktuellen gesellschaftlichen Herausforderungen – wie die zunehmende Globalisierung, technologische Fortschritte, neue Kommunikationsformen, die Herausbildung einer Wissensgesellschaft – die Wahrscheinlichkeit des Scheiterns erhöhen, stellte **Harry Gatterer** fest:

> *Nein. Sie erhöhen nicht die Wahrscheinlichkeit. Gescheitert wurde immer schon. Diese Faktoren erhöhen maximal das Tempo, und vielleicht die Wahrscheinlichkeit, dass man das Scheitern mitbekommt.*

Die Geschwindigkeit des Alltags kann einen schnell einmal überfordern, körperlich wie emotional. Nicht umsonst beschäftigt sich auch die Arbeitsmedizin vermehrt mit dem Phänomen der krank machenden Arbeit. Jene des körperlichen Verschleißes aufgrund von falschen oder zu starken Belastungen ist in den Hintergrund getreten. Auf dem Prüfstand steht der seelische Verschleiß aufgrund des hohen Leistungs- und Konkurrenzdruckes, wegen falscher Erwartungen oder eines zu großen Arbeitspensums. Paradoxerweise ereilt uns diese Epidemie just zu einer Zeit, in der wir mehr Freizeit als jemals zuvor zur Verfügung haben. Immer noch reicht sie nicht aus, um sich von den Mühen der Arbeit zu erholen. Selbst da hetzen wir von der Arbeit ins Fitnesscenter und weiter in die Abendfortbildung, um unser Pensum an lebenslangem Lernen zu absolvieren. Atemlos, die Angst im Nacken, den Anschluss zu verpassen. Chronischer Stress, Depressionen oder Burnout heißt die Diagnose.

Die Geschwindigkeit hinterlässt nicht nur in der menschlichen Psyche ihre Spuren, sondern auch an den immer kürzer werdenden Lebenszyklen von Produkten und Dienstleistungen.

> **Erhard Busek:** *Ich glaube, dass der radikale gesellschaftliche Wandel, in dem wir leben, die Zunahme der Geschwindigkeit ist. Die Lebenszyklen werden kürzer, Kontinuität verschwindet, zum Beispiel, dass ich in einen Beruf eintrete und ihn als Pensionist verlasse. Das ist die dramatischste Veränderung und mit der kommen wir nicht zurecht. Dass die Arbeitswelt auf die fast schon totale Ich-AG zugeht. Damit kommt der Gewerkschaftsbund z.B. nicht zurecht. Der ist nicht an der BAWAG gescheitert, der ist an der Tatsache gescheitert, dass es heute gar keine Berufsgruppenprinzipien usw. gibt. Das hat sich alles sehr atomisiert.*
>
> *Die politische Befindlichkeit ist hier eine ganz andere als die Realität der Arbeitswelt. So hat auch die Wirtschaftkammer noch nicht realisiert, dass die Dienstleistungsbetriebe die größte Zahl sind. Ich habe einen Teil meines Erfolges, meines Nichtscheiterns, im Bereich der Wirtschaftsvertretung absolviert. Die stärksten Gruppen damals waren die Lebensmittelhändler, die Bauwirtschaft, die Wirte. Heute ist die stärkste Gruppe alle möglichen Beratungsunternehmen, wobei sich diese Kammermitgliedschaft in der Wirtschaftskammer Österreich ja permanent ändert. Da gibt es überhaupt keine Stabilität mehr, aber von der Gesetzgebung angefangen bis hin zu den politischen Äußerungen ist das nicht nachvollzogen. Das wird eigentlich gar*

*nicht realisiert. Das hat seine Wurzeln darin, dass der technologische Fortschritt und der Veränderungsfaktor dadurch in der Gesellschaft ungeheuer geworden sind.*

Wer 1970 zu arbeiten begann, wechselte den Job durchschnittlich viermal in dreißig Jahren. Wer 1990 in den Beruf einstieg, hatte bereits nach zehn Jahren ebenso viele Jobwechsel hinter sich gebracht. Rein statistisch ist in Österreich jede/r vierte Arbeitnehmer/in einmal im Jahr von Arbeitslosigkeit betroffen. Mit Methoden der Chaosforschung erkennt man eines recht schnell: Karrieren ab dem Jahr 2000 sind durch Zufälligkeiten gekennzeichnet. Dieser Glückspielcharakter von Karrieren geht auf Kosten der Planbarkeit.

Was bedeutet das für die Manager der nächsten Generation? Bei ihnen spricht man nicht mehr nur von neuen Karriereverläufen und Flexibilität, sondern neuerdings auch von Flexicurity, was deren unbotmäßigem Verlangen nach Sicherheiten trotz überbordender Flexibilität Rechnung trägt. Arbeitsbeziehungen, die sowohl den modernen Anforderungen wie Globalisierung, beschleunigtem technologischen Fortschritt und dem demografischen Wandel gerecht werden und zusätzlich soziale Sicherheit gewährleisten sollen, bieten einen wesentlichen Standortvorteil gegenüber den USA und Asien. 2006 hat die EU Flexicurity zum „Europäischen Lebensmodell" erhoben und sieht es als Basis für ein europäisches Sozialmodell. Flexicurity wäre die Grundvoraussetzung für die Veränderungsbereitschaft von Arbeitnehmern, sie gewährleiste ihre Mobilität und lebenslanges Lernen.

Bis diese „Flexibilität durch Sicherheit" erreicht ist – noch wird auf EU-Ebene heftig diskutiert –, werden noch einige Arbeitstage vergehen. Bis dahin sieht die Arbeitsrealität – trotz bester akademischer Ausbildung – wie folgt aus: Nicht hierarchischer Aufstieg innerhalb einer Organisation, sondern diskontinuierliche Lebensläufe mit geringerer Verweildauer in einem Job, Zickzackbewegungen zwischen unterschiedlichen Berufsfeldern oder Positionen. Manche bemühen schon den Begriff der „chronischen Flexibilität" dafür. Die Arbeitsorganisation wird zunehmend projektbezogen, die Projektmitarbeiter in den Projekten projektieren von einem Projekt zum nächsten. Eigenverantwortung steht zuoberst auf der Agenda, Arbeits- und Beschäftigungsformen gibt es mehr, als man an einer Hand abzählen kann, die räumliche und zeitliche Eingliederung in den Betrieb ist nicht mehr zwingend notwendig. Die „ruhige Kugel" kann auch in späteren Karrierephasen nicht geschoben werden, Erfolgsdruck und Konkurrenzkämpfe bleiben uneingeschränkt erhalten. Akademiker bilden sich schon jetzt viel häufiger während ihres Berufslebens weiter als andere Berufstätige.

Universitätsabsolventen üben sich bereits im Überleben: Auf Projektarbeit folgt die Selbstständigkeit, unterbrochen von einer befristeten Anstellung, die übergeht in einen Werkvertrag. „Brüchige Lebensläufe" wird das Ergebnis genannt, das später einmal den Pensionsversicherungsanstalten Kopfzerbrechen bereiten wird. Die jobhoppenden Flexibilitäts-Stehaufmännchen lernen, sich schnell an neue Gegebenheiten anzupassen. Und sie lernen auch mit anderen Verantwortlichkeiten umzugehen als ihre Elterngeneration. Sie stehen einer Vielzahl an Möglichkeiten gegenüber, die sich bei Unwissenheit schnell zu einem Nachteil auswachsen können. So muss man sich mit bestimmten Fragen der Sozialversicherung auskennen, will man nicht auf der Strecke bleiben oder übervorteilt werden. Ein neues Feld an Scheitermöglichkeiten tut sich auf.

Aber sind diese Veränderungen alle prinzipiell schlecht? Wird wohl nicht der Fall sein, denn es gibt immer mehr Menschen, die sich in diesen Freiräumen gut bewegen können. Sie haben gelernt, damit zu leben und ihre Vorteile zu nutzen. Die anderen kämpfen, viele davon auf der Suche nach der verloren gegangenen Arbeitsnormalität.

Eine andere Gruppe – wohlgemerkt in Relation ein noch eher überschaubares Grüppchen – frönt dem neuen Lebensideal des „Downshiftings". Sie verlassen das Hamsterrad der Arbeitswelt aus einer gehobenen Position mit vielen Überstunden heraus und tauschen es ein für weniger Sicherheiten, aber auch mehr Freiheit – freiwillig. Geld und Lebensstandard werden mit der Stechkarte zurückgelassen, stattdessen bestimmt eine neu gewonnene Qualität ihr Leben. Es gibt sie quer durch den Arbeitsgarten: die ehemalige Chefredakteurin der Agence France Press in Deutschland, zuletzt Korrespondentin in Washington D.C., **Henriette Löwisch** bildet nun angehende Journalisten aus. **Claus Rottenbacher**, als Gründer der Ampere AG[46] ehemals ein Star der New Economy, hätte seinen Erfolg fast mit der Gesundheit bezahlt und führt seither ein Fotoatelier. Die Ex-MTV-Kommunikationschefin

46 1998 in Berlin gegründet ist die Ampere AG heute führender Energie-Broker auf dem deutschen Strom- und Gasmarkt.

**Angie Sebrich** war gern gesehener Gast auf jeder Society- und Szeneparty, bis sie in den Bergen eine Jugendherberge aufmachte. Was sie gemeinsam haben: Sie haben das Diktat des Rund-um-die-Uhr-erreichbar-Seins abgelegt, sich selbst aus der beruflichen Sinnkrise geholt, in der Folge das schwarze Loch, das sich bei so einem radikalen Schnitt unweigerlich auftut, überwunden und leben nun glücklicher als zuvor. Es ist nicht mehr der Erfolg um des Erfolges Willen.

Wer ist denn nun gescheitert? Die MTV-Kommunikationschefin vielleicht? Wenn ja, woran? Oder ist doch die Gesellschaft daran gescheitert, diesen offensichtlich zu Erfolg fähigen und mutigen Menschen einen adäquaten Platz zu bieten? Sind ihre Arbeitgeber daran gescheitert, kompetente Mitarbeiter zu halten und ihnen entsprechende Rahmenbedingungen zu schaffen?

Es muss nicht gleich Downshifting in seiner Reinform sein. Ein weiterer Trend, der seine Wurzeln ebenfalls in Amerika hat, ist im Vormarsch – die LOHAS, die einen „Lifestyle of Health and Sustainability" verfolgen. Ihr primäres Ziel ist eine ausgewogene Work-Life-Balance unter sinnvoller und ressourcenschonender Nutzung moderner Kommunikationstechnologien. In der Bilderbuchausführung arbeiten sie im Park mit dem Laptop, sind dank Blueberry ständig erreichbar, gehen zum Versenden großer Dateien zum nächsten WLAN-Hotspot und stärken sich durch gesunde Ernährung. Die Grenzen zwischen Arbeit und Freizeit brechen sie auf und bewegen sich bevorzugt an so genannten „dritten Orten", halböffentliche Bereiche wie Kaffeehäuser, die weder Büro noch Privatraum sind.

LOHAS und Downshifting mögen Reaktionen darauf sein, dass arbeitsbedingte psychische Erkrankungen zunehmen. Laut WHO wird es in den nächsten Jahren in den hoch entwickelten Industriestaaten einen dramatischen Anstieg an Depressionen und angstbedingten Erkrankungen geben. Die Arbeitswelt überfordert immer mehr Menschen, ihre seelischen Bedürfnisse werden am Arbeitsplatz nicht berücksichtigt. Das Vertrauen in die eigenen Leistungen, in den Zusammenhalt mit den anderen und letztendlich in die Sinnhaftigkeit des Lebens schwindet. Angst, Unsicherheit und Hilflosigkeit machen auf Dauer krank. Es braucht Wertschätzung, Mitgefühl, Unterstützung. Wer motiviert ist, ist leistungsfähig.

Wer nun nicht vom Sog der Geschwindigkeit umgerissen werde möchte, aber auch nicht in der glücklichen Lage ist, dass er oder sie „downshiften" kann, wählt eine gängige Form der Reaktion: Man passt die eigenen Erwartungen den gegebenen Umständen an. Dementsprechend streben etwa unter den Wirtschaftsakademikern nach dem Studium nur mehr 42 Prozent eine Festanstellung an, ein Fünftel will in die Selbstständigkeit, die restlichen 38 Prozent wünschen sich ein flexibles Jobhopping. Sie sehen darin auch eine höhere Leistungs- und Führungsmotivation, mehr soziale Kompetenz und – entgegen anders lautender Erwartungen – emotionale Stabilität. Doch diese Wünsche ändern sich, vielleicht auch, weil die hohen persönlichen Erwartungen an die flexible Karriereplanung nicht erfüllt werden können. Schon sechs Jahre nach Einstieg in die Berufswelt ersehnen bereits 88 Prozent aus dieser Gruppe ein klassisches Angestelltenverhältnis.

## 6.2 WILLKOMMEN IM PREKARIAT

*„Ich kenne keinen sicheren Weg zum Erfolg, aber einen sicheren Weg zum Misserfolg: Es allen recht machen zu wollen."*

*Platon*

Der Übergang vom dynamisch sich wandelnden Arbeitsnomaden zum Lohnarbeiter des „Prekariats" vollzieht sich schleichend. Der Begriff „Prekariat" versteht jene moderne Lebensform, die sich wegen der Unplanbarkeit von Arbeit und Leben als grundsätzlich unsicher erweist. Aus „prekär" (peinlich, schwierig, ungewiss) und „Proletariat" wird die neue Gesellschaftsschicht des Prekariats, die sich quer über alle demografischen Kategorien zieht. Immer mehr Menschen fallen aus Arbeitsverhältnissen raus, die ihnen ein geregeltes Einkommen und soziale Absicherung bieten und der Identifikation dienen. Dienstleistungen werden nach Indien ausgelagert, Produktionsstätten wandern noch ein wenig weiter vom ursprünglichen Firmensitz weg, nach China oder Thailand. „Offshore Outsourcing" oder „Offshoring" nennt man das dann. Es betrifft bei weitem nicht mehr nur produzierende Betriebe, die ihre Fabriken in Billiglohnländer absiedeln. Auch Callcenter für europäische oder amerikanische Unternehmen versehen von Indien aus ihre Dienste. Die so genannten Wissensarbeiter, das wissensintensive Dienstleistungsgewerbe, sind davon vermehrt betroffen, also Angehörige der Mittelschicht mit hoch qualifizierten Angestelltenjobs. Man geht sogar schon so weit, von internationaler Arbeitsteilung zu sprechen. Ein Trend, der erst durch das Erreichen einer kritischen technischen Masse einsetzen konnte, so dass internetgestützte Dienste örtliche Nähe obsolet machen. Fazit: Arbeitsplätze in Europa und den USA werden durch Aus- und Verlagerung im großen Stil vernichtet.

Vermehrt wird auch den so genannten Heuschrecken[47] der Schwarze Peter zugeschoben.

Immer mehr Arbeitssuchende kämpfen um immer weniger Festanstellungen. Der Druck auf diejenigen, die sich mit einem Arbeitsvertrag in der Tasche glücklich schätzen können, wächst, denn sie wissen um ihre Austauschbarkeit. Wenn es mehrere hundert Bewerber für nur eine Stelle gibt, darf es sich der Sieger oder die Siegerin des Auswahlverfahrens tunlichst nicht im Bürosessel gemütlich machen. Kämpfen heißt es weiterhin, kämpfen um den Erhalt des Arbeitsplatzes. Denn mit so vielen potenten Mitbewerbern auf den Fersen erkennen auch die Firmenchefs schnell die Substituierbarkeit einzelner Mitarbeiter. Flexibilität entwickelt sich zum wichtigsten Einstellungskriterium.

Die geforderte Flexibilität geht in Deutschland schon so weit, dass arbeitswillige Bundesbürger von einer Stadt in die nächste pilgern, allem Anschein nach scharenweise, um dort einen schlecht bezahlten Job anzunehmen. Alles nur um Hartz IV[48] zu entkommen. Mit Begeisterung bringt das Privatfernsehen Doku-Soaps von Jobsuchenden, die das Land verlassen, um in Kanada als Trucker oder nördlich des Polarkreises als Arzt ihr Glück zu versuchen. Viele davon scheitern an ihrem Traum vom Glück im Ausland. Und die Zuseher ergötzen sich einmal mehr an der Not anderer. Modernes Nomadentum samt Seelenstriptease.

Ungewissheit und Spontaneität werden zur obersten Arbeitsmaxime erklärt, für die einen gewollt und aus Überzeugung, die richtige Lebenseinstellung damit getroffen zu haben, für andere notgedrungen. Die einen arrangieren sich mit dem Status quo und wählen diese Lebensform aus freien Stücken, die anderen werden mangels Alternativen hineingedrängt, träumen weiterhin den Traum von einem sicheren Arbeitsplatz. Dass die

---

47 Abwertende Bezeichnung für Private-Equity-Gesellschaften. 2005 verglich Franz Müntefering, damals SPD-Vorsitzender, in einem Interview das Verhalten von Private-Equity-Gesellschaften mit einer Heuschreckenplage.

48 2002 erstellte die Kommission „Moderne Dienstleistungen am Arbeitsmarkt" unter der Leitung von Peter Hartz einen Bericht, der ein ganzes Bündel an arbeitsmarktpolitischen Gesetzen hervorbrachte. Dieses „Hartz-Paket" wurde in vier „Gesetze zur Reform des Arbeitsmarktes" aufgeteilt (Hartz I bis IV), die zwischen 2003 und 2005 in Kraft traten. Die dadurch erreichte finanzielle Schlechterstellung von Arbeitslosen sollte für diese Anreiz sein, sich schneller wieder in den Arbeitsmarkt einzugliedern. Das Ziel des Hartz-Paketes, die Arbeitslosenzahlen innerhalb von vier Jahren zu halbieren, wurde nicht erreicht.

gute alte Zeit wieder zurückkehren wird? Dieser Zug ist abgefahren. Instabilität ist heutzutage grundsätzlich als normal anzusehen, nicht als Ausnahmezustand. Unsicherheit ist Teil des Systems des globalisierten Kapitalismus. Die Angst, die Kontrolle über das eigene Leben zu verlieren, ist ständiger Begleiter.

Eine eigene Gruppe innerhalb des Prekariats stellt die stetig wachsende Zahl an Leiharbeitern dar. Mitte 2007 waren in Österreich etwa 66.700 Personen bei einer Personalleasingfirma angestellt, das entspricht etwa zwei Prozent der unselbstständig Erwerbstätigen. Das Potenzial wird auf drei Prozent geschätzt. Im AMS kommt bereits jede fünfte ausgeschriebene Stelle von einer Überlasserfirma. Wenn Personalleasing noch schick klingt, so verraten die Synonyme Zeitarbeit, Leiharbeit oder Arbeitskräfteüberlassung eher, worum es eigentlich geht. Personen werden in eine Fremdfirma geschickt, um dort auf bestimmte Zeit Arbeiten zu verrichten, anschließend heißt es, zurück aufs Abstellgleis und auf den nächsten Einsatz warten. Die emotional so wichtige Einbindung in eine Arbeitsgemeinschaft findet nicht statt. Für die Firmen liegt der Vorteil auf der Hand: Der eigene Personalstand wird niedrig gehalten, worauf vor allem börsennotierte Unternehmen ein Auge werfen, da sich niedrige Personalausgaben positiv auf den Aktienkurs auswirken. Leiharbeiter fallen unter Sachaufwand. Nicht gerade schmeichelhaft. Doch es hat auch seine guten Seiten, als Leiharbeitskraft „überlassen" zu werden. Für viele arbeitsmarktpolitischen Problemgruppen wie Langzeitarbeitslose, Minderqualifizierte, Neu- oder Wiedereinsteiger öffnen sich so die Tore zum Unternehmen, und eine erkleckliche Zahl, nämlich jeder Vierte, wird über kurz oder lang vom Unternehmen übernommen. Seit 2001 regelt ein eigener Kollektivvertrag Mindestlöhne dieser atypisch beschäftigten Zeitarbeiter. Waren es zu Anfang vor allem Produktionsbetriebe, die zu Spitzenzeiten Leiharbeiter einstellten, so finden sich in den letzten Jahren vermehrt Jobs im Dienstleistungsbereich in Form von Zeitarbeit ausgeschrieben.

Prekariat ist nicht etwa das neue Proletariat. Es trifft vielmehr vor allem eine Bevölkerungsgruppe, der noch vor wenigen Generationen eine verheißungsvolle Zukunft vorausgesagt wurde: junge Menschen mit akademischer Bildung. Der Druck auf diese Gruppe steigt. Personalverantwortliche suchen mittlerweile Jungakademiker, die mit 28 Jahren ein abgeschlossenes Studiums samt einschlägiger Berufserfahrung aufweisen. Wer über 33 Jahre ist, läuft bereits Gefahr, des Alters wegen abgelehnt zu werden. Zu diesen Anforderungen kommen die vorhin beschriebenen Unsicherheiten, die fast den gesamten Arbeitsmarkt bestimmen, hinzu. All das wirkt zurück ins Studium. Studierende versuchen, in möglichst kurzer Zeit ihr Studium zu absolvieren, um ihre Chancen auf dem heiß umkämpften Arbeitsmarkt zu erhöhen. Nur ja nicht zu lange aufhalten, sich keine thematischen Ausreißer oder intellektuellen Freigänge erlauben, die nicht direkt arbeitsmarkttechnisch verwertbar sind.

Anfang 2005 hat der ZEIT-Autor **Matthias Stolz** für Jungakademiker, die sich auf der Suche nach der gewünschten Berufserfahrung von Praktikum zu Praktikum hanteln, den Begriff „Generation Praktikum" geprägt. Bei der Wahl zum Wort des Jahres erreichte der Begriff 2006 prompt den zweiten Platz. Was verbirgt sich dahinter? Unternehmen bieten vermehrt anstelle einer festen Anstellung schlecht bezahlte oder unbezahlte Praktikumsplätze an. Hoch qualifizierte Menschen werden als billige Arbeitskräfte missbraucht. Die Unternehmen sparen so Personalkosten und umgehen gesetzliche Auflagen wie Kündigungsschutz und Kollektivverträge. Nicht wenige schwarze Schafe stellen eine Anstellung nach erfolgreichem Praktikum in Aussicht, ohne dass dies jemals geplant gewesen wäre. „Prekäre Praktika" entstehen aus dem unmittelbaren betriebswirtschaftlichen Kalkül der Unternehmen.

Das 21. Jahrhundert stellt junge Arbeitssuchende vor immer größere Herausforderungen. War früher eine adäquate Bildung ein Indikator dafür, auf dem Arbeitsmarkt schneller und besser unterzukommen, so ist dieser Maßstab endgültig verloren gegangen. Immer mehr junge Erwachsene werden ungeplant und ungewollt Mitglied in der „Generation Praktikum". Sie plagen sich von einem Praktikum zum nächsten, um die vielfach eingeforderte Berufserfahrung vorweisen zu können – alles besser als eine Lücke im Lebenslauf –, nur um in der Folge mit dem Dilemma konfrontiert zu werden, dass sie aufgrund ihrer vielen Praktika als schlecht vermittelbar eingestuft werden. Nicht umsonst werden Praktika eher als riskante Strategie denn als Chance zum Einstieg in den Arbeitsmarkt gesehen. Wer nach dem Hochschulabschluss mehr als ein Praktikum absolviert, steckt bereits mitten in einer berufsbiografischen Krise.

Für die Generation Praktikum bedeutet diese Form der prekären Berufseinstiegsphase Unsicherheit, geringes Einkommen, ungenügende soziale Absicherung und verminderte Weiterbildungs- und Karrieremöglichkeiten. Europaweit formieren sich Interessenvertretungen im Kampf gegen die Einbahnstraße Praktikum, als freie Initiativen und Vernetzungsplattformen, angegliedert an Gewerkschaften oder frei von jeglicher Institutionalisierung. Das übergeordnete europäische Praktikantennetzwerk „Generation P" setzt sich für die Rechte von Praktikanten europaweit ein und bereitet den ersten Keulenschlag auf EU-Ebene vor: eine Petition an das Europaparlament, die am 1. April 2008 überreicht werden soll. Erarbeitet wird diese von Praktikanten-Organisationen aus Deutschland, Frankreich, Italien, Österreich und Belgien, der Praktikanten-Organisation des Europaparlaments und vom Deutschen Gewerkschaftsbund.

Die Mitglieder arbeiten ehrenamtlich, wie sie es als Generation Praktikum gewohnt sind. Fast schon ironisch mutet es an, wenn Anna Schopf, Soziologin und Initiatorin der österreichischen Internetplattform ***www.generation-praktikum.at***, in Eigenregie eine Studie über die Generation Praktikum durchführt und sie mit den Worten einleitet: „Diese Studie wurde, ähnlich dem Phänomen, ohne finanzielle Unterstützung ehrenamtlich verfasst und kann als ‚Prekarität der 2. Ordnung' verstanden werden." Die Umfrage unter 288 Hochschulabsolventen kam 2007 zu folgenden Ergebnissen:

1. Die Phase zwischen Studium und Vollzeiterwerbsarbeit „wird mit einer Vielzahl von befristeter Beschäftigung, Übergangsjobs, Honorar- und Werkverträgen oder Formen der Selbständigkeit überbrückt".
2. Ein Drittel der Praktika wurde nicht entlohnt, mehr als 50 Prozent der Befragten arbeiteten 31 bis 40 Stunden pro Woche, viele machten Überstunden.
3. Wer ein unbezahltes Praktikum absolviert, braucht finanzielle Unterstützung: 81 Prozent erhielten sie von der Familie, 53 Prozent bezogen Beihilfen, 50 Prozent griffen auf ihr Erspartes zurück, 25 Prozent hatten einen zweiten Job neben dem Praktikum.
4. Das durchschnittliche Praktikum dauert zwei bis drei Monate. 25 Prozent der Befragten waren angestellt, 10 Prozent freie Dienstnehmer/innen, 10 Prozent geringfügig beschäftigt, 8 Prozent hatten einen Werkvertrag. Die Mehrheit der Befragten (30 Prozent) wusste nicht, in welchem Dienstverhältnis das Praktikum stattgefunden hatte. Viele

waren der Meinung, sich „in gar keinem Beschäftigungsverhältnis" befunden zu haben.

5. Zwei Drittel der Praktikanten leisteten ihrer Meinung nach dieselbe Arbeit wie ihre Kollegen, die meisten fühlten sich ausgenützt.
6. Mehr Frauen als Männer absolvierten ein Praktikum, ein Drittel von ihnen unbezahlt. Sie absolvierten auch durchschnittlich mehr Praktika. Demgegenüber absolvierte nur knapp ein Viertel der Männer unbezahlte Praktika.
7. Branchen mit mehr atypisch Beschäftigten vergeben auch mehr Praktika, 18 Prozent der unbezahlten Praktika wurden im Medienbereich absolviert.

Das Know-how fertiger Akademiker wird durch diese Formen der atypischen Beschäftigung in finanzieller Weise nicht gewürdigt. Hochschulabsolventen lernen nicht, angemessene Forderungen zu stellen. Es ist anzunehmen, dass sie auch in Zukunft eine hohe Bereitschaft aufweisen, sich finanziell und strukturell ausbooten zu lassen. Frei nach dem Motto: Besser irgendeine Arbeit als keine. Wer in so einer Situation steckt, fordert die ihm oder ihr zustehenden Rechte nicht ein.

Wie erleben junge Arbeitssuchende die Praktikumsphase? **Tanja R.**, eine 29-jährige Publizistin, beschreibt auf ***generation-praktikum.at*** ihre bisher erfolglosen Versuche, von einem Unternehmen angestellt zu werden:

> *Ich (29 Jahre, weiblich und aus Wien) habe das so genannte „Orchideenstudium" Publizistik mit einer Fächerkombination aus Politikwissenschaft, Psychologie und Theaterwissenschaft mit dem akademischen Grad „Magistra der Philosophie" absolviert. Während meines Studiums arbeitete ich immer ohne Anstellung als geringfügig Beschäftigte in der Medienbranche, um die berühmte Berufserfahrung vorweisen zu können. Freie Tage und Urlaube musste ich Monate voraus mit den KollegInnen koordinieren, obwohl ich arbeitsrechtlich gesehen dazu nicht verpflichtet gewesen wäre. In der Realität ist es so gewesen, dass ich ins Unternehmen eingegliedert wurde und sogar im Krankheitsfall selbst für Ersatz sorgen musste. – So viel zur Theorie und Realität von atypischen Beschäftigten.*

*Nach meinem Studium entschloss ich mich, eine Zusatzausbildung zu machen, und erhoffte mir dadurch die lang ersehnte Anstellung. Es ist nicht so gewesen, dass es keine Jobausschreibungen gab. Die meisten Unternehmen fanden meine Bewerbung sehr interessant und es kam sogar zu einigen Vorstellungsgesprächen. Aber im Endeffekt haben sie sich meistens für weniger qualifizierte Kandidaten entschieden, da diese geringere Ansprüche stellten bzw. geringere Gehaltsvorstellungen hatten. Ich hörte sehr oft das Argument: „Sie sind leider überqualifiziert." Meine Überlegungen an einen fixen Job zu kommen gingen sogar so weit, dass ich ernsthaft überlegte, meine Qualifikationen und Ausbildungen aus meinem Lebenslauf zu streichen. Aber ich habe immerhin einen Studienabschluss und eine zehnjährige Berufserfahrung vorzuweisen. So ganz nebenbei sollte ich auch an meine finanzielle Absicherung denken. Außerdem möchte ich am Arbeitsmarkt ernst genommen werden! Es ist für mich ganz einfach ein Ding der Unmöglichkeit, an ein unbefristetes Dienstverhältnis mit Anstellung zu kommen. Ich habe auch bereits den Anspruch zurückgelegt, eine Arbeit anzunehmen, die auch meiner Qualifikation entspricht. …*

Nicht viel besser ergeht es laut Eigenbeschreibung **Jennifer B.**, die einen Master in Medienmanagement vorzuweisen hat. Sie gewährt Einblick in den Redaktionsalltag angehender Journalisten und bringt es im Titel auf den Punkt: „40 Stunden für 400 Euro. Praktika und Volontariate im Medienbereich erfordern Nervenstärke".

*Nach meinem Studium Medienmanagement habe ich mich erst mal für ein Praktikum entschieden. Ich wollte arbeiten, war besonders motiviert und wollte auf der Suche nach dem Traumjob keine Zeit vergehen lassen. Die Euphorie hat sich bei mir bald in Frust gewandelt. Beim Vorstellungsgespräch für ein Praktikum bei einem führenden deutschen Medienkonzern hat man mir dann gleich die Angst entgegengebracht, ich könne nach kurzer Zeit einen „richtigen" Job finden. Dennoch wurde ich eingestellt unter dem Vorwand, dass die Abteilung ständig wachsen würde und meine Chancen sehr gut stünden nach 6 Monaten übernommen zu werden. Da es sich um ein äußerst erfolgreiches Unternehmen handelt, war ich so naiv, dies auch noch zu glauben.*

*Mitte Jänner habe ich also voller Vorfreude auf meinen zukünftigen Job das Praktikum begonnen. 40 Stunden in der Woche für 400 Euro monatlich. Besser als nichts, allerdings bei den Mietpreisen in München eigentlich so gut wie nichts. Nach knapp 2 Monaten kam dann das heiß ersehnte Jobangebot – allerdings in einem anderen Unternehmen. Ein Volontariat auf 2 Jahre befristet. Wieder nur ein Volontariat, keine Fixanstellung. Aber immerhin besser als ein Praktikum. Die nächsten 2 Jahre müsste ich mir also keine Sorgen um Arbeit machen. Mittlerweile war mir klar, dass man mich bei dem Medienkonzern, in dem ich mein Praktikum machte, nicht einstellen würde. Nachdem ich an allen möglichen Bewerbungsrunden für einen möglichen Einstieg teilgenommen und nächtelang Projekte fertig gemacht hatte (alles um zu testen, ob ich für eine mögliche Mitarbeit geeignet wäre) und ich so eigentlich bei weitem mehr als nötig gearbeitet hatte, ließ man mich warten. Aus den Unternehmensreihen erfuhr ich mittlerweile schon, dass nie Praktikanten eingestellt würden. Weder vor mir noch nach mir, und dass auch die Abteilung nicht vergrößert werde. So wie es mir ein ehemaliger Praktikant gleich am ersten Tag prophezeit hatte. Ich kündigte und wollte mein Volontariat antreten.*

*Von diesem Moment an war das Praktikum der reinste Horror. Eine Kollegin grüßte mich nicht mehr aus Wut über meinen Praktikumsabbruch. Schließlich erhielt ich ein Zeugnis, das ich nicht einmal mit meinen Bewerbungen mitschicken kann. Schlechte Beurteilungen für sehr engagierte Praktikanten, die eigentlich Absolventen sind. Dafür, dass ich fast 4 Monate gearbeitet habe und man mir eine mögliche Anstellung vorgaukelte. Natürlich fragte ich nach, wollte wissen, warum die Noten so schlecht seien. „Ich solle doch zufrieden sein, ich sei eben nicht besser gewesen", sagte man mir. Zu meinem Pech habe ich dann auch noch eine Absage für das Volontariat bekommen. Die Firma hat einen großen Kunden verloren und ist in Konkurs gegangen. Da steh ich nun, ich armer Tor, und bin so klug als wie zuvor.*

Was ist falsch gelaufen, als das System der unbezahlten Praktika von den USA nach Europa gewandert ist? Eine Bekannte erzählte uns folgende USA-Erfahrung: Als sie sich 1992 nach einem Auslandssemester in Washington, D.C., ebendort auf Arbeitssuche begab, kam sie erstmals mit dem Phänomen „unbezahltes Praktikum" in Berührung. Sie war zutiefst entsetzt ob der Tatsache, dass Arbeitskraft derart ausgenutzt würde. Doch ihr wurde schnell klargemacht, dass man in den USA neben der monetären Komponente eine andere nicht außer Acht lassen darf: die des Netzwerkens. Ein unbezahltes Praktikum zu absolvieren, bedeutete nichts weniger als eine Möglichkeit, den Fuß in so angesehene Institutionen wie das Pentagon zu bekommen, in einer der vielen NGOs und regierungsnahen Institutionen in Washington zu arbeiten oder die Arbeit eines Senators im Capitol hautnah zu erleben. Wie wir seit der Lewinsky-Affäre wissen, gibt es auch „internships" im Weißen Haus. Praktika wie diese gibt es nur wenige, was auch erklärt, warum sie gar so begehrt sind und das finanzielle Auslangen für die Zeit des Praktikums durch Zweit- und Drittjobs erreicht wird.

Wenn wir uns die Angebote für unbezahlte Praktika europaweit ansehen, sieht die Sachlage schon anders aus. Hier werden in gewinnorientierten Wirtschaftsunternehmen, zuhauf in Agenturen und auch in NGOs unbezahlte Praktika angeboten. Es geht nicht darum, einem auserwählten Kreis besonders verheißungsvoller junger Menschen die Chance ihres Lebens zu bieten, damit sie Kontakte knüpfen und ihrer Karriere den richtigen Spin geben können. Diese hoffnungsvollen jungen Menschen werden vielmehr als Arbeitskraft ausgebeutet, „moderne Sklaven" werden sie hier und dort genannt. Es ist sicher auch der Staat gefragt, diesem Wildwuchs Einhalt zu gebieten, sonst entwickelt sich die prekäre Berufseinstiegsphase zur Norm. Um dem entgegenzuwirken, fordert etwa die Plattform „Generation P" in ihrer Petition:[49]

> **„vom Europäischen Parlament die entsprechenden Institutionen der Europäischen Union dazu aufzufordern:**
> - Praktika generell in EU-Statistiken zu berücksichtigen
> - von den EU-Mitgliedstaaten Daten und Analysen zu Praktika zu erfragen und
> - darauf basierend, eine vergleichende Studie zu den verschiedenen Praktikums-Formen in den EU-Ländern zu produzieren

49 Netzwerk Generation P (Hrsg.): Petition für faire Praktika und einen besseren Berufseinstieg von jungen EuropäerInnen. www.generation-p.org/de/Petition.php, Brüssel 2007

**die Europäische Kommission zum Handeln aufzufordern d.h. europäische Mindestnormen und -standards zu Praktika zu verabschieden. Diese sollten Folgendes beinhalten:**

- eine zeitliche Begrenzung von Praktika
- einen landesüblichen Mindestlohn
- soziale Absicherung durch eine den Gepflogenheiten der Mitgliedstaaten entsprechende Beteiligung an den Sozialversicherungssystemen
- und eine Verknüpfung des Praktikums mit dem entsprechenden Studienfach oder einer entsprechenden schulischen oder beruflichen Ausbildung."

Ein wenig erinnern die Forderungen an den Kampf für faire Arbeitsbedingungen, die 40-Stunden-Woche und das Recht auf Krankenstand zu Anfang der Industrialisierung in Europa. Das Zeitalter der Industrialisierung ist endgültig vorbei, die moderne Gesellschaft befindet sich in einer Übergangsphase zur globalisierten Wissensgesellschaft. Dementsprechend werden auf allen Seiten die Karten neu verteilt, und Plattformen wie „Generation P" tragen ihren Teil dazu bei, dass ein faires Spiel stattfinden kann. Immerhin geht man in Deutschland bereits davon aus, dass mit der Generation Praktikum zum ersten Mal seit dem Zweiten Weltkrieg eine Generation heranwächst, die schlechter leben wird als ihre Eltern.

> ***Anneliese Rohrer:*** *Das ist richtig, nur muss ich drauf verweisen, dass die deutsche und die österreichische Mentalität nicht unähnlich ist. Also die Deutschen haben etwa dasselbe mentale Umfeld wie die Österreicher. Die Tatsache, dass die jetzige Generation weniger verdient als wir oder die Elterngeneration – das ist ein globales Phänomen, das haben Sie in Amerika genauso. Das hören Sie von den Familien dort genauso, das ist halt einfach so. Das ist die Entwicklung.*

Es gibt Initiativen auch direkt aus der Wirtschaft, die gegen das Phänomen der atypischen Beschäftigung als Praktikant ankämpfen. So rief das Job- und Wirtschaftsmagazin „karriere" die Initiative „FairCompany" ins Leben. Diese vergibt Gütesiegel an Unternehmen, die ihre Praktikanten gerecht behandeln und sie nicht als Kostensenkungsfaktor missbrauchen. Vereinzelt wurden schon branchenspezifische Leitfäden erarbeitet und von Unternehmen Garantieerklärungen abgegeben. Auch die Politik hat mittlerweile erkannt, dass sie die Jungen nicht „alleinlassen“ darf. Die EU-Kommission will mit einer „europäischen Qualitätscharta für Praktika“ dem Missbrauch von Praktikanten als Billig- bzw. Gratisarbeitskräfte nun einen Riegel vorschieben.

Und was sagt die Elterngeneration zu dieser Entwicklung? Wie gehen Menschen, die auf ein kontinuierliches Arbeitsleben zurückblicken, damit um, dass ihre Kinder von einem Job zum nächsten hoppen? Verstehen sie, dass es nicht an der Unfähigkeit ihrer Sprösslinge liegt, eine Fixanstellung zu ergattern, sondern dass sich die Rahmenbedingungen unwiederbringlich geändert haben? Vieles deutet darauf hin, dass die Erwartungen der Eltern und der Großeltern an die Jugend unverändert geblieben sind. Ihre eigene Suche nach einem Arbeitsplatz war geprägt von einem Nachkriegs-Sicherheitsbedürfnis und dem Wunsch nach Renommee. In den Jahren der Wohlstandsgesellschaft haben sie die Wünsche für die Zukunft ihrer eigenen Kinder definiert. Wenn sich diese schwertun, einen fixen Platz in der Berufswelt zu bekommen, wenn sie die Mühen des Studiums nicht mit einer „ordentlichen Stelle“ belohnen können, interpretieren das viele Eltern als Scheitern. Dabei würde die Generation Praktikum vielleicht auch gerne ähnliche Ziele verfolgen wie ihre Eltern. Doch zuoberst auf deren Agenda steht, das blanke Überleben zu sichern. Sie definieren, wie ihre Eltern, ihre Identität weitgehend über den Beruf, können aber den Idealen ihres Elternhauses nicht mehr entsprechen. Denn deren Lebensmodell sah Erwerbsarbeit im kontinuierlichen Aufwärtstrend als Normalbiografie an. Dieses Lebensmodell ist verloren gegangen – und noch unzureichend von einem neuen Lebensmodell oder neuen Lebensmodellen abgelöst worden. In den 1970er-Jahren blickten Universitätsabsolventen voll Zuversicht auf ihre berufliche Zukunft, jene des 21. Jahrtausends sind in ihren Prognosen vorsichtiger geworden.

Als Rektor einer Fachhochschule beobachtet **Erhard Busek** beide Seiten, die Jugend, die schon frühzeitig auf Konkurrenzkampf gedrillt wird, und deren Eltern, die den Entwicklungen ohnmächtig gegenüberstehen:

> *Ich bin mir manchmal nicht ganz sicher, ob nicht unsere heutige Wettbewerbsgesellschaft im Prinzip und insbesondere bei den Jungen zu einem harten Egoismus verleitet. Der Erfolgsgedanke ist brutaler*

*geworden. Ich habe als Rektor einer Fachhochschule 2.000 Studenten, und bei denen ist es extrem darauf ausgerichtet: Ich muss jetzt Erfolg haben. Die Kommunikation findet woanders statt, die gehen etwas trinken und sind freundlich und lieb zueinander, da ist alles in Ordnung. Aber eine solidarische Studiergemeinschaft erlebe ich nicht.*

**Liegt das nicht auch daran, dass es unsicher ist, was sie nach dem Studium erwartet?**

*Ja, unsicher ist es alleweil. Sie haben insofern recht, weil es in meiner Generation sicherer war. Wenn Ihnen sonst nichts einfiel, sind Sie als Jurist zu Unilever gegangen, die hatten immer einen Posten. Nur, das war auch kein Gefühl der Sicherheit. Wenn mir die Alternative geblieben wäre, nur zur Unilever zu gehen, hätte ich mich als gescheitert betrachtet. Das Interessante ist, dass die Geldkategorie damals eine kleinere Rolle gespielt hat, weil die Ansprüche geringer waren. Da hat man sich überlegt, ob man in eine Berufsschiene geht, die einem eine Aussicht und Entwicklungsmöglichkeit bietet. Meine Mutter hat mir das immer dringend empfohlen und ich habe diese Sicherheitsschiene, wo ich zwar Geld bekomme, aber sonst nichts, kategorisch abgelehnt.*

**War Ihre Mutter mit Ihrer Laufbahn als Politiker zufrieden?**

*Nein, sie hat bis zu ihrem Tod die Sorge gehabt, dass ich verhungere oder ermordet werde. Sie hat noch gelebt, als ich in den Balkan gegangen bin, und als sie gehört hat, dass ich nach Sarajevo fahre, hat sie mich angerufen und gesagt: „Bua, fahr net hin, sie haben den Franz Ferdinand umgebracht und bei der Olympiade haben wir auch nichts gewonnen." Mit fast 90 Jahren, rührend. Aber das ist die Sorge von Eltern. Was ich in Gesprächen in meiner Generation und in einer Generation jünger erlebe, ist, dass die Eltern fixiert sind, dass man verwahrlost oder scheitert oder Ähnliches. Die heutige Elterngeneration ist auch nicht darauf vorbereitet, dass sich ihre Kinder von einem Job oder gar Projekt zum nächsten vorwärts mühen. Das verstehen sie überhaupt nicht. Diese Veränderung kommt schon, es kommt darauf an, welche Elterngeneration es ist, denn sehr bald wächst die ja hinein, die das auch schon erlebt hat. Die hat dann vielleicht gelernt, wie man damit umgeht.*

*Aber meine Generation geht mit der Kurzfristigkeit der heutigen Möglichkeiten glaube ich noch nicht sehr sicher um. Das sind die Ausläufer der Pragmatisierung. Meine Großeltern waren in einer Generation zuhause, wo jemand, der Schuhmachermeister war, seinem Sohn sagen konnte: „Du übernimmst die Firma." In der Generation meiner Eltern wird der Schuhmachermeister seinem Sohn gesagt haben: „Geh in eine Schuhfabrik." Wer heute in einer Schuhfabrik ist, so es noch eine gibt, sagt: „Such dir etwas anderes, weil bei uns werden keine Schuhe mehr erzeugt." Das ist halt der pragmatische Ansatz. Das haben nicht alle, das ist auch sehr schwierig.*

Man hört aber auch Stimmen, die der momentanen Situation durchwegs etwas Positives abgewinnen können, unter ihnen **Anneliese Rohrer.** Sie möchte nicht nur die eine Seite der Medaille gesehen haben, jene mit der Aufschrift „flexibel, vielfältig, diskontinuierlich", sondern auch die andere, auf der „Unabhängigkeit und vielfältige Möglichkeiten" steht:

*Ich halte genau diese Entwicklung für positiv. Und das sag ich als jemand, der bei der Presse vor 30 Jahren hineingegangen ist und nach 30 Jahren hinaus. Das war nicht gut! Ich sehe das jetzt, wo ich mit jungen Leuten an der Fachhochschule zu tun habe, dass es schwierig ist, nämlich auch bei den Jungen, und das erschreckt mich. Es ist schwierig, ihnen zu sagen: „Herrschaften, es ist zwar unsicherer und es verlangt mehr Flexibilität, aber es gibt ungleich mehr Chancen als früher. Jetzt nehmt doch verdammt noch mal dieses Mehr an Chancen wahr!" Und die erschreckende Reaktion ist, dass sie einen verdutzt anschauen und sagen: „Ja, aber Sie hatten es so leicht und wir haben keine Sicherheit." Das ist schon richtig, aber es gibt viel, viel mehr Möglichkeiten. Natürlich mit weniger Sicherheit, das stimmt schon. Aber die Möglichkeiten, zu einer Karriere zu kommen, sind viel, viel größer, nur trauen sich die jungen Leute oder jungen Journalisten das nicht zu.*

*Einmal, bei einer Rede vor einer Maturaklasse, habe ich mit den Worten geschlossen: „Greift einfach nach den Sternen, weil alles andere – das <u>ist</u> nicht mehr! Die Arbeits- und Berufswelt eurer Großeltern <u>ist</u> nicht mehr." Das wollten die überhaupt nicht hören, das war richtig unangenehm. Und daher, frage ich, ja wie* *viele Generationen dauert das? Die jungen Leute, die da reden, wie schwierig die Medienbranche ist – ein Praktikum und noch ein Praktikum. Ich denke mir, wenn du ein bisschen flexibel im Kopf bist, brauchst du ja nicht von einem Praktikum zum anderen rennen, sondern versuchst es eben in Deutschland oder einem anderen europäischen Land. Das war früher alles nicht möglich. Es gibt kleine Medien in Ostdeutschland, da können sie mehr lernen, als wenn sie bei der Presse einen Job ersitzen. Sie wollen es nicht hören, das ist das wirklich Erschreckende.*

*Natürlich kann man einwenden, dass jemand wie ich leicht reden hat, weil die Karriere irgendwie ungebrochen war, was heute nicht mehr möglich ist. Jemand wie ich würde heute in den Medien nicht einmal den Fuß in die Tür bekommen. Das ist heute alles irgendwie so mechanisch: Du nimmst dir den Praktikanten und dann, wenn sie gut sind und brav sind, dann kriegen sie irgendwann eine Pauschale, wenn sie dann noch braver sind, dann werden sie angestellt. Und ich habe zu viele junge Leute an der Fachhochschule, deren Ziel genau das ist. Ich habe hingegen sehr wenige junge Leute, die die Möglichkeiten von Sprache, Erasmus*[50] *und Stipendien wahrnehmen. Nur in Ausnahmefällen.*

Was sind Sie von Beruf? Heute Projektmanager, morgen Trainee, gerade mach ich ein Praktikum, ich wurde eben outgesourced. Die Identitäten wechseln mit den Jobs, kein leichtes Unterfangen für Menschen, die in das Bild einer „geradlinigen Normalbiografie" hineingewachsen sind.

---

50 „European Region Action Scheme for the Mobility of University Students", kurz Erasmus, Programm der EU zum Studentenaustausch und zur besseren Vernetzung der Universitäten, gegründet 1987

## 6.3 DER ZUG IST ABGEFAHREN

*„Mit zwanzig regiert der Wille, mit dreißig der Verstand und mit vierzig das Urteilsvermögen."*

*Benjamin Franklin*

Am anderen Ende der Skala zeichnet sich ein ähnlich düsteres Bild ab: die „Best Ager" als die neuen Verlierer? Seit Jahren wird diskutiert, wie die Berufswelt von Menschen ab dem 45. Lebensjahr – in manchen Diskussionen wird das Alter auf 40 Jahre hinunternivelliert – derart profitieren kann, dass diese nicht aus Kostengründen frühzeitig gekündigt werden. Oder aber – mit welchen Maßnahmen sie wieder in das Berufsleben eingegliedert werden können. „Junge Alte" werden zu Problemkindern der schnelllebigen Wissensgesellschaft erklärt. Obwohl es sich in der Mehrzahl der Fälle um ein hartnäckiges Vorurteil handelt, dass sie „nicht mehr so schnell können", lässt sich dieser Makel des „Alters" nicht einfach abwaschen. Vielmehr verfestigt er sich jedes Jahr ein wenig mehr, dem unumstößlichen Geburtsdatum sei Dank.

Ein weiteres Vorurteil besagt, dass „Ältere" derart lange in dem System der alten, „geschützten" Arbeitswelt zu Hause waren, dass sie den Anforderungen der heutigen, sich schneller verändernden Arbeitswelt nicht mehr gewachsen wären. Ihnen fehle es an Bereitschaft zur Anpassung und Weiterbildung, sie zeigten geringes Engagement und hätten eine passive Haltung gegenüber Arbeit. Weit gefehlt, belegen aktuelle Studien – wie auch schon ältere –, wobei die Politik noch nicht die notwendigen Konsequenzen gezogen hat. Wer auf eine Kaminkarriere zurückblickt, also die Hierarchieleiter innerhalb eines Unternehmens stetig erklommen hat, musste sich sehr wohl für jede berufliche Besserstellung qualifizieren, sich weiterbilden, spezifische Fähigkeiten und Fertigkeiten entwickeln (Protektionskarrieren ausgenommen). Leistungsbereitschaft und berufliches Engagement sollten somit hinlänglich bewiesen sein.

Bei der Veränderungsangst handelt es sich sicher vielfach um ein Vorurteil. Es lässt sich trotzdem nicht verleugnen, dass ältere Menschen mit der Geschwindigkeit, in der Veränderungen vor sich gehen, ihre Probleme haben. Nicht einmal alle Jungen können mit dem enormen Tempo noch Schritt halten. Die Dynamisierung unserer Gesellschaft stellt ohne Frage eine große Herausforderung dar, eine zweite liegt laut **Erhard Busek** in der menschlichen Erfindungsgabe. Genau genommen gehen diese zwei Phänomene Hand in Hand beziehungsweise bedingen einander:

> *Die Erfindungsgabe des Menschen erachte ich als die gravierendste Veränderung neben der Geschwindigkeit. Wenn ich mir überlege, dass ich mit einem Mobiltelefon mit einer Riesenbatterie hinten im Kofferraum meines Autos begonnen habe – das war 1974 glaube ich – und wo wir uns heute befinden, das ist eine ungeheure Entwicklung. Auch von den Möglichkeiten her: Damals war es ein Hilfsmittel, heute sind wir total erreichbar. Auch das Internet ist eine ungeheure Veränderung. Es ist keine Stabilisierung, aber auch eine Mobilitätsfrage.*
>
> *Als gescheitert können Sie jene bezeichnen, die mit dieser Entwicklung nicht mitkommen. Ich beobachte das immer in den Bankfilialen. Wenn die alten Leute vor den Maschinen stehen, sich auf dem Zettel nicht auskennen, den sie da ausgedruckt bekommen. Das sind gesellschaftliche Scheiterprozesse, und zwar relativ früh sogar, die schwer verarbeitbar sind. Sie können nicht jedem einen Hilfsmenschen zur Seite stellen, der ihm erklärt, was da los ist. Darin liegt eine der wesentlichen Wurzeln, die Zunahme des Tempos.*
>
> *Die heutige Jugend wird in dieses Tempo hineingeboren. Ob sie damit umgehen kann oder getrieben wird, das wage ich nicht zu beantworten. Aber es bleibt ihnen nichts anderes übrig und es wird eine Selbstverständlichkeit. Denken Sie an die Fernsehgewohnheiten. Es gibt sozusagen niemanden mehr, der bei einem Programm bleibt, jeder zappt, das ist symptomatisch. Das zeigt natürlich die Oberflächlichkeit, sie gehen ja kaum mehr in die Tiefe, weil sie nicht die Zeit, die Spannkraft haben darauf einzugehen.*

Die stereotype Vorstellung der langsamen älteren Menschen verträgt sich nur schlecht mit modernen Unternehmensstrategien, die auf schnelle Gewinne abzielen und kurzfristige Verwertbarkeit in den Vordergrund stellen. Die Verschärfung der Arbeitsbedingungen und die Erhöhung des Arbeitstempos grenzen bestimmte Altergruppen aber aus einem anderen Grund aus: Menschen jenseits der 45 haben bereits viele Jahre Arbeitsdruck ausgehalten, körperlich wie psychisch. Und wenn es viele nicht hören wollen, der menschliche Körper baut zu dieser Zeit bereits ab. Durchwachte Nächte hinter dem Computer, um eine beständig näher rückende Deadline einzuhalten, das ist mit 25 kein Problem, auch nicht, wenn sich dieses Spiel in unregelmäßigen Abständen wiederholt. Mit zunehmendem Alter bedarf es längerer Regenerationsphasen. Das ist natürlich zutiefst menschlich. Der biologische Alterungsprozess lässt sich nicht einfach wegdiskutieren. Wenn der Arbeitsdruck Körper wie Psyche permanent an der Grenze des Erträglichen hält, ist damit zu rechnen, dass Tribut zu zollen ist.

Viele ältere Arbeitsuchende, die etwa auf eine lange Managementkarriere mit einem entsprechend hohen Stressniveau zurückblicken, suchen eine dem Alter besser angepasste Arbeitsplatzsituation – ihre Form des Downshiftings. Diese Chance wird ihnen zumeist verwährt. „Überqualifiziert" steht auf der Absage zu lesen. Eine freiwillige „Degradierung" in Position und Gehalt scheint anrüchig. Die von jungen Arbeitsuchenden eingeforderte Employability – je besser die Qualifizierung desto größer sind die Chancen am Arbeitsmarkt – trifft für Ältere nicht zu.

Bereits ab Anfang/Mitte 40 muss man mit einem unkalkulierbar hohen Risiko rechnen, möchte man den Arbeitsplatz wechseln. Somit darf es nicht verwundern, wenn es sich Berufstätige genau überlegen, ob sie einen Jobwechsel überhaupt versuchen. Die fehlende Risikobereitschaft ist nichts anderes als eine Reaktion auf eine arbeitsmarktpolitische Realität, die eine große Gruppe außen vor lässt. „Überleben vor Veränderung" könnte das Motto heißen.

Dabei stellt sich doch die Frage, ob wirklich jeder gleich schnell können muss oder ob nicht doch Platz für unterschiedliche Geschwindigkeiten gegeben ist. Denn unterschiedliche Geschwindigkeiten erlauben unterschiedliche Qualitäten. Mancherorts wird die Qualität von Mitarbeitern jenseits der 50 wiederentdeckt. So gibt es vereinzelt Bestrebungen, jungen, aufstrebenden Managern so genannte „Graue Panther“[51] zur Seite zu stellen. Wo dies passiert, weiß man die langjährige Berufserfahrung und die sozialen Kompetenzen älterer Arbeitnehmer zu schätzen. Schlüsselqualifikationen, die man dem Nachwuchs vermitteln möchte, können sie sich vom erfahrenen Herdentier abschauen. Den „Grauen Panthern“ wird Seniorität nachgesagt, also Arbeitsdisziplin und Erfahrung. Generationenmanagement oder auch Diversity Management nennt man solche Maßnahmen, auch wenn die Zielsetzung dahinter rein betriebswirtschaftlich ist und der Produktivitätssteigerung dient.

Der demografische Wandel ist bereits vollzogen, das lässt sich nicht mehr leugnen. Wir werden immer älter und bleiben theoretisch immer länger beruflich einsatzfähig. Erstmals befinden sich vier Generationen auf dem Arbeitsmarkt. Mit der Forderung, das Pensionsalter noch weiter hinaufzusetzen, gewinnt keine Partei die Gunst der Wähler. Doch das alleine bedingt auch kein Umdenken. Es braucht mehr und konstruktivere Bemühungen, um die Chancen auf dem Arbeitsmarkt für ältere Mitarbeiter zu verbessern. Etwa eine „Humanisierung der Arbeitswelt“, wie sie seit den 1970er-Jahren gefordert wird, die dem natürlichen menschlichen Alterungsprozess Rechnung trägt. Die Politik kann Rahmenbedingungen schaffen, Einstellungsänderungen können aber nur aus den Menschen selbst heraus erwachsen:

> ***Erhard Busek:*** *Der Staat kann nur etwas in der materiellen Dimension machen, um Menschen eine Chance auf Wiedereinstieg zu geben. Wobei man diese gegebenenfalls auch als Umschulung verstehen muss, etwa im Bereich des Arbeitsmarktservices. Alles andere kann der Staat nicht, weil es auch nicht seine Aufgabe ist, für das psychologische Klima des Landes zu sorgen. Wenn die Politik anfängt dafür zu sorgen, fürchte ich mich, denn dann leben wir in einer Diktatur. Da bin ich sehr kritisch, das gestalten wir selbst. Da soll der Staat gefälligst wegbleiben.*

Vielleicht muss auch das System des Senioritätsprinzips überdacht werden, so dass Menschen unterschiedlichen Alters, die gleichwertige Arbeiten erledigen, gleichwertig entlohnt werden. Eine faire Lösung verlangt nach viel Fingerspitzengefühl. Ganz sicher bedarf es der Anerkennung dessen, dass man

51 Bezeichnet ältere Menschen, die sich noch jung fühlen.

sich auch „im fortgeschrittenen Alter" noch verändern kann und soll. Alleine mit Qualifizierungsmaßnahmen kann man dem Problem nicht beikommen, wenn genau dieses „Empowerment" als Ausschlussgrund angesehen wird. Doch der politische Wille zur „Wiedereingliederung" lässt auf sich warten:

> **Anneliese Rohrer:** *Vor ein paar Jahren gab es eine Kündigungswelle vor allem für Manager und Männer, schnell bevor sie 50 Jahre alt wurden. Man müsste mal untersuchen, wie viele Leute, auch der gehobenen Bildungsschichten, kein Bein mehr auf die Erde bekamen. Ein ganz konkreter Fall, ein Jurist, wurde mit 49 von einer internationalen Firma gekündigt, er wird abgefertigt und jeder sagt: „Du hast keine Chance." Und dann versteift er sich und verkrampft sich so, dass er überhaupt nicht in Alternativen denken kann. Er konnte sich nichts anderes vorstellen, trotz Studium. Warum konnte er nicht hergehen und sich mit seiner Abfertigung in eine Rechtsanwaltskanzlei einkaufen, warum konnte er nicht hergehen – damals war es glaube ich noch möglich –, ein Gerichtsjahr machen und Richter werden? Als letzte Konsequenz ist die Ehe gescheitert. Er war so gelähmt, dass er überhaupt nicht an Alternativen denken konnte. Das gibt es auch, und die Gegenbeispiele gibt es auch.*

Einen anderen Weg, um erst gar nicht vom Zuschnappen der Altersfalle erwischt zu werden, ist **Hansjörg Tengg** gegangen und hat so langfristig vorgebeugt:

> *Ich bin meinem Schicksal dankbar, dass ich in drei Jahren meines Lebens mit dem Konsum die größte Insolvenz des Landes abwickeln und mit max.mobil den steilsten Unternehmensaufbau machen konnte. Materiell war es auch vernünftig ergiebig. Dann hat mir Albert Hochleitner[52] bei Siemens eine Führungsposition angeboten. Ich aber sagte darauf: „Nein, ich weiß jetzt genau, ich bin kein Konzernmensch. Ich weiß, ich bin genau dann gut, wenn ich als Manager einigermaßen Freiheit habe, und daher würde ich gern mit euch eine oder mehrere Gesellschaften machen. Schnellboote, wo ich als Kapitän mit euch verbunden bin durch eine Beteiligung, aber nicht im Konzern."*

52 Albert Hochleitner (*1940, Wien), seit 1994 Vorsitzender des Vorstandes der Siemens AG Österreich

*Das haben wir gemacht und das läuft sehr erfolgreich. Was ich auch damals schon richtigerweise geahnt habe – und damit kommt's zum „Scheitern vermeiden" –, du kommst als alternder CEO in Probleme, wenn du in die 50er kommst und ein abhängiger CEO bist, der alle fünf Jahre wiederbestellt werden muss. Deine Funktionsperiode endet – sagen wir mal – mit 54, dann sagen sie: „Na, jetzt geben wir dir noch drei Jahre vielleicht." Du musst dauernd zittern, dass du immer noch eine Verlängerung bekommst. Hinten scharren schon die Jungen, die Intrigen laufen, die Prozesse im Geschäft bedingen Verwerfungen mit diesen oder jenen Personen. Als angestellter CEO bist du, wenn du in die Jahre über 50 kommst, einfach sehr abhängig hinsichtlich deiner Wiederbestellungen. Je älter du wirst, umso schwieriger wird es, etwas Neues zu finden, wenn du ausscheidest. Daher habe ich mir gedacht: Diesem Prozess der unangenehmen, wachsenden Abhängigkeit kannst du nur entgehen, wenn du zusiehst, dass du rechtzeitig auf eine einigermaßen selbstständige Basis kommst. Das habe ich mir vorgenommen und das habe ich erreicht. Daher bin ich heute Gott sei Dank frei.*

## 6.4 SELBST IST DER MANN, SELBST IST DIE FRAU

*„Man kann niemanden überholen, wenn man in seine Fußstapfen tritt."*
*François Truffaut*

Als atypisch Beschäftigte gelten neben (unbezahlten) Praktikanten und Zeitarbeitern teilweise auch Freelancer, Project-Worker und so genannte Fest-Freie, die eng an ein oder mehrere Unternehmen oder Agenturen angebunden sind. Viele blicken bereits auf eine wechselvolle Geschichte an Werkverträgen, Projektmitarbeit, an freiem Dienstnehmertum zurück. Viele absolvieren als mehrfach beschäftigte Patchworker ein hohes Zeitpensum. Bei Personen aus dieser Gruppe der Scheinselbstständigen ist im Normalfall das unternehmerische Selbstverständnis eher gering ausgeprägt, da sie sich durch ihre enge Bindung und Abhängigkeit von einem oder mehreren Unternehmen in einer gewissen Zwischenwelt bewegen. Eher zufällig landen sie, nachdem ihre Arbeit outgesourced wurde, in der Selbstständigkeit. Sie finden sich eines Tages als „Ich-AG" wieder. Manche sehen darin eine Lebensform auf Zeit, andere finden Gefallen daran.

Daneben gibt es die Gruppe der Selbstständigen im althergebrachten Sinne, die sich als Unternehmer sehen. Ihre Motive sind, der eigene Chef oder die eigene Chefin zu sein, sich selbst zu verwirklichen, eine Innovation zum Leben zu erwecken. Sie leben die systembedingte Unabhängigkeit und Flexibilität mit all ihren Vor- und Nachteilen aus. Diejenigen, die Selbstständigkeit aus freien Stücken wählen, zählen Selbstbestimmung und Entscheidungsfreiheit als die wichtigsten Beweggründe für diesen Schritt auf. Unternehmer kommen immer seltener aus den klassischen Handwerks- und Gewerbebranchen, der Löwenanteil der Selbstständigen ist im stetig wachsenden

Dienstleistungsbereich tätig. Viele von ihnen als Ein-Personen-Unternehmen (EPUs). Die Konkurrenz ist groß, das Potenzial zu scheitern ebenso.

Der Anteil der Selbstständigen unter den Erwerbstätigen wird in den kommenden Jahren weiter steigen, da für immer mehr Menschen immer weniger Arbeitsplätze als Angestellte zur Verfügung stehen. Aus dieser Überlegung heraus wurde in Deutschland sogar der „Verein 20prozent e.V" gegründet, der die Selbstständigenquote dahingehend fördern möchte, dass sie bis zum Jahr 2020 20 Prozent erreicht, sich also in etwa verdoppelt.

Von solchen Initiativen ist man in Österreich noch weit entfernt. Hier hat Selbstständigkeit einen schalen Beigeschmack. Obwohl Österreich das Land der Einzelunternehmer schlechthin ist, sind wir von unternehmerischem Stolz weit entfernt. 2006 waren von 29.109 neu gegründeten Unternehmen in Österreich 23.228 EPUs[53], das entspricht 79,8 Prozent (37,2 Prozent der Einzelunternehmen wurden von Frauen angemeldet). Fast die Hälfte aller Wirtschaftskammer-Mitglieder sind EPUs (2006: 49,8 Prozent). Trotz dieser Zahlen und der konstant hohen Rate an Neugründungen lautet die landläufige Meinung: Wer sich in Österreich selbstständig macht, konnte keine fixe Anstellung erhaschen. Das Unternehmer-Dasein ist in Österreich traditionell negativ bewertet. Kein Wunder, gab es doch lange Zeit viel zu verlieren. Noch bis 2002 war ein früherer Konkurs Ausschlussgrund für die Erlangung der Gewerbeberechtigung.

Österreich erlebt einen wahren Gründungsboom – so wird es zumindest gerne beschrieben. In Wahrheit ist es so, dass der traditionelle Arbeitsmarkt Absolventen unterschiedlicher Ausbildungen nicht mehr aufnimmt und viele gezwungen sind, sich in die Selbstständigkeit zu begeben. Das mag mit ein Grund sein, dass viele Jungunternehmer scheitern. Und es ist dem an sich schon verhaltenen Image der Selbstständigkeit nicht zuträglich.

Die Erziehung und das soziale Umfeld sind Triebfaktoren für oder gegen die Entscheidung, den Schritt in die Selbstständigkeit zu wagen. Die Angst vor dem Scheitern spielt dabei die größte Rolle. 46 Prozent der Österreicher hält die Angst vor dem Scheitern davon ab, ein Unternehmen zu gründen.[54] In Frankreich und Deutschland sind es knapp über 50, in den USA oder auch Japan hingegen nur gut 20 Prozent. Vergleichbare

---

53 23.180 nicht eingetragene Einzelunternehmen und 48 eingetragene Einzelunternehmen

Länder wie Belgien und Norwegen sehen einer unternehmerischen Zukunft positiver entgegen (32 und 26 Prozent) und zwei unserer direkten Nachbarn, nämlich Slowenien und Ungarn, hängen Österreich mit 23 Prozent beziehungsweise 20 Prozent klar ab. Die Statistik argumentiert dieser Angst in die Tasche. Fast die Hälfte aller neu gegründeten Firmen überlebt die ersten fünf Jahre nicht, am kritischsten sind die ersten drei Jahre. 45 Prozent der Unternehmen, die 2006 Insolvenz anmeldeten, wurden ab 2000 gegründet, bestanden also maximal 6 Jahre auf dem Markt.[55] Was läge näher, gerade Jungunternehmer für dieses Thema zu sensibilisieren? Die ersten Schritte in diese Richtung werden bereits gesetzt, auch wenn sie nicht immer auf Wohlwollen stoßen, wie **Burkhard Neumayer** berichtet:

> *In Innsbruck war ich bei der Jahrestagung der Jungen Wirtschaft als Redner eingeladen. Angeblich – und ich glaube, das stimmt so – lag die WKO-Führung mit den jungen Unternehmern im Clinch: „Was nehmt ihr so ein Thema überhaupt auf die Tagesordnung?!", lautete der Vorwurf. Quasi: Scheitern kommt nicht vor. Das hat mich, da ich beruflich ja überwiegend mit kritischen Unternehmenssituationen befasst bin, stark irritiert. Ich denke, dass gerade die Standesvertretung ja miterlebt, dass im Jahr 6.000 in Österreich insolvent zusperren. Im Jahr werden 30.000 Unternehmen gegründet – und 6.000 scheitern. Das ist immer noch eine positive Bilanz, aber mit dem Scheitern muss man besonders als Gründer, im Sinne einer guten Risikoanalyse, trotzdem rechnen. Die Voraussetzungen für eine Unternehmensgründung sind nicht immer optimal. Daher ist das Scheitern manchmal vorprogrammiert. Jungunternehmer glauben, eine gute Idee zu haben, werfen sich mit Energie drauf, bekommen von irgendwo her auf Basis eines unrealistischen Businessplans Geld, meistens zu wenig – und spätestens im dritten Jahr ist die Geschichte wieder erledigt. Also, das ist das vorprogrammierte Scheitern mit allen Konsequenzen.*

---

54 Frauen haben mit 51,5 Prozent eine größere Angst zu scheitern als Männer (40,5 Prozent). Siehe Sammer, Martin, Schneider, Ursula: Global Entrepreneurship Monitor. Bericht 2005 zur Lage des Unternehmertums in Österreich. Graz 2006. S. 34f.

55 KSV1870, Presseaussendung „Insolvenzstatistik 2006", 4.1.2007: www.ksv.at/KSV/1870/de/5presse/3statistiken/1insolvenzen/2007-01/Insolvenzen_2006/1190366313528_KSV-Insolvenzstatistik_2006.pdf

Der Vorsitzende der Jungen Wirtschaft Österreich, **Harry Gatterer**, hat am eigenen Leib erlebt, was es bedeutet, als Unternehmer zu scheitern und anschließend wieder aufzustehen. Er plädiert daher vehement dafür, dem unternehmerischen Scheitern mehr Öffentlichkeit zu geben:

***Was sind die besonderen Herausforderungen für junge Unternehmer und sind sie darauf entsprechend vorbereitet?***

*Wer neu beginnt, muss viel lernen, und das meist sehr schnell. In einer solchen Phase ist man prädestiniert zu scheitern. Die bereits erwähnten Begriffe Ende/Anfang, Fehler/Lernen und Emotion/Distanz werfen für jeden selbstständig tätigen Menschen viele Chancen auf. Auch die Chance, etwas zu wagen, das in die Hose geht. Ich persönlich denke, dass wir uns als Gesellschaft noch etwas zu träge auf die neuen Herausforderungen umprogrammieren. Auch die jungen Unternehmer. Der globale Veränderungsprozess zwingt uns in zwei Richtungen: 1.) das Bilden von starken Wurzeln, Authentizität. Und 2.) das Denken über alle Grenzen hinaus. Dies ist anstrengend, ungewohnt und dadurch auch sperrig. Daher gibt es in den Reihen der Unternehmer viel zu tun, ob jung oder alt. Der entmystifizierte Umgang mit dem Scheitern ist ein wichtiger Baustein auf dem Weg.*

***Was sind deiner Ansicht nach die hauptsächlichen Gründe des Scheiterns, besonders bei Jungunternehmern?***

*Falsche Vorstellungen vom Unternehmerleben, speziell im Hinblick auf die Komplexität und den Energieaufwand. Auch glaube ich, dass noch zu viele versuchen, nach „Lehrbuch" zu unternehmen, und dabei auf ihre eigene Kraft, ihre eigenen Talente und Werte vergessen. Und auf die Veränderungen, die geschehen, während Lehrbücher geschrieben werden.*

***Bist du schon einmal gescheitert?***

*Natürlich, wer nicht? Das war grausam und beklemmend, ich hatte Selbstzweifel. Die gesamte Zukunft schien mir in diesem Moment wie weggeblasen. Besonders negativ daran war zu wissen, dass ich schon länger das Gefühl hatte, „das könnte schiefgehen", und dass ich trotzdem nicht auf meinen „Bauch" gehört habe.*

***Wie bist du mit dem Scheitern umgegangen?***

*Offenheit. Ich habe schnell versucht, die Hilfe und den Blickwinkel von Außenstehenden zu erhalten. Das hilft enorm. Ein größeres Umfeld an Bekannten hat von meinem Scheitern erfahren, vorwiegend durch mich persönlich. Diese Bekannten haben sich dann sehr Hilfe leistend und unterstützend verhalten.*

*In meinem beruflichen Umfeld gab es als Reaktion Vorwürfe und Spekulationen, aber auch Hilfestellungen. Also alle Varianten, die man sich vorstellen kann.*

***Beeinflusst die Angst zu scheitern deine Entscheidungen? Wenn ja: in welcher Form?***

*Nein. Mein Bauchgefühl hat seither viel mehr mitzureden. Angst hat hier keinen Platz.*

Andere Jungunternehmer haben uns ebenfalls von ihrem Scheitern berichtet. Sie hatten recht unterschiedliche Eindrücke, wie sie als Gescheiterte von der Gesellschaft wahrgenommen wurden: „Mit einem Lächeln", „als Versagen", „von der Neidgesellschaft mit Argusaugen, im persönlichen Umfeld eher als leidtragend", „minderwertig". Die Ursachen ihres Scheiterns waren mannigfaltig, eine war „alleine an der Front", bei einem anderen waren „unternehmerische Vision und Wirklichkeit ziemlich verschieden", ein Dritter scheiterte zu Beginn, beim „Aufbau eines Unternehmens". Neben solchen internen Faktoren können auch externe Faktoren einen maßgeblichen Anteil am Scheitern haben: Ein Vierter scheiterte an „illegalen Praktiken des Mitbewerbs" und an einer „Gesetzesänderung". Im Nachhinein zählen sie als selbst verschuldete Gründe auf: „zu glauben, man könne alles alleine bewerkstelligen", „optimistische Planung", „Inkonsequenz" und „zu jung, zu wenig Augenmerk auf die Veränderungen der Gesetze, zu wenig Lobbyismus". Als besonders negativ empfanden sie nach dem Scheitern „nichts mehr ändern zu können", „das Gefühl des Versagens", „der eigene Umgang damit, die hohe Selbstanforderung", die „vorübergehende Aufgabe der Selbstständigkeit" oder auch „die Schande, Erwartungen, die in einen gesetzt wurden, nicht erfüllt zu haben, und der Druck der Umgebung, die vor der ‚bösen, gefährlichen Selbstständigkeit' gewarnt hat". Ihre Wünsche an die Gesellschaft im Umgang mit Gescheiterten lauten: „beim Lernen helfen, ermutigen, Scheitern als ‚normal' ansehen und damit die Chance für Wachstum schaffen" oder auch „weg mit der Be- und Entwertung".

Auch der beste Businessplan kann sich im Rückblick als falsch erweisen, selbst eine ausgeklügelte Vermarktungsschiene nicht den gewünschten Erfolg einfahren. Ein Unternehmen zu gründen bleibt immer ein Sprung ins kalte Wasser, das liegt in der Natur der Sache – zu hoffen ist nur, dass bald eine warme Strömung erreicht wird. Was danach kommt, ist entscheidend. In Österreich fehlt eine „Kultur der zweiten Chance", damit dem Pleitier die negative Firmengeschichte nicht über Jahre hinweg wie ein Schandmal anhaftet. Daher kennen auch etablierte Unternehmen die Angst vor dem Scheitern nur zu gut, wie uns **Barbara Stöckl,** Geschäftsführerin einer Fernsehproduktionsfirma, bestätigt. Denn eine Garantie, dass die nächsten Monate und Jahre so gut laufen werden wie die vorangegangenen, gibt es nicht. Und das gilt nicht nur für die Medienbranche, die eine turbulente Übergangsphase von analog zu digital, von Print zu online, von Information zu Infotainment durchmacht:

***Ist die Angst, als Unternehmerin zu scheitern, präsent?***

*Das ist ein Thema, das mich ständig begleitet. Das reicht auch bis ins Privatleben hinein. Ich habe keine eigenen Kinder, keine Familie, für die ich sorgen muss. Deshalb sind sicher die Arbeit und die Firma und das ganz Team für mich über das Berufliche hinaus ein wichtiger Teil meines Lebens. Das bestimmt mein Leben sehr. Ich bemerke manchmal, dass ich mich für meine Mitarbeiter sehr verantwortlich fühle, alles Negative von ihnen fernhalten möchte. Eine kleine Firma, wie KIWI-TV es ist, zu etablieren und am sehr eingeschränkten elektronischen Medienmarkt zu bestehen ist eine ständige Herausforderung. Da darf man nicht müde werden, nie nachlassen. Eine Idee, noch eine Idee, und wieder eine Idee. Ich hätte die Möglichkeit gehabt, als angestellter Dienstnehmer im ORF zu arbeiten und glücklich zu werden. Ich habe einen anderen Weg gewählt. Programm zu entwerfen, zu entwickeln braucht meiner Meinung nach kleinere Einheiten, Flexibilität, Schnelligkeit. Kreativität und Bürokratie sind schwierige Partner. Mit meinem Team, mit meinen Leuten Ideen umzusetzen ist ein spannender Prozess, für mich spannender, als ein kleines Rädchen in einem großen Getriebe zu sein. Deshalb war die*

*Entscheidung für die Selbstständigkeit – und gegen eine mögliche Anstellung beim ORF – eine sehr bewusste Entscheidung für einen Lebensentwurf. Der hat seine Vor- und seine Nachteile, ganz klar. Aber würde meine Firma scheitern, würde für mich mein gesamter Lebensentwurf scheitern.*

Das Schreckensszenario jedes Unternehmers lautet wohl Insolvenz oder Konkurs. Die hohe Gründungsrate bei den EPUs hat auch die Zahl der Klein- und Kleinstinsolvenzen in die Höhe schnellen lassen. Vornehmlich mittelständische Unternehmen sind vom Konkurs betroffen, und Privatinsolvenzen überholen bereits Firmeninsolvenzen. In den ersten drei Quartalen 2007 stehen 4.841 Unternehmensinsolvenzen 6.481 Privatinsolvenzen gegenüber. Während erste Gruppe gegenüber dem Vergleichszeitraum 2006 einen Rückgang von 4 Prozent verzeichnet, legten die Privatinsolvenzen um 15,3 Prozent zu.[56]

Eine Umfrage der Creditreform Österreich unter 1.679 Klein- und Mittelbetrieben vom Frühjahr 2006 hat gezeigt, dass die überwiegende Mehrheit, nämlich 37,8 Prozent, Managementfehler als Ursache für Scheitern sehen, 22,2 Prozent Kapitalmangel, 14,4 Prozent den Wettbewerb, 15,6 Prozent die allgemeine Wirtschaftslage und 10 Prozent den (strafbaren) Missbrauch des Insolvenzverfahrens zwecks Entschuldung. Einige der KMU-Inhaber werden sich auch als Privatperson mit dem Rotstift vertraut machen müssen. 300.000 Haushalte gelten in Österreich als überschuldet – unabhängig davon, ob das Haushaltseinkommen aus selbstständiger oder unselbstständiger Arbeit stammt. 2007 hatten rund 8.000 Privatpersonen ein Schuldenregulierungsverfahren anhängig, Tendenz steigend.

Doch zurück zu den Unternehmern: Die meisten führen also Insolvenzen auf menschliches Versagen zurück. Wäre es da nicht sinnvoll, wenn sich Pleitiers und Existenzgründer austauschen könnten? Eine wahrlich utopische Vorstellung, dass sich Personen an den zwei gegenüberliegenden Enden zum Erfahrungsaustausch treffen, solange getan wird, als wäre Scheitern eine hoch infektiöse Krankheit mit zwingend letalem Ausgang. Gleichzeitig erscheint es brutal, energiegeladene Jungunternehmer ihrer Träume zu berauben. Doch durch solche Prozesse könnten Wirtschaftszyklen unterbrochen werden.

---

56 Creditreform Insolvenzstatistik 1.–3. Quartal 2007, Österreich: www.creditreform.at/home/downloads/Insolvenzstatistik_Creditreform/index.html

In Deutschland versuchen zwischen 11 und 18 Prozent nach einem unternehmerischen Fehlstart einen zweiten Anlauf und sind mit dem Restart wirtschaftlich durchaus erfolgreich. „Unternehmertum statt Unterlassertum", dieses Motto hat sich auch Anne Koark an ihre Fahnen geheftet und wagte nach Insolvenz und Privatkonkurs auf recht eigenwillige Weise den Neustart. Sie schrieb ein Buch[57] über ihre Erfahrungen, fertigte Visitenkarten mit dem Aufdruck „Pleitier" an und hält nun quer durch Deutschland Vorträge.

Was war passiert? Anne Koark war bereits drei Jahre selbstständig, als sie 1999 gemeinsam mit einer Geschäftspartnerin ein Dienstleistungsunternehmen gründete, das ausländische Firmen bei ihrer Ansiedelung in Deutschland unterstützt. 2001 erhielten sie den in Deutschland bundesweit ausgeschriebenen „Breakeven Award". Die Medien national wie international berichteten in höchsten Tönen über die gebürtige Engländerin. Im März 2003 meldete **Anne Koark** Insolvenz an, was eine Privatinsolvenz nach sich zog. Im inneren Monolog sieht das so aus[58]:

> *Anne – man muss auch den Mut besitzen, dazu zu stehen, wenn etwas nicht geklappt hat. Schließlich gehört das Scheitern auch zum Leben dazu. Und wie lernen Kinder das Laufen? Indem sie immer wieder hinfallen und trotzdem wieder aufstehen und weitergehen. Was meine Kinder schon vor Jahren konnten, werde ich wohl auch wieder lernen können – oder?*

Nachdem sie das Insolvenzverfahren erfolgreich abgewickelt hat, verschreibt sie ihr Leben der Entstigmatisierung des Scheiterns und gründet den Verein „B.i.G. – Bleib im Geschäft". Für ihr Bemühen, Insolvenz gesellschaftsfähig zu machen, erhält Anne Koark den Lady Business Award 2004 und den Sonderpreis beim großen Preis des Mittelstandes 2005. Ihre Stimme wurde sogar in der EU gehört. Die Direktion „Förderung der Wettbewerbsfähigkeit von KMU" der Europäischen Kommission startete einen Aktionsplan „Bekämpfung des Stigmas des unternehmerischen Scheiterns". Das Verständnis für das Scheitern soll verbessert und der Begriff „Konkurs" soll vom Begriff „Fehlverhalten" getrennt werden. Gemeinsam mit nationalen Experten sollen in der Folge Informationsmaterialien erstellt werden, an die

---

57 Koark, Anne: Insolvent und trotzdem erfolgreich. InsolvenzVerlag.de, München 2007, S. 178

58 Ebenda S. 154

Werbekampagnen und Kurse angebunden sind, um Unternehmern Mut für einen Business-Restart zu machen. Als erster öffentlichkeitswirksamer Schritt startete Anfang Oktober 2007 eine EU-Kampagne für Business-Restarter mit dem Slogan „Getting up again is our nature".

**Regina Haberfellner** hat diese Kampagne mitentwickelt. Schon lange Zeit vorher hat sie in Eigenregie die Plattform unternehmer-in-not.at erstellt, nachdem sie das Manko an qualitativer Information zum Thema erkannt hat. Für sie stand dieses Projekt am Anfang ihrer eigenen Selbstständigkeit.

*Die Vorgeschichte von unternehmer-in-not war, dass ich sehr viele Jahre bei einem Forschungsinstitut über selbstständig Erwerbstätige gearbeitet habe. In diesem Zusammenhang hat es immer schon direkten Kontakt zu Unternehmern gegeben. Das waren im Wesentlichen sehr kleine Unternehmen. Da hat's natürlich auch die unterschiedlichsten Zustände gegeben – welche, die sehr prosperiert haben, und andere, wo ganz massive Existenzkrisen da waren. Damals bin ich dem Thema automatisch nähergekommen. Wir haben verschiedene Projekte initiiert, zum Teil Forschungsprojekte, aber auch Projekte mit konkreten Maßnahmen für Unternehmer.*

*Wenn Leute mit Fragen zur Unternehmensgründung zu mir kamen, konnte ich sie auch relativ leicht weiterleiten. Ich konnte sage: „Gehen Sie hierhin, gehen Sie dorthin." Es gab schon Mitte der 90er-Jahre Bemühungen, ein gründerfreundlicheres Klima in Österreich zu schaffen und Informationen auf verschiedenen Ebenen zur Verfügung zu stellen. Die ersten Online-Präsenzen sind entstanden, wo sich Gründer informieren können, das Gründerservice der Wirtschaftskammer wurde etabliert und Ähnliches. Aber in dem Moment, in dem sie gekommen sind, weil sie in Schieflage geraten sind, gab es nichts mehr, wohin ich sie hätte weiterleiten können. Es gab einfach keine entsprechenden Infrastrukturen. Das ist mir damals stark aufgefallen.*

*Und dann war es ein Zusammentreffen von Zufälligkeiten. Ich habe mich entschieden, nach meiner längeren forschungslastigen Tätigkeit auf dem Sektor ein wenig zurückzutreten, mich neu zu positionieren und selbstständig zu machen. In der Jobauslaufphase hatte ich eine Menge an Zeit zur Verfügung von Urlauben und Überstunden. In meinem Bekanntenkreis gab es damals einen konkreten Fall, bei dem eine massive Gefährdung existierte, wo ich auch die verschiedenen Effekte davon bemerkte, zum Beispiel diese Orientierungslosigkeit. Ich wusste natürlich schon, dass es mit den Informationen ein wenig mühsam ist, und habe ihm unterstützend unter die Arme gegriffen.*

*Es war damals, 2002 oder 2003, tatsächlich sehr schwer, zuverlässige Informationen und wirkliche Handlungsoptionen zu bekommen. Was ist überhaupt möglich, was ist ein Ausgleich, wie läuft das, was muss man da tun? Ich habe einiges recherchiert, und als alte Projektleiterin habe ich mir gedacht: „Irgendwie schade um das Zeug! Da gehören doch andere Dinge auch dazu, wie Erfahrungsberichte." In diesem Kontext kommt sicher auch mein sozialwissenschaftlicher und soziologischer Background zum Tragen. Ich habe mir überlegt, welche Informationen wohl für Leute, die in dieser Situation sind, aber auch für andere, die in irgendeiner Form anders davon betroffen sind, z.B. weil es in ihrem Bekannten- oder Familienkreis so einen Fall gibt, notwendig wären. Oder auch nur generell, um das Thema ein wenig aufzumachen und auch eine andere Perspektive einzubringen. In diesem Sinne habe ich das dann damals konzipiert.*

*Die Feedbacks zur Website waren generell sehr gespalten, was für mich eher für das Thema gesprochen hat. Von Unternehmern habe ich von Anfang an positives Feedback auf die Website erhalten. Aber als ich versucht habe, in diesen etablierten Einrichtungen Partner für die Site zu gewinnen, gab es auch gespaltene Reaktionen, aber die zweite Reaktion war immer: „Huch! Nicht anrühren." Ich habe mit „unternehmer-in-not.at" einen durchaus provokanten Titel gewählt und richtig gemerkt: Denen läuft ein kalter Schauer über den Rücken. Diese Personen haben dann auch das Projekt zum Scheitern verurteilt gesehen und haben gemeint, dass sich so etwas kein Mensch ansieht, dass davon niemand etwas wissen will.*

***Hat die Arbeit an unternehmer-in-not Ihre Einstellung zum Thema Scheitern geändert?***

*Also, es gibt, glaube ich, wenige so risikosensibilisierte Unternehmer wie mich. Das Thema ist permanent da. Insofern muss man auch ein wenig aufpassen, das richtige Maß zwischen Risikobewusstsein und Risikobereitschaft zu finden. Zu glauben, man könnte jedes Risiko ausschließen, verhindert jegliche Entwicklungsmöglichkeit, insofern geht's schon um die Balance.*

Als unumgänglich erachtet **Regina Haberfellner**, dass Unternehmer mit offenen Augen durchs Berufsleben gehen, anstatt sie vor möglichen Gefahrenquellen zu verschließen oder diese schönzureden:

*Scheiter-Schemata, die sich immer wiederholen, kommen bei den Unternehmern mit einer großen Deutlichkeit hervor. „Kopf-in-den-Sand" ist so eine Strategie, eine kontraproduktive Strategie, die sehr häufig zu beobachten und sehr typisch ist. Das hat ganz elementar damit zu tun, dass nicht sein darf, was nicht sein darf. Das Problem ist einfach das Tabu. Das Thema führt dazu, dass es für die Leute auch keinen Austausch gibt, dass ihnen nicht die notwendigen Informationen zur Verfügung stehen. Sie sind ohnehin in ihren Handlungsoptionen eingeschränkt, aber sie können sich in diesen auch nicht orientieren. Und das führt dazu, dass sie das dann selbst ausblenden. Das spiegelt das gesellschaftliche Verhalten wider – die Gesellschaft blendet Scheitern aus.*

*Ich habe mich oft über die Klage geärgert, dass die Unternehmen zu spät etwas tun, zu spät zu Beratungen kommen und Ähnliches mehr. Und sie sollten doch irgendetwas tun und darüber reden. Wie sollen sie darüber reden, wenn sie auf eine Umgebung stoßen, die dann verschämt wegschaut? So geht das einfach nicht. Das ist ein Punkt, wo die gesellschaftliche Ebene stark hineinspielt. Aber was natürlich ebenfalls eine wichtige Rolle spielt, ist der Erfolgsdruck, der zum Teil auch gesellschaftlich produziert ist. Bei uns herrscht das Unternehmerbild eines erfolgreichen, dynamischen Unternehmers vor. Diese Hochglanz-Unternehmer werden uns vor Augen gehalten. Es gibt heute jede Menge Diskussionen darüber, dass Frauen darunter leiden, dass dauernd Hochglanz-Mannequins, die gar nicht echt sind, sondern retuschiert, einen solchen Druck ausüben. Das führt zu Bulimie und weiß der Himmel was alles – und im Fall des Hochglanz-Unternehmers haben wir haargenau das Gleiche. In dieser Form natürlich kommt auch der Erfolgsdruck rein. Die Leute nehmen ihn in sich selbst sehr stark auf. Jeder, der gründet, hat Erwartungen an sich. Wenn man das nicht hat, sollte man in Wahrheit nicht anfangen. Das heißt, es kommt die eigene Erfolgserwartung dazu.*

*Außerdem: Unternehmerisch zu scheitern ist etwas anderes als arbeitslos zu werden. Auch Arbeitslosigkeit war einmal viel stärker tabuisiert. Da hatten wir auch andere Rahmenbedingungen und es hat eine Zeit gedauert, bis Arbeitslosigkeit als normales gesellschaftliches Phänomen gesehen wurde. Jeder von uns kennt mittlerweile in seinem Bekanntenkreis jede Menge Leute, die Arbeitslosigkeitsphasen erlebt haben, und zwar quer durch alle Gesellschafts- oder Bildungsschichten. Da sind wir einfach lange Zeit bei den Unternehmern noch nicht so weit gewesen. Und auch die objektive Falltiefe als Unternehmer ist viel größer. Verliert man seinen Arbeitsplatz, fällt man bei weitem nicht so tief und schlägt nicht so hart auf, als wenn man mit seinem Unternehmen, seiner Gründung scheitert. In diesem Fall sind die realen Konsequenzen beängstigend.*

Wenn dieser Mut zur Unternehmensgründung, mehr noch der Mut zur zweiten Unternehmensgründung gefördert werden soll, muss die Bereitschaft bestehen, sich einzugestehen, dass der Plan schiefgehen kann. Risikobereitschaft einzufordern und diese im Gegenzug mit lebenslanger gesellschaftlicher Brandmarkung zu belohnen, kann schlichtweg nicht funktionieren. Scheitern kann passieren, in jedem Lebenslauf. Diese Einstellung ist in den USA weiter verbreitet als in Europa.

# KAPITEL 7: VORBILD USA?

*„Es gibt mehr Leute, die kapitulieren, als solche, die scheitern."*
*Henry Ford*

Laut KMU Forschung Austria waren 2005 in Österreich lediglich 5,3 Prozent der erwachsenen Bevölkerung damit beschäftigt, ein Unternehmen zu gründen, in den USA hingegen satte 12,4 Prozent. Die meisten der amerikanischen Gründer wollen eigene Ideen verwirklichen, nur die wenigsten wurden vom Arbeitsmarkt in die Selbstständigkeit gezwungen. Ein gravierender Unterschied. Das Bild verfeinert sich noch, wenn man bedenkt, dass ein Konkurs in Österreich die Chancen gegen null schlittern lässt, für den zweiten Versuch eine Bankfinanzierung zu erhalten. In den USA sieht das ganz anders aus: Unternehmer, die einmal oder sogar zweimal gescheitert sind, gelten dort als besonders erfahren. Sie haben ihre Fehler bereits gemacht und daraus gelernt. Es geht sogar so weit, dass es durchwegs üblich ist, jemanden unternehmensintern die Chance zu geben, ein Projekt in einem zweiten Versuch zum Erfolg zu führen, oder jemanden neu aufzunehmen, der oder die genau in diesem Job schon einmal gescheitert ist. In Österreich würde dieses Vorgehen höchstens Befremden hervorrufen.

> ***Burkhard Neumayer:*** *Das ist ein konkreter gesellschaftlicher Unterschied zwischen den USA und Europa: In Amerika kann Scheitern zum Erfolg gehören, damit passiert dieses gesellschaftliche Stigma nicht. Dort ist es so, dass du als Manager mit der Erfahrung eines durchgezogenen Chapter-11-Verfahrens*[59] *eher einen Job bekommst, während du bei uns viel schwieriger bis*

59 Chapter 11 ist ein Kapitel aus dem amerikanischen Insolvenzrecht (US bankruptcy code) und wird als Synonym für die Insolvenz eines Unternehmens verwendet.

*gar keine neue Verantwortung übernehmen kannst. In den USA hingegen sagt man: „Das ging schief, aber ich weiß jetzt, wie es geht." Das ist ein wichtiger gesellschaftlicher Unterschied zwischen Amerika und dem alten Europa. Es zeichnet sich ab, dass sich auch in Europa die gesellschaftliche Einstellung zum unternehmerischen Scheitern ändert, aber nicht sehr schnell. Leider!*

*Manchmal hat man das Gefühl, die Öffentlichkeit sehnt sich ins 18./19. Jahrhundert zurück: Der „anständige" insolvente Unternehmer hat damals seinen schwarzen Anzug angezogen, hat einen Abschiedsbrief geschrieben und ist dann mit der Kutsche in den Wald gefahren ...*

Die unterschiedliche Einstellung zum Scheitern im angloamerikanischen Raum lässt sich auch sprachlich festmachen: Bei „scheitern" schwingt etwas Endgültiges mit, wohingegen das englische „to fail" diese Konnotation des Zerschlagens nicht kennt. Wo gehobelt wird, fallen Späne – dieses Wissen hat sich im amerikanischen Raum durchgesetzt. „To fail" ist nicht das große Problem, das Tabu lautet „to quit" – wenn man nach dem Fall nicht wieder aufzustehen versucht. Man hat sich wieder auf die eigenen Beine zu stellen, sein Wissen mitsamt den wertvollen Erfahrungen, die man aus den Fehlern gelernt hat, zu nehmen und stetigen Schrittes weiter seines Weges zu gehen. Mit einer herzlichen Umarmung und einem „Nice try!" – keineswegs spöttisch zu verstehen, wie man als gelernter Österreicher meinen dürfte, sondern anerkennend –, wird man auf den Weg geschickt, bereit zur nächsten Herausforderung.

Ein weiterer Unterschied zum deutschsprachigen Raum: Amerikaner kehren erst vor der eigenen Tür, bevor sie Gott und der Welt die Verantwortung in die Schuhe schieben. Die eigene, individuelle Leistung ist es, die einen weiterbringen kann, und an der eigenen, individuellen Leistung liegt es, wenn man es nicht schafft. So viel Ehrlichkeit muss sein. Das ermöglicht auch ein Mehr an Lernen aus den Fehlern und bringt vielleicht jenes Quäntchen Vorsprung, um es beim nächsten Versuch doch zu schaffen. Comeback ist möglich. Der Fokus liegt auf dem Prozess des Scheiterns, wie es dazu gekommen ist, um daraus Lehren zu ziehen.

Man bemitleidet sich nicht selbst als Opfer. Es wäre widersinnig, ein Opfer zu bestärken, frohen Mutes etwas Neues anzupacken. Wir haben gelernt, als Opfer aus dem Scheitern zu gehen. Wir lassen uns bedauern und sind zur Handlungsunfähigkeit verdammt. Bei uns ruht der Fokus mit beiden Beinen fest am Resultat, den Blick vom Weg des Scheiterns abgewendet. So kann man keine Lehren ziehen und gestärkt zu neuen Ufern aufbrechen. Die Verantwortung wird mit dem Scheitern abgegeben. Eigenverantwortung lautet hingegen die amerikanische Zauberformel. Das bringt mit sich, dass der Erfolg anderer neidlos anerkannt wird – eine zutiefst protestantische Ethik. Die amerikanische Gesellschaft bekommt das Recht auf Einzigartigkeit gleichsam in die Wiege gelegt – zumindest als Lebensmotto.

Ja, auch in den USA muss man sich anstrengen, um erfolgreich zu sein. Oft hat es den Eindruck, dass man sich sogar über Gebühr anstrengen müsse, um den „American Dream" zu leben. Am laufenden Band werden Risiken eingegangen, manche gehen auf, andere nicht. Und in Summe steht Scheitern in den USA auf der Tagesordnung. Sein direkter Nachbar ist das Überwinden des Scheiterns. Scheitern birgt eine Chance für Neuanfang. Dieser Kultur des Neuanfangs ist auch **Anneliese Rohrer** bei einem USA-Aufenthalt begegnet:

> *Das ist etwas, was ich mir vor 40 Jahren, als ich ein Jahr in Amerika war, mitgenommen habe: In Amerika ist es tatsächlich so, dass Scheitern sozial nicht geächtet wird. Man kann hundertmal hinfallen, wichtig ist nur, dass man wieder aufsteht. Amerika ist das Land der zweiten Chance, auf alle Fälle. Das sieht man, wenn man es ganz konkret festmacht, im Wirtschaftsleben. Wenn bei uns eine Firma in Konkurs geht, dann – das merke ich an mir selbst – ist man verleitet zu denken: „Jetzt ist er fertig, jetzt ist er am Boden."*
>
> *Wenn man in New York innerhalb eines Jahres in dasselbe Viertel geht, wird man sehen, dass 50 bis 60 Prozent der kleinen Geschäfte verschwunden sind. Sie machen auf, sie sperren zu, sie machen auf, sie sperren zu – es gibt keine soziale Ächtung des Scheiterns, sondern jeder hat Anspruch auf seine zweite Chance, seine dritte Chance. Das ist kulturell auch interessant. Daher wird es in Amerika nie eine soziale Revolution geben, weil jeder sagt: „Ich habe meine Chance." Es gibt natürlich im amerikanischen System auch Auswüchse, z.B. der konkrete Fall der „Dekorations-*

*königin" Martha Stewart[60], die wegen Insider-Handels ins Gefängnis musste, und als sie aus dem Gefängnis entlassen wurde, war sie ein größerer Star als vorher. Das würde bei uns nicht funktionieren. Da kann man natürlich ein wenig befremdet sein.*

*Was ich mir wünsche – ich bin in diesem Sinne seit Jahrzehnten sowohl im Schreiben als auch im privaten Bereich unterwegs –, ist, dass man von diesem „Um Gottes Willen, jetzt hat er versagt, das ist jetzt das Ende der Welt!" abgeht. Das ist natürlich in einem Land wie Österreich wahnsinnig schwer, weil einer unserer nationalen Driver ist der Neid – und die Schadenfreude. Wenn sich Leute daran ergötzen: „Den hat's jetzt erwischt", dann kann man ein Umdenken schwer erzielen. Denn die Leute haben eine emotionale Befriedigung, wenn der andere scheitert. Das Scheitern des anderen hat für viele Österreicher einen emotionalen Wert, daraus bezieht der andere einen Selbstwert. Das ist grundsätzlich schlecht, weil es einem selbst auch so ergehen kann. Ich will nicht politisch werden, aber ein Teil des Erfolges von Jörg Haider[61] in den 90er-Jahren war, dass er auf andere eingehackt hat. Die Leute haben sich daran ergötzt und haben dabei völlig vergessen, dass es das nächste Mal sie treffen kann.*

*Von Thomas Muster[62] gibt es den Satz: „Es spielt keine Rolle, wie oft man hinfällt, wichtiger ist, dass man wieder aufsteht." Wenn man mit dem Scheitern anders und lockerer umgehen könnte, dann würde sich der Einzelne auch leichter tun. Denn die Härte der Sanktion, der gesellschaftlichen, sozialen Sanktion des Scheiterns kann jeden treffen. Und wenn er dann ein anderes Umfeld hätte, würde er sich auch leichter tun.*

---

60 Martha Stewart (*1941, Jersey City, USA), „Amerikas prominenteste Hausfrau", wurde bekannt, als sie regelmäßig in der „Today Show" (TV-Sendung zu Haus und Freizeit) auftrat. Sie entwickelte mehrere exklusive Produktlinien, brachte eine eigene Kollektion und eine Kochshow heraus. Ihre Firma „Martha Stewart Living Omnimedia" ist an der New Yorker Börse notiert, sie besitzt zahlreiche Immobilien, ihr Vermögen wird auf über 900 Millionen Dollar geschätzt. 2004 wurde sie wegen Meineids zu mehr als 5 Jahren Haft verurteilt. 2005 wurde ihr Leben mit Cybill Shepherd als Martha Stewart verfilmt („Martha behind bars", deutscher Titel: „Der Fall Martha S.").

61 Jörg Haider (*1950, Bad Goisern), langjähriger Bundesparteiobmann der FPÖ (Freiheitliche Partei Österreichs), seit 1999 Landeshauptmann von Kärnten, gründete 2005 das BZÖ (Bündnis Zukunft Österreich).

62 Thomas Muster (*1967, Leibnitz), erfolgreichster österreichischer Tennisspieler. 1996 Nummer 1 der Tennis-Weltrangliste, gewann mehr als 40 Turniere, u.a. die French Open 1995.

Ebenso wie in den USA jeder eine zweite oder auch dritte Chance zum Neuanfang erhält, ist es nicht ungewöhnlich, sich beruflich neu zu orientieren. Man wird für den Mut bewundert, wenn man in ein neues Berufsfeld eintritt. Bei uns wird man schief angesehen, musste **Agnes Husslein-Arco** bei ihrem Wechsel von Sotheby's in die österreichische Museumswelt erfahren:

> *Ich habe in Amerika gelebt und 20 Jahre lang für eine amerikanische Firma gearbeitet. Dort geben sie den Menschen eine viel größere Chance. Bei uns wird es zwar jetzt besser, aber bis vor kurzem war es noch üblich, in ein und demselben Beruf zu bleiben. Es wurde als erstrebenswert angesehen, sein ganzes Leben dasselbe zu tun. In Amerika heißt es, wenn jemand fünf Jahre in einer Firma war: „Do you have a problem?" Man muss verschiedene Dinge im Leben gesehen haben und den Mut haben, etwas anderes zu machen – das wird dort auch respektiert und anerkannt. Es muss jemand, der Geschichte studiert hat, nicht unbedingt ein Geschichtslehrer sein. Es geht ja beim Studium um die Bildung und das strukturierte Denken.*
>
> *Das ist in meinem Beruf genau dasselbe. In Amerika ist es seit 20 Jahren gang und gäbe, dass jemand zum Beispiel von einem Auktionshaus in ein Museum geht. Scott Schaefer[63] ist nach seinem Job bei Sotheby's Chief Curator im Getty Museum[64] geworden. Als ich, obwohl ich Kunsthistorikerin bin, von Sotheby's in ein Museum gewechselt bin, hieß es: „Darf die denn das? Wie kann man denn so etwas machen?" Also: Kunsthandel – und jetzt in ein Museum!*
>
> *Das wird auch besser werden, denn ich glaube, dass die Menschen langsam wahrnehmen, um was es wirklich geht. Aber da ist in Österreich noch ein weiter Weg zurückzulegen. In Amerika herrscht eine völlig andere Einstellung. Ich habe auch meine Kinder ein Jahr nach Amerika zur Schule geschickt, damit sie sehen, wie wichtig es den Amerikanern ist, dass sie eine gute Ausbildung haben und dass es nicht selbstverständlich ist, dass man in eine gute Schule gehen und studieren kann. Es geht eben nicht darum, zu versuchen auf einen*

---

63 Scott Schaefer ist seit 1999 „Curator of Paintings" des J. Paul Getty Museums und war vorher Senior Vice President bei Sotheby's in New York.

64 Das J. Paul Getty Museum befindet sich in Los Angeles, Kalifornien.

*festgelegten Weg zu gelangen, sondern um eine fundierte Ausbildung – was man dann daraus macht, liegt allein an einem selbst*

Ganz anders als bei uns fordern Amerikaner aktiv ihr Recht auf Veränderung ein. Auch das ist Teil des Umgangs mit Scheitern. Wer etwas Neues in Angriff nimmt, wird für seinen Mut bewundert. Dieses Recht auf Veränderung betrifft nicht nur junge Erwachsene, die mit wechselnder Ernsthaftigkeit mal dieses mal jenes versuchen, sondern zieht sich quer durch alle Generationen und Altersschichten:

**Anneliese Rohrer:** *Mein Role Model aus Amerika ist eine Professorin, die in keiner Weise gescheitert ist. Im Gegenteil, sie hatte ihren Job auf dem College und hat sich mit Mitte 50 noch einmal auf die Universität begeben und ihren Rechtsanwalt gemacht. Und jetzt mit über 60 verdient diese Frau das Geld ihres Lebens. Ja, was ist bei uns? Gehen Sie auf die Universität, da werden Sie von den Universitätsprofessoren hören, dass es ihnen wahnsinnig leid tut, dass die Studiengebühr die Anzahl der älteren Studenten drastisch um 20 Prozent gesenkt hat. Das heißt, wir haben eine Gesellschaft, die überhaupt nicht will, dass einer etwas Neues macht und von vorne anfängt.*

*Ich kenne den Fall einer Flugbegleiterin, die, als ihre Airline zugesperrt hat, Anfang 50 war. Sie geht aufs Arbeitsamt und hört dort: „Sie brauchen es überhaupt nicht versuchen. Sie haben mit Anfang 50 keine Chance." Dann hat sie die Sache selbst in die Hand genommen und hat innerhalb von drei Monaten eine Anstellung bei der Air France gehabt. Eine andere Frau, die Anfang 50 ist, sagt: „Wovon soll ich jetzt bis zu meiner Pension leben?" – die auch entsprechend ungenügend sein wird. Eine wirklich sensible Frau, wenn die eine Stunde lang am Arbeitsamt hört, sie soll sich vergraben, weil sie keine Chance mehr hat, bringt sich um.*

Doch es ist nicht alles Gold, was glänzt. Wer sich nicht genügend anstrengt, um wieder auf die Beine zu kommen, dessen Reputation ist auch im toleranten Amerika dahin. Ist Scheitern also ein rein individuelles Problem? Oder sind die Erfolgsansprüche an den Einzelnen zu hoch? Eigenverantwortung ist ein wichtiger Begriff. Eigenverantwortung ist aber genau dort besonders stark ausgeprägt, wo das soziale Netz voller Lücken ist, betont Caritaspräsident **Franz Küberl**:

*Ich teile diese Einschätzung, dass wir uns von den USA etwas abschauen sollen, weil dort Scheitern als Lernprozess gesehen wird, nur teilweise. Ich teile sie insofern, als dass ich sage: Wenn jemand auf die Nase gefallen ist und wieder aufsteht, ist das großartig. Davor soll man Respekt haben und diese Fähigkeit sollen wir uns erwerben. Und nicht immer mit dem Finger auf jene zeigen, die einmal in irgendeiner Form gestolpert sind. Auf der anderen Seite möchte ich die US-amerikanische Sozialsituation nicht deswegen als besonders originell bezeichnen. Denn wir wissen, dass es in den USA sehr reiche Gegenden gibt. Wir wissen auch, dass es in New York z.B. Gegenden gibt, die sich hinsichtlich der sozialen Situation nicht besonders von Liberia unterscheiden. Doch dass man denjenigen Respekt zollen muss, die etwas zustande bringen und nach einem Sturz wieder aufstehen – das will ich aus dem Amerikanischen gerne übernehmen.*

Scheitern und nicht mehr auf die Beine zu kommen bringt in den USA dramatische soziale und wirtschaftliche Konsequenzen mit sich, wesentlich dramatischer als in Europa. Wenn aus „to fail" „to quit" wird oder ein Wiederaufstehen nicht möglich ist, schlittert man schnell ins gesellschaftliche Out. Das ist die Kehrseite der Medaille.

Die Amerikaner haben ihren eigenen Weg gefunden, mit den widrigen Umständen der Eigenverantwortung umzugehen: Scheitern wird nach dem Überwinden zur großen Geschichte hochgespielt und so zur Legende. Die Wahrscheinlichkeit des Scheiterns im täglichen Leben wird ausgeblendet. Hauptsache, man ergreift die Chance und steht nicht untätig herum. Selbst auf die Gefahr hin, sehenden Auges die falsche Chance zu ergreifen, selbst wenn man weiß, dass die Erfolgschancen gering sind. Nichts zu tun sieht der Lebensplan nicht vor.

Die Medien führen diese Fiktion, dass man beliebig oft scheitern könne, beständig weiter. Zu sehr hängt die amerikanische Gesellschaft an ihrem American Dream und dem Pursuit of Happiness. Daher wird auch vielerorts davon gesprochen, dass Scheitern das große unterdrückte Thema Amerikas, auch dort das große Tabu der Gegenwart ist. Jeder denkt unablässig daran, keiner spricht darüber. Der eingangs erwähnten hohen Gründungsrate in den USA steht gegenüber, dass innerhalb der ersten beiden Jahre 85 Prozent der neu gegründeten Firmen Bankrott gehen. Eine Spielart des American Dream, die nicht so gerne erzählt wird.

Das große Scheitern ist somit auch in den USA möglich. Auch das Phänomen, dass einer wegen einer politischen Fehlentscheidung eines anderen den Kopf hinhalten muss, gibt es hüben wie drüben. **Walter Thirring** relativiert mit seiner Erzählung das gängige Bild, dass jeder in den USA eine zweite Chance bekäme – im Gegenteil:

> *Die andere Kultur in den USA ist: Wenn einer scheitert, ist er ein Loser, dann ist er auf alle Fälle schlecht. Dann bekommt er vielleicht gar keine Stelle mehr, weil er irgendwo ein Loser war. Zum Beispiel haben sie in Amerika auch so einen Riesenbeschleuniger*[65] *machen wollen wie in Europa bei CERN.*[66] *Das war zur gleichen Zeit wie bei CERN und die gleiche Strategie – ich war damals gerade im Direktorat von CERN und unsere Aufgabe war es zu schauen, dass dieses Projekt in Schwung kommt. Die verschiedensten Standorte waren vorgesehen – und dasselbe auch in Amerika. In Europa wollte natürlich jedes Land den Beschleuniger bekommen und es war nicht so klar, wie wir das entscheiden könnten. Genau dasselbe war in Amerika. Letztendlich haben wir den Riesenbeschleuniger im CERN gebaut.*
>
> *In Amerika wäre es logisch gewesen, den Beschleuniger im Fermilab*[67] *in der Nähe von Chicago zu situieren. Das hat schon existiert und man hätte die Infrastruktur nutzen können und sich Geld erspart. Aber dann kam der politische Einfluss zum Tragen und der Beschleuniger musste nach Texas, weil der Präsident aus Texas kam. Sie haben angefangen, das mitten auf der Wiese zu bauen. Veranschlagt waren zweieinhalb Milliarden Dollar, das war ungefähr die Größenordnung wie in Europa. Aber dann sind dort die Kosten*

---

65 Im CERN (siehe nächste Fußnote) stand 1957 der erste Teilchenbeschleuniger, die weiterhin bekannteste Forschungsanlage der Einrichtung.

66 CERN ist die Europäische Organisation für Kernforschung (die Abkürzung leitet sich vom früheren französischen Namen Conseil Européen pour la Recherche Nucléaire ab) in der Nähe der Schweizer Stadt Genf. Die Großforschungseinrichtung wurde 1954 als Europas erstes „Joint Venture" (mit nunmehr 20 Mitgliedstaaten) gegründet. Ursprünglich als Forschungseinrichtung im Bereich der Kernenergie gedacht, betreibt CERN physikalische Grundlagenforschung auf unterschiedlichen Gebieten.

67 Der Bau des Fermi National Accelerator Laboratory (kurz Fermilab, ursprünglich the National Accelerator Laboratory) wurde von der U.S. Atomic Energy Commission 1967 ratifiziert. Das Teilchenphysik-Zentrum liegt 50 km von Chicago (Illinois) entfernt und wird nun vom U.S. Department of Energy betrieben. Im Fermilab befindet sich der weltweit energiereichste Teilchenbeschleuniger.

*explodiert, und zwar deshalb, weil Präsident Reagan[68] gesagt hat: „Die amerikanische Wirtschaft ist so stark, die muss das machen." Ursprünglich war der Preis so berechnet, dass die Universitäten das selbst bauen. Aber die Wirtschaft wollte einen kolossalen Profit herausschlagen und dann wurde das ganze 4-mal so teuer, 10 Milliarden Dollar. Dann hatte man also einen Riesenbeschleuniger – das ist ein Tunnel unter der Erde, ca. 40 Kilometer im Umfang – sowohl in Amerika als auch in Europa. Der Tunnel in den USA war schon fast fertig, ein riesiges Loch war gebaut, aber die Politiker haben gesagt: „Schluss, das Projekt wird aufgegeben. Das war eine Fehlinvestition, da kann man nichts machen." Der Projektleiter, der zunächst als Star hochgejubelt worden war, stand dann plötzlich auf der Straße und bekam nicht einmal an der Universität eine Stelle. Da hat es geheißen: „Der ist ein Loser, und einen Loser kann man sich nicht leisten." Er war gebrandmarkt.*

Dass der American Dream sehr American ist, stellt man fest, wenn man als Ausländer in den USA eine Firma gründen möchte. Bekommt man von diesseits des Teiches den Eindruck, dass es sich ob der hohen Gründungsrate nur um eine Frage von wenigen Stunden handeln könne, bis man die ersten Dollar verdient, wird man schnell des Gegenteils belehrt:

***Hannes Jagerhofer:*** *Als Ausländer bist du in den USA ein Niemand, da hast du Schwierigkeitsstufe 7. Dort ist das Einzige, das zählt, die Credit History[69] – wenn du 600.000 Euro am Konto hast, bist du weniger wert als ein USA-Bürger, der für seine Frau zu Weihnachten etwas auf Kredit gekauft und über drei Jahre seine Kreditraten pünktlich zurückgezahlt hat. Dann bekommt man Punkte und kann überall hineingehen, sie hängen dir alles um den Hals und geben dir alles mit. In den USA gehen sie sicherlich sehr liberal mit diesem Firmenauf- und -zusperren um. „Chapter 11" ist dort eine durchaus gängige Situation. Ich*

---

68 Ronald Wilson Reagan (*1911, Tampico, Illinois, USA; †2004, Bel Air, Kalifornien), Schauspieler und republikanischer Politiker. Spielte bis in die frühen 1960er-Jahre in mehr als 50 Filmen. 1967–1975 Gouverneur von Kalifornien, 1981–1989 Präsident der Vereinigten Staaten.

69 Die Credit History (Kreditgeschichte) gibt Auskunft über die Zahlungsmoral eines Kreditnehmers und listet etwa auch verpasste Zahlungsfristen auf. Die Credit History wird in einen Credit Score umgerechnet, der eine Aussage über die Kreditwürdigkeit einer Person gibt.

*kenne Wayne Huizenga*[70]*, den erfolgreichsten Floridianer, der hat auch schon vier oder fünf Firmen in den Konkurs gebracht. Die sperren einfach zu, die Firma wird liquidiert und vorbei. Bei uns schaut das dann ganz anders aus. Das ist sicherlich ein großer Unterschied zu Europa.*

***Wie würden Sie Ihre Chance in Österreich einschätzen, würden Sie Ihre Firma in den Sand setzen?***

*In Österreich gibt es drei bis fünf Leute, die mich namentlich kennen, und drei bis fünf Journalisten, die darüber berichten. Und da ist die Frage, wie diese mit dir spazieren fahren oder was da passiert, wenn du hier scheiterst. In Amerika geht es rein um das Produkt, du fängst neu an, du findest Leute, die mit dir mitmachen. Da tust du dir in Amerika sicher leichter. Ich weiß nicht, wie es in Österreich ist. Wenn du einmal in Konkurs gegangen bist, darfst du ja keine Firma mehr besitzen, glaube ich. Ich weiß auch nicht, was ein Privatkonkurs überhaupt für Konsequenzen hat. Aber ich glaube vom System her, von der Akzeptanz, wenn jemand einen Konkurs hat, wird er in Österreich sicherlich mehr angeschwärzt als in Amerika.*

Wenn man sich von den USA einige Breitengrade weiter Richtung Süden bewegt, kommt man unvermittelt in einen gänzlich anderen Kulturkreis. Vielleicht kennen die Menschen im großen mittel- und südamerikanischen Raum einen besseren Umgang mit Scheitern. Vielleicht sind sie dort nicht so leistungsorientiert und besitzt Erfolg in ihrer Kultur keinen ganz so hohen Stellenwert. **Monika Kircher-Kohl** war während ihres Studiums als Entwicklungshelferin in Mexiko und hat erfahren, dass dort der Gesellschaft eine wesentlich größere Verantwortung am Scheitern zugeschrieben wird, als es bei uns der Fall ist.

***Wie geht man im mittel- und südamerikanischen Raum mit dem Scheitern um?***

70 Harry Wayne Huizenga (*1937, Evergreen Park, Illinois) is Besitzer des Football-Clubs Miami Dolphins (spielt in der Americanischen National Football League). Besaß früher auch die Florida Panthers (National Hockey League) und die Florida Marlins (Major League Baseball).

*Mexiko besteht aus vielen Kulturen, Gemeinschaften und Kulturkreisen. In den indianischen Kulturen ist das sicher etwas anderes als in der verwestlichten Großstadt, die eher die amerikanischen Muster übernimmt. In den indianischen Kulturen ist es so, dass der Individualismus weniger ausgeprägt ist und die gegenseitige Verantwortung einen höheren Stellenwert hat. Die Frage, wie erfolgreich ein Individuum ist, und umgekehrt, wie eine einzelne Person scheitert, steht nicht so im Mittelpunkt wie bei uns.*

*Über Freunde aus der Entwicklungspolitik, die lange in Paraguay waren, weiß ich, dass dort z.B. das Medizinsystem so aufgebaut ist, dass, wenn jemand krank wird, man nicht primär schaut, was er körperlich hat, sondern überlegt, was im sozialen Umfeld schlecht gelaufen ist. Und alle aus dem sozialen Umfeld tragen dazu bei, dass der Mensch wieder gesund wird. Das ist jetzt vielleicht ein Teilaspekt, aber zu scheitern und krank zu werden kann ja auch sehr eng zusammenhängen. Dort werden die anderen Dimensionen dieser negativen Energie auch gesehen – im Gegensatz zu uns. Bei uns ist das Individuum selbst daran schuld. Man fragt sehr schnell nach der Schuld und diese bleibt dann bei der Person. Aber man fragt sich nicht, welches Umfeld oder welche Organisation, Beispiel Schule, führt dazu, dass jemand scheitert. Vielleicht ist nicht nur er alleine verantwortlich, sondern es sollte sich die Umwelt ändern, damit diese Person nicht mehr scheitert.*

# KAPITEL 8: AM MEDIALEN PRANGER

*„Es ist ein großer Trost, andere dort scheitern zu sehen, wo man selbst gescheitert ist."*

*William Somerset Maugham*

Als Ausgleich dafür, dass dem Scheitern im zwischenmenschlichen Umgang so wenig Platz eingeräumt wird, ist es in den Massenmedien omnipräsent. Zu Beginn der 1990er-Jahre hat das Fernsehen, angeführt von den Privatsendern, die Faszination der Talkshow entdeckt. Das öffentliche Ausschlachten persönlichen Scheiterns wurde salonfähig, die Hemmschwelle sank mit jedem Jahr ein wenig mehr. Emotional gebeutelte Menschen lassen sich zu öffentlichen Geständnissen verführen, die sie unter anderen Umständen nicht einmal ihrem Beichtvater erzählen würden. Porzellan wird in Serie zerschlagen, Trennungen werden unter Hervorkramen der gesammelten Schmutzwäsche vollzogen. Die Gäste der Talkshows kommen vornehmlich aus den unteren sozialen Schichten und merken auf der Suche nach Anerkennung, die sie wie ihre Idole über die Medien erhalten wollen, vielfach nicht einmal, welchem Spiel sie sich unterwerfen.

Kritische Stimmen behaupten, dass es etwas Voyeuristisches hat, wie diese Menschen um Aufmerksamkeit buhlen oder wenn sie in Castingshows ihre Talente einer öffentlichen Diskussion stellen und im Wochenrhythmus um die mediale Demontage ihres Karrieretraums bangen. Wir haben **Thomas Rabitsch**, den musikalischen Leiter von „Starmania", mit der Kritik konfrontiert, dass es bei Castingshows nur darum ginge, andere scheitern zu sehen:

***Böse Zungen behaupten, bei solchen Formaten ginge es darum, andere scheitern zu sehen. Würdest du das auch so unterschreiben?***

*Ich habe jetzt etwas anderes erwartet. Ich habe erwartet: „Böse Zungen behaupten, es ginge den Fernsehsendern um die Quote." In diesem Fall braucht man keine böse Zunge sein: Natürlich geht's um die Quote und die Quote beinhaltet alle emotionalen Felder, die in einer Sendung wie Starmania passieren können, wie Friendship-Ticket oder wer aus den ganzen Reality-Shows rausgewählt wird. Natürlich will man Leute präsentieren, die unvollkommen sind, und man will dem Publikum zeigen, dass sie sich bewähren oder daran scheitern. Das ist ein Element einer Show, da kommt auch der Mitleidseffekt des Publikums dazu.*

*Wir hatten bei der ersten Staffel von Starmania einen Kandidaten, von dem alle gewusst haben, dass er nicht wirklich gut singen kann, aber er war so ein schnuckeliger, lieber Kerl, der gestottert hat. Der ist unglaublich lange in der Sendung geblieben und hat die Leute extrem polarisiert. Da gab es die einen, die gesagt haben: „Ja, was wollt ihr mit dem?", und andere: „Ja, der ist so süß. Der ist so lieb, und man sieht, wie er von Sendung zu Sendung aufblüht." Dieser Kandidat war ganz lange dabei und der Mitleidseffekt – er scheitert doch nicht und dahebt's*[71] *jetzt – bringt natürlich enormes Interesse.*

*Es kann auch sehr zynisch werden, und beim ersten Eindruck sagt man vielleicht „menschenverachtend" dazu, weil du Leute hinstellst, aber das ist im Sport genauso. Wenn einer im Sport ewig die Bronzemedaille oder den vierten Platz erreicht, und alle wissen, dass er eigentlich gut wäre. Bei einer Castingshow schickt man die Kandidaten letztlich in eine Arena wie früher die Römer die Gladiatoren. Und das Votum ist nichts anderes als Daumen hoch oder nieder.*

Die Kandidaten von Castingshows nehmen für die Zuschauer eine Stellvertreterfunktion ein. Sie wagen das, wovor man sich selbst fürchtet. Insofern sind die Medien heilsame Blitzableiter. Unvorstellbar, wenn all jene, die in ihren kühnsten Tagträumen die Welt als Popstar erobern, singend und tanzend durch die Straßen gingen.

---

71 Österreichischer Dialektausdruck für „meistern", „es schaffen"

Lange bevor Castingshows den Äther eroberten, wurde bereits in Cowboy-, Kriegs- und Heldenfilmen Scheitern bravourös überwunden. Ärzte- und Kriminalserien legten diesen Topos auf kürzere, leicht verdauliche Häppchen um. Wir haben gelernt, jene zu bewundern, die mit der DNA auf der Nadel im Heuhaufen einen Serienmörder überführen, und auch jene, die selbst bei einem Massenandrang in der Notaufnahme Sexappeal versprühend Leben retten. Für die Unterhaltungsbranche ist Scheitern unabkömmlich. Dass das Scheitern anderer uns in seinen Bann zieht, bewahrheitet sich mit jeder Dokusoap, die erfolgreich fortgeführt wird, mit jedem Internetportal, das lustige Videos von ach-so-menschlichen Missgeschicken zeigt. Man erkennt Teile von sich in den Ängsten der Protagonisten wieder, ebenso wie in den kleinen Missgeschicken aus dem Alltag anderer.

Eine andere Qualität erhält die Diskussion, wenn man Unterhaltungsformate verlässt und sich den Nachrichten oder nachrichtenähnlichen Formaten des Fernsehens zuwendet. Das Unglück mehr oder weniger prominenter Pechvögel bereitet den Zusehern ungetrübte Freude. Erfolgsgeschichten finden selten Eingang in Informationssendungen, oder sie werden über Gebühr überzeichnet, um möglichst viel Heldentum hineinzupacken. Die Gesellschaft hat ähnlich wie beim Scheitern keine realistischen Erfolgsvorbilder, an die sie sich halten kann. Stattdessen misst sie sich an überzeichneten Persönlichkeiten.

***Sophie Karmasin:*** *In den Medien werden immer Beispiele herausgepickt, die besonders schillernd sind, entweder im Negativen oder im Positiven. Die negativen werden wahrscheinlich häufiger dargestellt. Man hat den Eindruck, dass mehr Leute scheitern, als prozentuell wirklich scheitern, weil sie dann medial so aufgebaut werden. Erfolg wird wiederum aus meiner Sicht total verzerrt dargestellt. Was Erfolg ist, definieren für die meisten die Medien, und das ist in vielen Fällen nur eine sehr oberflächliche Analyse von dem, was wirklich Erfolg ist.*

*Das hat aber Rückwirkungen auf die Selbstwahrnehmung der eigenen Leistung, das ist immer eine Referenz. Ich kann mich ja nur an meinem unmittelbaren sozialen Umfeld und am medialen Bild messen. Je nachdem, wie stark dieses soziale Umfeld ist oder aus welcher Gruppe es kommt, kann ich mich da einordnen. Ich kann mich immer nur „in Relation zu" messen, je nachdem, wo ich festsetze, wer ich gern sein möchte.*

Einerseits kann man die Medien nicht so einfach aus ihrer Verantwortung entlassen, dass sie bestehende Stereotype künstlich am Leben erhalten. Aber postwendend kommt das Argument, dass überzogene Erfolgsgeschichten gleich wie ausgeschlachtete Geschichten über das Scheitern von den Konsumenten nun mal erwartet werden. Was kam zuerst: die Henne oder das Ei? Auch **Anneliese Rohrer**, selbst über dreißig Jahre als Journalistin im Tageszeitungsgeschäft tätig, kennt diese mediale Gier nach Sensation und Häme sehr gut:

> *Medien sind sicher ein Verstärker. Ich war in dem „konservativen" Umfeld bei der Tageszeitung Die Presse mit meiner Einstellung „Herrschaften, jeder braucht eine zweite Chance" völlig allein. Die Medien verstärken natürlich, denn sie wissen, dass sich die Mehrheit der Leute daran ergötzt. Das müsste man ausrotten, dass sich die Leute am Scheitern anderer ergötzen können. Oder man bräuchte eine Medienlandschaft, die sagt: „O.k., gut so! Was machst du jetzt als nächstes? Und wie bringst du dich wieder auf die Füße?" Aber dem ist nicht so. Da können Sie auch mit den Leuten in der Medienbranche reden.*

Diese Art der Medienöffentlichkeit spiegelt die stark ausgeprägte Neidgesellschaft in Österreich wider. Wer oben ist, hat es sich gerichtet, wer hinunterfällt, hat es nicht anders verdient, und selbst wäre man zu etwas viel Höherem berufen. Es bedarf einer recht dicken Haut, wenn man einen journalistischen Seitenhieb ohne Kratzer wegsteckt. Der Eventmanager **Hannes Jagerhofer** dürfte mit entsprechenden Airbags ausgestattet sein. Angesprochen auf einen Artikel im Wirschaftsmagazin „profil"[72], der ihn als gescheiterten Unternehmer präsentiert, antwortet er recht differenziert:

> *Himmelbauer hat uns nicht als gescheitertes Unternehmen präsentiert, sondern vielmehr versucht, unser schwieriges Jahr 2005 in seinem Artikel darzustellen. Nachdem ich aufgrund eines Hubschrauberunglücks mein amerikanisches Unternehmen helicoptershuttle.com schließen musste, war dies – wie sich jeder vorstellen kann – keine angenehme Zeit für uns; zumal ich dabei einen sehr guten Freund verloren habe und wir unschuldig zum Handkuss gekommen sind. Klar schmerzt es, wenn zwei Jahre*

72 Himmelbauer, Martin: „Der Unentwegte", in: profil Nr. 48, 30.07. 2007.

*später wieder Salz in offene Wunden gestreut wird, aber mit dieser Situation muss man, wenn man in der Öffentlichkeit steht, umzugehen lernen. Gerade solche Artikel über den Misserfolg, in die Journalisten dann solche Sachen hineinschreiben – da geht's ja darum, dass entweder jemand schlecht oder gar nicht recherchiert hat oder persönlich ein Problem mit einem hat.*

*Das ist nicht nur bei Journalisten so, dasselbe gilt für den Nachbarn ebenso wie für den Geschäftspartner. Das ist in Österreich anders als in den Vereinigten Staaten. Wenn du dort z.B. mit einem Ferrari vorfährst, bist du ein cooler Typ. Und bei uns entsteht die Neidgesellschaft.*

*Aber was ich sagen will: Es obliegt Gott sei Dank noch mir, ob ich das als Scheitern für mich sehe oder nicht. Wenn der Journalist*[73] *das als Scheitern sieht, dann ist das sein gutes Recht. Das kann jeder interpretieren, wie er will. Nur ich sehe es so, wie ich es sehe, und irgendwann habe ich auch gesagt, wie ich es sehe. Und ja: Von 50 Dingen, die ich probiert habe, sind wahrscheinlich vier oder fünf aufgegangen. Da wäre ich 45-mal gescheitert, und wenn man noch die Relationen bewertet, müsste ich aufhören. Aber nachdem ich selbst noch immer erfolgreich bin und es mich und die Agentur seit über 17 Jahren gibt, muss das irgendeinen Grund haben.*

*Es gibt unterschiedliche Menschen, solche die sich mit dir freuen, wenn du Erfolg hast, aber generell herrscht sicher diese Neidgesellschaft vor. In Amerika gibt es diese Neidgesellschaft auch, nur sind es dort vielleicht 5 oder 7 Prozent, und bei uns ist es ein viel höherer Prozentsatz. Aber stell dir vor, was du für ein armer Hund wärst, wenn dein Leben nur darauf ausgerichtet ist, dass du dich freust, wenn andere ein Problem haben. Wie weh dir das tun muss, wenn jemand erfolgreich ist. Das ist ja auch ein erbärmliches Leben. Dem geht es ja viel schlechter, weil er täglich wegen irgendwelchen good News, die er von dir hört, leiden muss. Und wenn einer dann lange Zeit keine bad News hört, dann ist das ja furchtbar. Also, ich möchte nicht in dieser Situation sein. Da musst du ja verrückt werden, wenn du die Leute nur beobachtest und dich über jeden Erfolg eines anderen ärgerst.*

---

73 Anmerkung: Gemeint ist der Profil-Journalist Martin Himmelbauer.

Die einen nennen es Reflexionsfähigkeit, andere sagen dazu Abgehobenheit, wieder andere bezeichnen es als Stolz, wenn man so auf einen negativen Medienbericht reagiert. Je nachdem, wie ausgeprägt der eigene Neid ist. **Werner Mück**, langjähriger leitender ORF-Redakteur, der dank seiner unverblümten Art selbst „Opfer" einer versuchten öffentlichen Demontage wurde (mehr dazu später), sieht neben dem Neid das Nicht-Schuld-Bekennen und die Ausschlachtung der Opferrolle als typisch österreichische Eigenschaften:

> *Prinzipiell sind die Österreicher im Umgang mit dem Scheitern immer ein bisschen wehleidig. Das ist eine Eigenheit, die wir halt haben. Das liegt schon in der Nähe des Raunzens. Man ist immer gleich Opfer und selten Täter. Das ist etwas, das ich für mich selbst im Griff zu haben versuche. Ich war ganz selten Opfer und war sehr oft Täter.*
>
> *Ich wundere mich auch nicht, dass der eine oder die andere geglaubt hat, sich gegen etwas einsetzen zu müssen. Aber das gehört mit dazu, wenn man Konflikte gerne austrägt, ihnen nicht aus dem Weg geht, wenn man nach dem Spruch lebt: „Hör ich Schlachtenlärm, nichts wie Pferde satteln und hin." Dann darf man sich nicht wundern, wenn man bei der einen oder anderen Schlacht seine Schäden abbekommt.*
>
> *Das Leben des Angepassten, das Leben des um jeden Preis Konsensorientierten, das ist auch eine Frage des Naturells. Nicht nur der Überzeugung, sondern auch eine Frage des Naturells. Wenn man dieses Naturell hat, dann muss man damit leben. Und man lebt damit gar nicht schlecht, wenn man sagt: Gut, viele Auseinandersetzungen habe ich gerne geführt, einige davon habe ich selbst losgetreten, andere habe ich gerne zum Anlass genommen, auch Positionen zu beziehen. Das sorgt auch für Widerstand und manchmal auch für Feindschaft – und das gehört dazu. Daher trage ich auch fast niemandem etwas nach, außer jenen, die wissentlich, vorsätzlich gelogen haben, solche gab's auch. Denen trage ich diesen schweren Charakterfehler nach, dass sie sich nicht an die Wahrheit halten wollten und mich vorsätzlich diffamiert haben, weil mir mit Argumenten nicht beizukommen war.*

Menschen, die in der Opferrolle verharren, ist **Barbara Stöckl** durch ihre Arbeit zu „Help TV" oft begegnet. Sie hat sowohl jenen Typ Mensch kennen gelernt, der seine Opferrolle in voller Länge auskostet, als auch den anderen, der durch das Scheitern gewachsen ist. Gleichzeitig macht sie deutlich, dass Sendungsformate wie „Help TV" ohne die Darstellung von Scheitern nicht existieren würden. Es ist, wie bei vielem, eine Frage der Form, die dem Inhalt den Segen gibt:

> *Man kann nicht sagen, dass man sich nur aus eigener Kraft aus dem Scheitern herausziehen kann. Es kommt natürlich auf die Situation an. Durch meine Arbeit bei „Help TV" habe ich mit Menschen zu tun, die aufgrund unterschiedlichster Notlagen oder Schicksalsschläge ihr Leben durchaus als gescheitert begreifen würden. Dennoch würde ich nie sagen, dass sie da nur allein herauskommen. Dann gäbe es keine Sozialpolitik, keine Hilfsorganisationen, keine NGOs. Dann wären Werte wie Mitgefühl, Mitmenschlichkeit, Nächstenliebe oder Solidarität nicht so wichtige Fundamente unseres Lebens.*
>
> *Ich glaube aber schon, dass die Sozialpolitik, wie sie derzeit gesehen wird, schon auch dazu angetan ist, den Menschen den eigenen Anteil oft nicht sehr ersichtlich zu machen.*
>
> *Man muss den Menschen auch klarmachen, dass sie aktiv werden müssen und dass das Sinn macht! Dass sie etwas erreichen können und dabei unterstützt werden. Das, was wir oft fälschlich als „soziale Hängematte" bezeichnen, ist eine emotionale Hängematte. Manche Menschen wollen aus ihrer Opferrolle gar nicht mehr heraus. Sie sehen sich als Opfer der Umstände, der Politik, der Familie, der anderen – und wollen nicht begreifen, was ihr eigener Anteil daran ist oder was sie auch bei sich ändern müssen, damit es anders geht. Gute Sozialarbeiter, oder auch Psychotherapeuten, haben die Aufgabe, Menschen, die sich als Opfer fühlen, an diese Erkenntnis heranzuführen. Du bist gescheitert. Aber jetzt mach was. Und ich helfe dir dabei. Ich habe da bei meiner Arbeit für „Help TV" die abenteuerlichsten Sachen erlebt. Da rufen dich Leute an, hängen dir ihre Sorgen um und delegieren dann, was jetzt zu tun sei: „Frau Stöckl, sie müssen jetzt dort und dort anrufen, bei diesem Amt und jener Behörde und da wäre noch bitte das." Ich habe dann ganz klar gesagt: „Ich muss überhaupt nicht anrufen! SIE müssen anrufen, das ist schon IHR Problem! Wenn Sie nicht mehr weiterkommen, ungerecht behandelt werden, Ihnen Böswilliges widerfährt, dann gibt es entsprechende Möglichkeiten der Hilfe und Unterstützung, Ombudsmänner, Selbsthilfegruppen, Amtshilfen und auch uns." Hilfe*

*und Selbsthilfe sind Bereiche, die sich sehr stark vermischen, und man kann die Selbsthilfe nicht stark genug betonen. Und da ist man wieder beim Scheitern. Bei einem Gutteil der Probleme oder der Themen, die ein persönliches Scheitern bedeuten, egal, ob beruflich oder privat, kann man sich sogar nur selbst am Schopf nehmen und rausholen.*

***Ist es auch eine Frage der Bildung, wenn Leute nicht mit dem Scheitern umgehen können?***

*Das glaube ich nicht. Es ist sogar oft so, dass Menschen, die aus einer sehr schwachen sozialen Schicht kommen, viel bessere Strategien haben, um mit Scheitern umzugehen, als gut Gebildete. Weil sie in der Selbstreflexion nicht verharren, sondern manchmal aus existenzieller Not handeln. Auf gut Deutsch: Die haben keine Zeit, übers Scheitern nachzudenken. Das Scheitern an sich hat sicher eine Bildungskomponente: Wer die bessere Bildung hat, hat die besseren Chancen, in jeder Hinsicht. Auch die besseren Chancen, nicht zu scheitern. Es ist aber sehr wohl abhängig von dem großen Tabu in unserer Gesellschaft und sehr stark davon abhängig, dass wir in einer leistungs- und erfolgsorientierten Welt leben, wo Scheitern tabuisiert wird und negativ behaftet ist. Wer gibt schon zu, dass er gescheitert ist, und wenn, dann lieber ganz leise …*

*Erst rückblickend wird Scheitern und die Bewältigung dieser Erfahrung positiv bewertet. Solange man drinnen steht, ist es nur furchtbar. Aber rückblickend sind es jene Erfahrungen, wo ich an etwas gescheitert bin, die mich weitergebracht haben, und zwar in wesentlich größerem Maße als die Erfolgsmomente.*

*Ich denke mir, dass es natürlich ganz viel mit unserer Leistungs- und auch der Mediengesellschaft zu tun hat. Wo sehen wir klassisches Scheitern? Zum Beispiel im Spitzensport. Ich glaube, dass für Hermann Maier*[74] *der schwere Motorradunfall und das, was er in Folge alles durchmachen musste, in der persönlichen Entwicklung, möglicherweise*

74 Hermann Maier (*1972, Altenmarkt/Pongau), erfolgreicher österreichischer Skirennläufer (u.a. dreimal Weltmeister, zweimal Olympiasieger). Im August 2001 verletzte er sich bei einem Motorradunfall schwer. Seine Rückkehr in den Skizirkus war ungewiss. 2003 feierte Hermann Maier ein fulminantes Ski-Comeback.

*auch in der sportlichen Entwicklung, wertvoller war als ein Olympiasieg. Aber so wird es nicht betrachtet und so bekommen wir das nicht präsentiert, dass auch über die Kraft des Scheiterns gesprochen wird. Wenn einer Platz 4 bis Platz 63 hat, sind die Kameras nicht auf ihn gerichtet. Wobei er vielleicht mehr zu erzählen hätte als der Sieger.*

*In der Wissenschaft geht ohne Scheitern gar nix. Wenn die nicht ständig scheitern würden, würden sie ja nichts erfinden, auf nichts draufkommen! Auch die ganze Literatur lebt vom Scheitern, im Mittelpunkt literarischer Betrachtungen stehen immer Mangelwesen, sonst kannst du eine Geschichte überhaupt nicht spannend erzählen.*

**Was passiert, wenn doch einmal etwas schiefgeht?**

*Wir haben immer den Eindruck, dass alle alles ganz perfekt haben wollen. Vielleicht ist das nur ein großer Irrtum. Vielleicht wollen sie es gar nicht so perfekt haben. Vielleicht hat man eine sehr große Sympathie mit dem Scheitern und dem Gescheiterten. Weil es einen so menschlich macht und man sich so stark damit identifizieren kann. Also, das Scheitern an sich bietet ein sehr großes Identifikationspotenzial. Und deshalb ist die mediale Darstellung desselben immer wieder attraktiv. Das ist dann eine unheimliche Kraft. Ich würde Menschen, die nicht schon einmal gescheitert sind, nicht in meine Sendung einladen, weil sie nichts zu erzählen haben. Die verfügen oft über eine menschliche Größe, bei der ich mich daneben oft sehr klein fühle. Da geht so eine gewisse Lebensweisheit mit einher, wo man nicht weiß, ob das im Alltag auch wirklich so umgesetzt werden kann, aber wo Menschen, die eine Situation des Scheiterns bewältigt haben, daraus gewachsen sind – man hat jedenfalls das Gefühl, dass sie daran wahnsinnig groß geworden sind.*

*Menschen, die ein Scheitern in ihrer Karriere haben, sind vielleicht auch weniger beeindruckbar vom Erfolgsstreben anderer. Du weißt dann, was wichtig ist. Oder glaubst es wenigstens zu wissen.*

## 8.1 POLITIKER HABEN ES NICHT LEICHT

*„Tatsachen stehen in der Politik nicht hoch im Kurs. Selbst hartnäckige Misserfolge gelten noch als Beweis für die Richtigkeit der Theorie."*

*Helmar Nahr*

Denkt man an Politikerinnen und Politiker, die scheitern, so kommen einem zu allererst Koalitionsverhandlungen, die im letzten Moment platzen, in den Sinn. Oder die große Gesetzesreform, die letztendlich zum Reförmchen zusammenkoaliert wird. Oder Minister, die für die Fehler anderer den Kopf hinhalten müssen. Es gibt auch erfolgreiche Politiker, die erst eine Menge Rückschläge einstecken mussten, bevor sie im Lichte der Öffentlichkeit Erfolge feiern konnten. Kaum jemand hätte in den 1970ern zu behaupten gewagt, dass Helmut Kohl[75], der wiederholte Male an der Konkurrenz aus der eigenen Partei scheiterte, es einmal zum deutschen Bundeskanzler bringen würde. Als er kurz vor dem Mauerfall in Berlin 1989 ausgebuht wurde, war noch keine Rede vom „Wiedervereinigungskanzler Kohl".

Eine über weite Strecken unglückliche Vernunftehe führen Politiker und Journalisten. Politiker stehen ab einer gewissen Position permanent im Rampenlicht – und sie brauchen es. Die Medien bringen ihre Politik zu den Menschen, die sie gewählt haben, und zu denen, die sie als Wähler gewinnen wollen. Die Legitimation ihres Tuns holen sich Politiker aus der Öffentlichkeit. Der ehemalige Finanzminister **Rudolf Edlinger** erinnert sich, dass die Rolle der Medien für ihn als Politiker nicht unumstritten war:

---

75 Helmut Josef Michael Kohl (*1930, Ludwigshafen am Rhein), CDU-Politiker, 1982 bis 1998 Bundeskanzler der Bundesrepublik Deutschland. Kohl gilt als „Wiedervereinigungskanzler", da er die deutsche Wiedervereinigung maßgeblich mitgestaltete.

*Nicht nur, aber auch für Politiker gilt die Frage: Scheitert man tatsächlich oder scheitert man in der öffentlichen Einschätzung. Da spielen die Medien eine große Rolle. Ich habe nicht selten Zeitungen gelesen, die über irgendetwas berichtet haben, was ich am Vortag angeblich gesagt hatte, und da habe mir gedacht: „Bei dieser Pressekonferenz warst du aber nicht." Die subjektiven Interpretationen der Zeitungen sind gewaltig, wobei sie abgestuft sind. Die Zeitungen, allen voran der Boulevard, brauchen den Aufhänger. Wenn heute auf der Mariahilfer Straße[76] ein Hund einen Rentner beißt, ist das nichts, wenn der Rentner den Hund beißt, ist das Seite 1. Und dann gibt es Zeitungen, die lagergerichtet sind, das ist beispielsweise die eher meldungsorientierte Zeitung, und dann gibt es die eindeutig industrieorientierte und damit auch politisch einzuordnende Zeitung. Und wenn Sie das vergleichen – in der Mitte wird's meistens stimmen.*

Die Schnelllebigkeit der Medien fordert auch von Politikern eine gewisse Reaktionsgeschwindigkeit. Für rationale Überlegungen und das sprichwörtliche „einmal drüber schlafen" reicht die Zeit nicht immer. So hat etwa **Monika Kircher-Kohl** als Vizebürgermeisterin der Kärntner Stadt Villach schmerzlich vermisst, dass in der Politik für Ursachenfindung und Lösungssuche keine Zeit bleibt:

*Einer der Unterschiede zwischen Wirtschaft und Politik ist die Frage der Fehlerkultur und Fehlertoleranz. Ich finde es im Grunde schade, dass dieser befreiende Umgang mit Fehlern oder auch dann mit dem offenen Bekenntnis weiterlernen zu wollen und sich weiterentwickeln zu können in der Politik zu kurz kommt. Es ist immer eine Frage des Marketings: Es darf nichts Besseres geben und es darf kein einziger Fehler zugegeben werden. Das schränkt unheimlich ein und die Leute spüren trotzdem, dass es nicht so ist. Das finde ich schade.*

***Gab es während Ihrer Zeit als Vizebürgermeisterin von Villach von Seiten der Medien im Umgang mit Ihnen für Fehler Verständnis?***

*Wie so vieles, ist auch das eine Frage des gewachsenen Vertrauens, doch diese Zeit hat man in der Politik oft nicht. Die Medien beur-*

76 Eine beliebte Einkaufsstraße in Wien

*teilen einen vom ersten Tag an. Und ob das Bild jetzt fair ist oder nicht, ob man selbst schon in der Position so gereift ist, dass man sie ausfüllt und danach beurteilt wird – diese Spielregeln, die es in der Privatwirtschaft gibt, gibt es in der Politik nicht. Man kann das Pech haben, am ersten Tag ein unlösbares Problem auf den Tisch zu bekommen, an dem schon fünf andere gescheitert sind. Und man kann das Glück haben, durch Zufälle einen Vertrauensvorschuss zu bekommen, den man sich gar nicht selbst erarbeitet hat. Das heißt, in der Politik entsteht ein sehr oberflächliches Konstrukt. Das führt auch dazu, dass man verleitet ist, selbst die Dinge nicht mehr differenziert zu transportieren, weil die Zeit zu kurz ist und weil der Mitbewerb in jede kleinste Schwäche sofort vorstößt, wobei die Konsequenz dann letztlich auch eine künstliche ist. Wenn jemandem in der Wirtschaft ein größerer Fehler passiert, ist die Konsequenz oft viel dramatischer, für sich selbst und die Mitarbeiter.*

***Erhöht das Wissen, dass sozusagen jede Handlung, die man setzt, vor den Augen der Öffentlichkeit passiert, die Angst zu scheitern?***

*Natürlich war die Angst zu versagen auch da. Ich habe mir nicht nur einmal die Frage gestellt: „Bin ich überhaupt geeignet, kann ich mir das selbst zutrauen, bin ich in der Lage, diese Funktion auszufüllen?" Vielleicht eben dadurch, dass ich mir diese Fragen oft gestellt und auch im Freundeskreis, durchaus kontroversiell, diskutiert habe, habe ich eine Form gefunden, diese Funktion auszufüllen, die inhaltlich o.k. war und mir als Person auch entsprochen hat. Wobei diese starke Öffentlichkeit durchaus eine Belastung war, weil ich eher ein schüchterner Mensch war, und ein Stück Allgemeingut zu werden, war nicht immer einfach.*

Es wäre zu einfach, den Medien den Schwarzen Peter zuzuschieben. Politik, Medien und die (politikinteressierte) Öffentlichkeit haben sich zu einer verhängnisvollen Ménage-à-trois zusammengetan. Die Medien suchen den möglichst spannenden Aufhänger, den die breite Masse wiederum lesen möchte – weil sie es so gelernt hat –, und Politiker suchen das Licht der Öffentlichkeit, das Rampenlicht in seiner positivsten Form. Schuld am Scheitern sind daher schnell einmal die Umstände oder die anderen. Authentisch wirkt Politik schon lange nicht mehr. Nicht umsonst wird zu Wahlzeiten regelmäßig der Einfluss der Spindoktoren, die aus Menschen aalglatte Programme machen, diskutiert.

Es gibt wenige Berufe, die mit Berufung gleichgesetzt werden: Neben dem Pfarrer sind es noch Mediziner, Lehrer und Politiker, von denen man annimmt, dass sie aus innerster Überzeugung heraus ihrer Arbeit nachgehen. Dementsprechend schwierig kann sich der Ausstieg aus der Politik gestalten. Keine zwei Monate nach einem Regierungswechsel berichtet das erste Magazin Seiten füllend darüber, welche ehemaligen Minister und Staatssekretäre noch keinen neuen Job gefunden hätten. Dass Politik Managementqualitäten voraussetzt, wird nicht genügend anerkannt und erschwert den Umstieg. Dass der Schritt aus der Politik zurück in die Wirtschaft so nahe beim Scheitern angesiedelt ist, verwundert auch **Monika Kircher-Kohl**:

> *Ich habe mich klar entschieden, rechtzeitig wieder aus der Politik den Schritt zurück in die Wirtschaft zu machen, und wollte mich eigentlich selbstständig machen, weil ich nicht abhängig werden wollte. Ich war der Meinung, es ist besser, 10 Jahre mit vollster Kraft in der Politik tätig zu sein und anschließend diese gesellschaftspolitische Einstellung weiterzuleben.*
>
> *Aus der hauptberuflichen Politik wieder hinauszugehen, ist zum Beispiel etwas, das eigentlich normal sein sollte – und da sollte es beginnen, das sollte schon mal nicht als Scheitern gesehen werden. Es war auch bei mir nicht so. Erfreulicherweise haben mir die Leute eher nachgeweint. Aber das Risiko besteht, dass, wenn jemand nicht lebenslang Politik macht, ein Scheitern zumindest vermutet wird. „Da wird schon irgendetwas gewesen sein, sonst wäre sie ja nicht mit so einem Erfolg gegangen." Oder es hat den Negativnimbus: „Ein Expolitiker, das ist jemand, der es sich gerichtet und irrsinnige Vorteile hat."*
>
> *Dabei: Wenn man Politik als professionelle Arbeit sieht, ist das Aussteigen etwas ganz Normales. Doch diese Vermischung ist oft das Problem, einerseits wird es immer noch als Berufung und als Verwirklichung von Zielen gesehen – was ja auch richtig ist. Aber auf der anderen Seite ist Politik heute, wenn man es hauptberuflich macht, ein sehr professioneller, hoch komplexer Job. Es ist wichtig, das auch so anzuerkennen und zu sehen.*

**Erhard Busek** blickt trotz seiner langen und erfolgreichen politischen Karriere (ehemaliger Vizekanzler, in Wien Vizebürgermeister und Landeshauptmannstellvertreter, auf Bundesebene Wissenschaftsminister und wenige Monate Unterrichtsminister) auf einen wahren Scheiterkanon zurück:

> *Ah ja, ich bin mehrere Male gescheitert. Ich bin gescheitert in der Veränderung der Wiener Volkspartei: Alles das, was ich neu hinzugebracht habe, ist dann, als die Wahlergebnisse nach mir schlechter geworden sind, wieder entfernt worden. Jene, die die eigentlich altmodische Partei – eine zu sture, zu strukturkonservative Partei – dargestellt haben, sind übrig geblieben. Da sind halt die Falschen übrig geblieben. Ich habe immer schon gesagt: Das Problem jeder Partei ist der Mittelbau. Denn wer vorne ist, verliert halt einmal und ist weg. Die hinten sind, fliegen raus, weil man die Mandate nicht mehr hat. Die wirklich immer dort sitzen, sind die Mittelbauer. Und dann behaupten sie, sie hätten Recht gehabt, dabei haben sie nur eine geringere Risikoquote. Trotz der Erfolge und verglichen mit dem, was heute in der ÖVP ist, würde ich das subjektiv gesehen als ein Scheitern betrachten. Ich habe es auch damals als Scheitern empfunden. Denn das Umformen ist mir nicht geglückt. Mir sind ein paar neue Akzente in der Politik geglückt. Ich glaube, ich habe auch in der Wiener Kommunalpolitik Spuren hinterlassen. Ich bin aber gewissermaßen gescheitert, es generell zu vermitteln.*
>
> *Ich glaube, als Wissenschaftsminister bin ich nicht gescheitert. Einiges an der Universitätsreform hätte zwar besser und rascher gehen können, aber Scheitern ist hier zu kategorisch gesagt. Als Unterrichtsminister bin ich hingegen sehr wohl gescheitert. Aber das würde wahrscheinlich jedem Unterrichtsminister so gehen, und ich wünsche Ministerin Schmied[77] viel Erfolg, denn ihr Scheitern ist absehbar.*
>
> *Ich denke, das wäre es eigentlich. Nein, ich bin dann noch in der österreichischen Innenpolitik daran gescheitert, nach meinem Ausscheiden aus den Regierungsparteifunktionen irgendeinen Platz zu bekommen, wo ich sinnvoll etwas hätte weiter tun können. Das war mein erfolgreichstes Scheitern, ich bin glücklich darüber, da gescheitert zu sein. Weil ich mir daraufhin eine Tätigkeit gesucht habe, wo ich bislang nicht gescheitert bin.*

---

77 Claudia Schmied (*1959, Wien), SPÖ, seit 2007 Ministerin für Unterricht, Kunst und Kultur.

*Wie haben Sie diesen Moment erlebt?*

> *Ich habe den Moment rational und emotional erlebt. Rational habe ich einige Freunde nicht verstanden. Das schließt meinen Nachfolger ein, der – nach Jahrzehnten vorher – ein persönlicher Freund von mir war. Emotional habe ich mich dann entschieden auszuscheiden und war froh darüber. Das war sozusagen ein Befreiungsschlag. Ich habe gewusst, dass ich etwas Neues anfangen muss. Und dann habe ich eigentlich irrsinniges Glück gehabt.*
>
> *In dieser Zeit habe ich auch eine sehr interessante Erfahrung gemacht: Ich habe geglaubt, dass die Zahl derer, die mich noch freundlich grüßen werden, sehr gering sein wird – ich habe die umgekehrte Erfahrung gemacht. Ich bin draufgekommen, dass ich letztlich viel mehr Freunde habe. Ich habe mich dann selbst kritisiert, dass ich zu skeptisch, zu kritisch gewesen bin.*

**Erhard Busek** hat am eigenen Leib erfahren, was es bedeutet, auf das politische Abstellgleis verfrachtet zu werden. Diese Erfahrung ist **Rudolf Edlinger** erspart geblieben. Er sieht es als großen Vorteil, dass das Ende seiner politischen Karriere als Minister mit dem Ende seiner Erwerbstätigkeit zusammengefallen ist. Auch er kennt das Gemunkel hinter vorgehaltener Hand:

> *Wenn ein Politiker scheitert und außerdem seine Freunde nicht mehr am Ruder sind, dann hat er ein Problem. Sind seine Freunde noch am Ruder und er erhält wieder eine Position, die er auch beherrscht, dann sagen alle anderen: „Der hat das nur bekommen, weil seine Freunde weiterhin am Ruder sind."*
>
> *In Amerika existiert eine völlig andere Einstellung. Ich wundere mich auch immer wieder, aber wenn heute Bill Clinton[78], der noch dazu der anderen Partei angehört als George W. Bush[79], im Auftrag der Regierung irgendwohin fährt, ist das fast so, als*

---

78 William Jefferson Clinton (*1946, Hope, Arkansas als William Jefferson Blythe III.), demokratischer Politiker, 1993–2001 Präsident der Vereinigten Staaten.

79 George Walker Bush (*1946, New Haven, Connecticut), republikanischer Politiker, seit 2004 Präsident der Vereinigten Staaten.

*käme der Präsident persönlich. In Österreich wäre das völlig undenkbar. Können Sie sich vorstellen, dass der Herr Schüssel*[80] *den Herrn Klima*[81] *irgendwohin geschickt hätte? Oder der Herr Gusenbauer*[82] *den Herrn Schüssel? Völlig ausgeschlossen. Das ist bei uns anders. Aber das gilt nicht nur für Österreich, das ist in ganz Europa so.*

*Ein nicht mehr gewählter Politiker ist in Amerika eine angesehene Persönlichkeit. Ob er Senator war oder Altpräsident, er wird sogar im politischen Leben als außerordentlicher Botschafter für besonders heikle Missionen eingesetzt. In Österreich muss ein nicht mehr gewählter Bundeskanzler*[83] *nach Südamerika auswandern, damit er eine relevante Chance bekommt. Ich war Gott sei Dank schon pensionsreif. Wenn ich 50 gewesen wäre, hätte ich mir unter Umständen überlegt: Was machst du eigentlich?*

Nicht nur die Medien bergen ein breites Scheiterfeld für politisch aktive Menschen. Begibt man sich in den Nahbereich der Politik, etwa in Gremien, die von Politikern und Fachexperten gemeinsam besetzt werden, eröffnen sich gerade für die Externen ungeahnte Möglichkeiten, ungeschriebene Gesetze zu missachten. Die Gesetzmäßigkeiten in solchen Gremien sind den politischen Spielregeln recht ähnlich. Wenn man diese Spielregeln missachtet – ob nun absichtlich, aus strategischen Überlegungen oder aus Unkenntnis –, scheitert man schnell und hart. Diese Erfahrung machte die Vizepräsidentin der Wiener Polizei, **Michaela Pfeifenberger**, die als Expertin für den Österreichkonvent die neue österreichische Bundesverfassung mitgestaltet:

*Wo ich in letzter Zeit das Gefühl hatte, dass ich gescheitert bin, ist im Rahmen des Österreichkonvents, wo es darum ging, eine neue Bundesverfassung für Österreich zu gestalten. Ich war im Expertenteam, Themenbereich Sicherheitsbehörden, und habe*

80 Wolfgang Schüssel (*1945, Wien), Klubobmann der ÖVP, 2000–2007 Bundeskanzler.

81 Viktor Klima (*1947, Schwechat), 1997–2000 Bundeskanzler und Parteivorsitzender der SPÖ, seit 2007 Leiter von Volkswagen für Südamerika.

82 Alfred Gusenbauer (*1960, St. Pölten), Parteivorsitzender der SPÖ, seit 2007 Bundeskanzler.

83 Gemeint ist Viktor Klima.

*mit Kollegen wirklich ein wunderbares Konzept mit dem Vorbild Wien ausgearbeitet. Ich dachte: „Das funktioniert! Es spart, es wird einfacher, es wird transparent, du hast einfache Hierarchien. Da muss doch jeder Ja sagen." Aber nein, natürlich gescheitert, und zwar politisch. Die einen wollen das, die anderen das. Ich habe mich dann geärgert: „Wie kann man sich nur einbilden, dass ich, Frau Pfeifenberger, es schaffe, ein großes, neues Werk und eine neue Struktur zu schaffen." Also komplett eingefahren.*

*Es war vielleicht noch zu wenig Kompromiss, oder auch der Zugang: Ich mache etwas, das funktioniert, das schlank und sparsam ist. Und nur in dem Glauben, dass allein das das Ausschlaggebende ist und dass die zwei Großparteien sagen werden: „Ja, das ist gescheit und daher machen wir das", das war der falsche Zugang, das war zu blauäugig. Es ist nicht ganz gegessen, aber dadurch, dass ich ungeduldig bin und natürlich alles sofort funktionieren muss, fühle ich mich gescheitert.*

Was sachpolitisch sinnvoll und richtig sein mag, kann aufgrund irgendwelcher Befindlichkeiten politisch nicht umsetzbar sein. Nur – diese Befindlichkeiten lassen sich für jemanden, der nicht im System ist, nicht erkennen. So scheiterte Michaela Pfeifenberger, die bei einem der wichtigsten Zukunftsthemen der letzten Regierung vernünftige Ideen eingebracht hat, am politischen Umfeld.

## 8.2 TOPMANAGER AUCH NICHT

*„Beim gesellschaftlichen Aufstieg empfiehlt es sich, freundlich zu den Überholten zu sein. Man begegnet ihnen beim Abstieg wieder."*

*(Sinnspruch)*

In politiknahen Wirtschaftsbereichen kann man regelmäßig nach Neuwahlen beobachten, wie Direktoren, Vorstände und Aufsichtsräte ausgetauscht werden – obwohl selbstredend der Proporzwirtschaft in der eigenen Partei kein Platz gelassen wird. Köpfe müssen rollen – und wenn das nicht geht, dann gibt es systemintern genügend Möglichkeiten, eine unliebsame Person mundtot zu machen. **Hansjörg Tengg**, der zu Beginn seiner Karriere in der Energiewirtschaft in solch einem politiknahen Bereich gearbeitet hat, sah nicht nur die Köpfe anderer rollen, sondern konnte am eigenen Leib erfahren, was es heißt, am System zu scheitern:

> *Ich wusste natürlich, dass ich damals in der E-Wirtschaft, dieser alten versteinerten Proporzwirtschaft, nicht geliebt hineingekommen bin. Walter Fremuth[84] hat mich Norbert Steger vorgeschlagen, weil ich sein Aufsichtsrat war. Ich wusste, dass ich mich fünf Jahre fachlich und sachlich so profiliert habe, dass die Burschen mich nicht umbringen können. Aber es ist ihnen trotzdem gelungen, obwohl Franz Vranitzky[85] und Wolfgang Schüssel damals gesagt haben: „Herr Tengg, Sie sind der Einzige, der mit denen in der*

---

84 Walter Fremuth (*1932, Wien), 1979–93 Generaldirektor der Österreichischen Elektrizitätswirtschafts AG (Verbundgesellschaft).

85 Franz Vranitzky (*1937, Wien), SPÖ-Politiker, 1986–1997 Bundeskanzler, 1988–1997 Bundesparteivorsitzender der SPÖ.

*E-Wirtschaft vernünftig reden kann." Die beiden wollten, dass ich bleibe. Fremuth hat es mit seinen Intrigen zusammen mit der „schwarzen Seite"[86], auf deren sozusagen institutionalisiertem Mandat ich saß, geschafft, mich dort wegzubringen. Das war ein relatives Scheitern an einer politischen Konstellation.*

*Ich habe es natürlich dort als Scheitern erlebt, aber sehr bald verstanden, dass es das größte Glück war, das mir passiert ist. Man hat mir dann als Kompensation angeboten, Geschäftsführer der Verbundplan zu werden. Sie haben mich damals aus der Energiewirtschaft entfernt, weil ich dort intern im wahrsten Sinne eine Betonwand hatte. Es ging damals um das ökologisch orientierte Donaukraftwerk. Wir begannen die Werbung zu drehen und leiteten den offenen Planungsprozess für die Freudenau[87] ein. Wir waren eigentlich erfolgreich, ich hatte die gesamte Belegschaftsvertretung auf meiner Seite, die Medien und die Spitzenpolitiker, und trotzdem bin ich damals an den Strukturen gescheitert.*

***Haben Sie das in diesem Moment auch als Scheitern empfunden?***

*Ja natürlich, wenn man dort bis zum Matchball kämpft – Generaldirektor Fremuth und seine Strukturen haben im Matchball gegen mich gewonnen. Die haben dort alle zusammengespielt und auch die Spitzenpolitiker ausrutschen lassen. Das war damals so und ist mitunter auch heute noch so, wenn man zum Beispiel die mittlerweile ehemaligen ASFINAG-Vorstände fragt. Herr Trattner[88] ist ein exzellenter Mann – er ist gescheitert, aber nicht aus eigener Schuld, sondern weil die anderen andere wollen.*

---

86 Gemeint ist die Österreichische Volkspartei, kurz ÖVP.

87 Die Österreichische Donaukraftwerke AG begann 1992 mit dem Bau des Kraftwerks Freudenau, nachdem sich zuvor die Mehrheit der Wiener Bevölkerung in einer Volksbefragung dafür ausgesprochen hatte. Am 22. Oktober 1996 kam es zu einem schweren Schiffsunglück, bei dem acht Matrosen starben. Das Kraftwerk wurde 1998 fertiggestellt.

88 Die drei Vorstände der österreichischen Autobahnbetreibergesellschaft ASFINAG, Christian Trattner, Franz Lückler und Mathias Reichhold, wurden Mitte Juni 2007 überraschend abberufen. Ihre Verträge liefen noch bis 2011. Nach mehrmonatigen Verhandlungen einigten sich die drei Manager und der Aufsichtsrat auf eine einvernehmliche Auflösung der Verträge per März 2008. Für mediales Interesse sorgte die Tatsache, dass ihnen für Fortzahlungen, Prämien und Abfertigungen gemeinsam knapp über 2 Millionen Euro ausbezahlt wurden.

*Du musst dich als Manager, wenn du im politischen Feld bist, immer fragen, wie lange du dich selbst verkaufen willst. Denn am Schluss bist du nämlich schuld. Wenn du sagst, dass es etwas kostet und so nicht gehen wird, bringen sie dich um, weil sie das nicht hören wollen. Wenn du hingegen nichts sagst und dann der schlimme Fall eintritt, bringen sie dich deshalb um, weil du nichts gesagt hast und du es sehenden Auges herbeigeführt hast. Sie putzen sich immer ab, das ist ja das Problem der politisch kontrollierten Wirtschaftsbereiche. Das heißt, im politischen Wirtschaftsbereich kannst du scheitern, ohne dass es deine Schuld ist. Oder genau deshalb, weil du es richtig machst. In diesen Bereichen ist Scheitern sehr leicht möglich.*

Ähnlich wie die E-Wirtschaft steht die Infrastruktur unter starkem politischem Einfluss. Daran ist letztendlich **Wilhelmine Goldmann** als Vorstandsdirektorin der ÖBB-Personenverkehr AG gescheitert. Wenn jedoch, wie in diesem Fall, Scheitern gepaart mit Mobbing auftritt, stellt sich natürlich die Frage, wer gescheitert ist und ob scheitern die richtige Bezeichnung ist. Man könnte den Standpunkt vertreten, dass Wilhelmine Goldmann daran gescheitert ist, die Strukturen entsprechend zu beeinflussen, um für sich einen Platz im Konzern zu schaffen. Man könnte auch sagen, dass sie vielmehr rechtzeitig, bevor die Situation eskaliert wäre, gegangen ist und dadurch bis zuletzt die Fäden in der Hand gehalten hat. Gescheitert wären unter diesem Blickwinkel jene Manager, die sie öffentlich demontieren wollten.

*Diese Situation, die ich da gerade in der ÖBB erlebt habe, hat für mich persönlich zwei Facetten: Man kann sagen, ich bin am System gescheitert, und das ist auch so. Aber umgekehrt – ich wollte in diesem System, das so funktioniert, wie es funktioniert, auch nicht weitermachen. Es gibt Leute, die sich da anpassen und einfach mitschwimmen und von außen gesehen nicht scheitern. Ich glaube aber, dass diese Leute persönlich gescheitert sind, weil sie nicht den Mut haben zu sagen: „Nein, da will ich nicht mittun."*

*Die Zeit, in der ich gemobbt wurde, war eine ganz furchtbare, wahnsinnig unangenehm. Ich habe trotzdem nicht gleich aufgegeben. Ich habe gekämpft, solange das für mich gepasst hat. Unmittelbar nach meinem Ausscheiden aus der ÖBB habe ich mehrere Angebote bekommen. So als hätten die Leute nur darauf gewartet, dass ich wieder am Markt bin – ich bin aber nicht wieder am Markt.*

„Oben ist die Luft recht dünn", denkt man sich unweigerlich. Doch wie sieht es aus, wenn man nicht gerade Mobbing-Opfer ist? Bei Führungskräften wird eine geringe Risikobereitschaft diagnostiziert, denn wer einen Fehler macht, ist etwa als Vorstandschef eines börsennotierten Unternehmens schnell weg vom Fenster. Im Schnitt 2,5 Jahre behält ein deutscher Vorstandschef seinen Job, wenn er (bewiesenermaßen oder nur vermutlich) einen Fehler gemacht hat. Auf dessen Kappe kein (beziehungsweise vermutlich kein) Fehler geht, räumt das Feld hingegen erst nach durchschnittlich 6,6 Jahren. Schuld ist, wie so oft, das System: Die Finanzmärkte verlangen gläserne Unternehmen, die Kennzahlen müssen stimmen, damit die Börse nicht verschnupft reagiert. Das begünstigt kurzfristiges Denken, von einem Quartal zum nächsten. Wenn ein Fehler den unweigerlichen Börsenrutsch nach sich zieht, überlegt kaum ein Vorstandschef lange, ob er als innovativ in die Unternehmensgeschichte eingehen oder doch lieber eine ruhige, sichere Kugel schieben möchte. Kurzfristige Optimierungen, die die erwünschten Kennzahlen hinauftreiben, begünstigen nicht zwangsläufig langfristige und strategische Unternehmensziele. Die lernende Organisation leidet an Alzheimer. Den Druck, den Kennzahlen und kurzfristige Unternehmensziele ausüben, kennt **Hansjörg Tengg** nur zu gut:

*Die Leute, die geschmeidig immer das, was von allen gewünscht wird, so erfüllen, dass sie nirgends anecken, ohne dabei selbst was bewegen zu wollen, die leben im Management am längsten. Das ist keine Frage. Insbesondere dort, wo die Unternehmensergebnisse nicht sehr vom Management abhängig sind. Es gibt ja Monopolbetriebe, da rennt der Laden halt irgendwie und du schaust, dass du nirgends aneckst. Und wenn irgendetwas zu verändern ist, wartest du, bis der Mainstream so stark ist, dass du dich ohne Risiko draufsetzen kannst. Wenn du rechtzeitig aus eigenem Erkennen etwas machst und dabei etlichen Leuten auf die Zehen trittst, dann hast du Feinde. Die Feinde sammelst du immer dann, wenn du was bewegst. Das Skurrilste ist, dass, wenn du besonders erfolgreich bist und – was aus PR-Gründen für die Firma dazugehört – auch in den Medien stark präsent bist, eine ungeheure Abneigung und Neid entsteht. Erfolg zu haben und diesen medial zu verkaufen ist das Gefährlichste, das du dir erlauben darfst.*

*Das habe ich bei max.mobil erlebt. Man hat mich ja wegen meines Images geholt und deswegen gehörte es dazu, dass ich mich sozusagen als „Obermax" verkaufe. Ich bin mit jeder Aktion in allen Zeitungen gestanden, das Ganze wurde zu einem persönlichen Fight Tengg gegen Mobilkom-Chef Sundt[89] hochstilisiert. Was glaubst du, wie das die anderen aushalten, was da subkutan für Stimmungen entstehen! Es sagt zwar keiner laut, aber hinter vorgehaltener Hand reden sie: „Der könnte auch weniger mediengeil sein … Muss sich der immer so in den Medien verkaufen?" Das ist ganz gefährlich.*

*Und zu den Medien gehört dann natürlich noch eines dazu: Zuerst schreiben sie dich rauf, dann wollen sie dich wieder runterfahren. Schön ist natürlich, wenn du erfolgreich sein kannst, mit deiner Firma angemessen anerkannt wirst und selbst im Schatten bleibst. Aber wenn du börsennotiert bist oder einen Konsumartikel hast, dann musst du vorne geigen. Dann wird Erfolg und Misserfolg, aus welchem Grund auch immer, an dich geheftet. Das bringt Neigungen und Abneigungen. Dieser Prozess ist nicht ohne Verschleißerscheinungen zu machen. Wenn du auf den Gipfel hinaufsteigst und auf dem Grat oben wanderst, musst du rechnen, dass du links oder rechts hinunterfällst.*

*Das Wesentliche beim Managerleben ist, dass du in den verschiedenen Funktionen in der öffentlichen Betrachtung nicht abgestürzt sein darfst. Rudi Streicher[90] hat das im Zusammenhang mit dem Selbstmord vom Hugo Michael Sekyra[91] gesagt: „Das einzige Asset, das ein Manager hat, ist sein guter Ruf." Wenn er den Ruf bei irgendeiner Geschichte wirklich stark verliert, dann bekommt er keine nächste Chance.*

---

89 Heinz Sundt (*1947, Wien) 1969–1996 in Marketing und Vertrieb mehrerer großer österreichischer Unternehmen. 1996–2000 Leiter der Mobilkom Austria AG, 2000–2006 Vorstandsvorsitzender und Generaldirektor der Telekom Austria AG.

90 Rudolf Streicher (*1939, Wallsee), 1974–1980 Vorstandsmitglied der Vereinigten Metallwerke Ranshofen Berndorf AG, 1981–1986 Generaldirektor der Austria Metall AG, 1986–1991 Bundesminister für Öffentliche Wirtschaft und Verkehr (SPÖ). 1992 unterlag er Thomas Klestil in der Bundespräsidentschaftswahl. 1999–2001 Vorstandsvorsitzender der Österreichischen Industrieholding AG.

91 Hugo Michael Sekyra (*1941, Mannersdorf am Leithagebirge, †1998, Wien). An der Spitze der Österreichischen Industrieholding AG (1986–92) war er an der Restrukturierung der verstaatlichten Industrie maßgeblich mitbeteiligt. Sekyra beging im Juni 1998 Selbstmord.

*Wenn du aus einer Funktion gehen musst und es wird öffentlich, dass du nicht gegangen bist, weil du inkompetent warst, sondern weil es einfach eine wilde Schlacht der Eitelkeiten und Interessen gab, bei der du unterlegen bist, ist es wichtig, dass nach außen hin sichtbar wird, warum du ausgeschieden oder „gescheitert" bist. Wobei die Medien natürlich gnadenlos sind, so wie sie dich hinaufjubeln, genießen sie es, dich hinunterzuschreiben. Das Medium lebt von den News und die müssen überzeichnet werden, erst wirst du heroisiert, dann wirst du skandalisiert. Du erfährst in unserer Neidgesellschaft, besonders wenn du so erfolgreich warst und es trägt dich irgendwo hinunter, natürlich die Genugtuung der Mittelmäßigkeit: „Na, so gut kann er auch nicht gewesen sein. Hab's mir schon gedacht. Hat auch nur Glück gehabt. Jetzt ist er aufs wahre Maß reduziert, Gott sei Dank."*

*Innerhalb der Wirtschaft wird schon kolportiert, warum einer gehen musste. Man interessiert sich dafür, was hinter den medialen Geschichten gelaufen ist. Welche Fehler von ihm gemacht wurden oder welche Spannungsverhältnisse es mit den Shareholdern gab. Dass Managerverhältnisse immer kürzer dauern, hat mit den vielen Übernahmen zu tun. Wenn heute jemand eine Übernahme macht, bist du weg. Man ist nicht a priori diskreditiert, auch wenn man nur kurz irgendwo tätig war, wenn man erklären kann, warum das der Fall war. Das gehört zum Job. Mutig Hineingreifende verärgern schneller jemanden als vorsichtig Agierende. Aber die bringen nicht unbedingt das Geschäft weiter.*

Es gibt auch den umgekehrten Weg, dass Medien eine positive Dynamik bewirken und etwa ein sich abzeichnendes Scheitern verzögern. Diese seltene Erfahrung machte **Hans Georg Hirschl**, der die unrühmliche Aufgabe hatte, das gesamte Reifenwerk Semperit in Traiskirchen mit Ausnahme eines kleinen Teilbereiches zu schließen. Das österreichische Industrieurgestein Semperit wurde als Erfinder der Winterreifen für unsterblich gehalten. Die Medien führten einen wahren Feldzug gegen den „bösen" Mutterkonzern an, der aus Semperit das erste österreichische Globalisierungsopfer machte und Hans Georg Hirschl als traurigen Helden hervorgehen ließ:

*Die Hundertjahrfeier des Standortes Traiskirchen stand vor der Tür und die Vorbereitungen für dieses Fest liefen auf Hochtouren. Mitten in diesen Vorbereitungen – es war Anfang März 1996 – wurde ich als der für die Produktion zuständige Vorstand zum Budapester Flughafen zitiert. Dort wurde mir von meinen Vorgesetzten während deren Zwischenlandung mitgeteilt, dass in Hannover entschieden wurde, die PKW-Reifenproduktion in Traiskirchen einzustellen. Der Schock saß tief.*

*Ich wurde mit dem Auftrag, diese Information vertraulich zu behandeln und auch meine Kollegen noch nicht zu informieren, mit dem Auto wieder nach Hause geschickt. Nach dem Motto: „Na, und jetzt leb' damit."*

*Doch wir gaben nicht auf. Der Schließungsgrund, wie zu hohe Produktions-, Vertriebs- und Verwaltungskosten des Standortes, wurde durch „erstrittene" Maßnahmen zur Kostenreduktion zwischen Belegschaftsvertretung und Management ad absurdum geführt. 30 Mio. € Einsparungen pro Jahr machten auch in Hannover Eindruck.*

*Bei der Präsentation der Einsparungsfortschritte im Juli wurden unsere Bemühungen lobend anerkannt, aber wenige Minuten später wurde uns mitgeteilt, dass die Produktionsmenge für PKW-Reifen von 4 Mio. Stk. pro Jahr für das Jahr 1997 halbiert wird. Das ergab natürlich ein Fixkostenproblem. Jetzt kam der große Aufschrei in der Öffentlichkeit. Wir waren in Österreich die Ersten, bei denen die so genannte Globalisierungsfalle zugeschnappt ist. Gewinnmaximierung stand auf einmal über Gewinnoptimierung. Wir haben zwar in Traiskirchen immer gut gewirtschaftet und Gewinne gemacht, aber es gab Standorte, an denen die Gewinne noch höher waren. Daher hat das Kapital das Sagen und hat gewünscht, dass wir die Produktion reduzieren. All jene, die an die Allmacht von Politikern geglaubt hatten, wurden bitter enttäuscht. Die Gesetze der freien Marktwirtschaft und des erbitterten Wettbewerbs beschränken die Möglichkeiten von Interventionen und Einflussnahmen durch die Politik.*

***Hast du dich selbst als gescheitert empfunden?***

*Vor mir selbst bin ich nicht gescheitert, denn ich glaube, wir haben alle unsere Arbeit gut gemacht. Das klingt vielleicht ein wenig komisch, wenn man bedenkt, wie viele Leute arbeitslos wurden, aber es war so. Ich habe in dieser Zeit mit allen möglichen Unterlagen versucht zu zeigen, dass wir bei weitem nicht der kostenungünstigste Konzern sind.*

*Es gab dann wieder ein Zwischenhoch. Wir konnten durch Steigerung der LKW-Reifenproduktion den Ausfall bei den PKW-Reifen teilweise kompensieren. Wir dachten wieder: Jetzt haben wir es endgültig geschafft, den Standort zu erhalten. Doch es kam anders: Am Freitag, dem 19. Juli 2002, fiel der letzte Reifen vom Band und die Reifenproduktion wurde endgültig eingestellt. Semperit hat den Winterreifen erfunden und wir haben alle geglaubt, das Schiff ist unsinkbar, die Semperit wird ewig existieren, es wird keiner wagen, das Werk zu schließen. Das Werk Semperit Traiskirchen gibt es immer noch, da arbeiten jetzt aber nur mehr an die 300 Leute.*

***Hast du als Geschäftsführer die Tafel umgehängt bekommen „Du hast es nicht geschafft unsere Arbeitsplätze zu erhalten, du bist gescheitert"?***

*Nein, denn unser Unternehmen hat ordentlich gewirtschaftet und das konnten wir auch so vermitteln. Wir haben alle unsere Aufgaben gemacht, mehr noch, wir waren während der Schließungsphase Vorbild für alle anderen Unternehmen der Continentalwerke, weil wir sehr viele Kostensenkungsmaßnahmen durchgesetzt haben in der Hoffnung, wir könnten die Schließung verhindern. Wir haben bis zum Schluss nicht aufgegeben und wirklich gekämpft. Ich glaube, das ist auch in der Öffentlichkeit, sprich auch medial so rübergekommen. Die Kronen Zeitung ist ja stark hinter uns gestanden.*

*Ich hatte das Glück, dass die Leute mitgezogen sind, und ich hatte nie das Gefühl, dass irgendeiner sagt: „Du bist schuld." Klarerweise, die Traurigkeit blieb, das ist gar keine Frage. Aber ich habe nie das Gefühl gehabt, dass ich gescheitert bin. Wir haben wirklich unser Bestes gegeben, mehr war nicht drin. Wir haben getan, was wir konnten, mehr getan, als jemals denkbar gewesen wäre, solange es Semperit noch gut ging. Die Leute haben auf vieles verzichtet. Es war schier undenkbar, was wir alles umgesetzt haben. Wir haben uns wirklich oft zusammengesetzt, viel gemeinsam versucht, es ist eben nicht gelungen.*

*Ich war zwar mit den Überlebensstrategien nicht erfolgreich, aber ich habe trotzdem nicht das Gefühl, dass ich irgendetwas falsch gemacht hätte. Ich bin gescheitert – klarerweise. Wenn du dein Ziel nicht erreichst, dann bist du gescheitert. Aber ich bin nicht daran zerbrochen.*

Interessant wird es da, wo die als negativ beschriebenen Mechanismen der Medien einen aus den eigenen Reihen treffen. **Werner Mück** reflektiert darüber, wie er das öffentliche Gerangel um seine Führungsqualitäten erlebt hat:

***Haben Sie den Wechsel von der Chefredaktion zu TW1 als Scheitern erlebt?***

*Nein, das kann kein Scheitern sein, weil ich ja bis zum letzten Tag meines Dienstvertrages Chefredakteur war. Es war immer klar, dass ich danach nicht mehr Chefredakteur sein würde. Die Beendigung der Laufbahn als Chefredakteur stand bei mir seit fünf Jahren fest. Und ich bin zum Termin ausgeschieden. Ich bin nach dem Wechsel noch Chefredakteur geblieben und ich hatte die TV-Information des ORF durch den ganzen Wahlkampf zu führen. Quasi alleine, denn die neue Geschäftsführung war noch nicht wirklich da, die alte war nicht mehr wirklich da. Der Einzige, der tatsächlich da war, war ich. Ich habe bis zum 31. Dezember (2006) die TV-Information fast alleine geführt und alle waren froh, dass es einer gemacht hat. Das war dann auch der Termin, der für mich immer festgestanden hat, zu dem ich als Chefredakteur aufhören wollte.*

*Was im öffentlichen Gespräch war, nämlich dass ich danach noch in die Geschäftsführung gehe und dort eine Funktion übernehme, das hat sich eben anders ergeben, das ist aber kein Scheitern. Denn man kann solche Perspektiven nicht unter dem Titel ins Auge fassen: „Wenn es nicht ist, ist es fürchterlich." Nach all dem, was ich beruflich erlebt habe, bin ich der Überzeugung, dass jemand, der nicht vom ersten Tag an bereit ist, damit zu rechnen und damit umzugehen, dass er Ziele nicht erreicht, sich am besten erst gar nicht auf den Weg machen sollte. Und wer nicht in der Lage ist, auch umzukehren, stehen zu bleiben, es sich anders zu überlegen, sollte sich ebenfalls nicht auf den Weg machen. Ich habe da als begeisterter Schitourengeher immer als Beispiel vor Augen, dass am Schitourengehen ja nicht der Gipfelsieg das Wichtigste ist – das ist das Schönste, aber nicht das Wichtigste. Das Wichtigste ist zu wissen, wann man aufhören muss, wann die Umweltbedingungen sich so entwickeln, dass man stehen bleibt, entweder eine Rast macht, weil man's braucht, oder umkehrt, weil es die Situation nicht mehr anders erlaubt, außer man begibt sich fanatisch in Lebensgefahr. Menschen, die nicht umkehren können, die dann unbedingt zum*

*Gipfel wollen, für die das oben Ankommen das Wichtigste ist, von denen kommen dann etliche nicht an, aber ungewollt. Und so ist es auch im Beruf. Man muss auch in der Lage sein zu erkennen, dass sich Dinge so verändern, dass es keinen Sinn macht. Und nur aus Sturheit einem gesteckten Ziel zu folgen, war nie meine Sache.*

**Welche Rolle haben Medien in der Darstellung von Scheitern?**

*Als Journalist kenne ich die Umstände und sage natürlich, dass das Prinzip „Only bad news are good news" einfach durchgezogen wird. Man kann sich darüber beklagen, dass instrumentalisiert wird, man kann sich darüber beklagen, dass diffamiert wird, man könnte sich darüber beklagen, dass das alte Prinzip, den Betroffenen zumindest zu fragen, wenn man sich über ihn hermacht, mittlerweile auch nicht mehr gilt. Aber das ist alles irgendwie wehleidig. Wer sich in die Medien begibt, in welcher Position und Funktion auch immer, muss mit ihren Begleitumständen leben und auch zurechtkommen. Was nicht bedeutet, dass man sie grundsätzlich gutheißt, sondern es ist halt eine Realität. Ich kann nicht im journalistischen Umfeld tätig sein und mich dann über Auswüchse, Fehlentwicklungen etc. wundern oder sie beklagen, ich kann sie nur zutiefst verachten, kann aber damit ohne Magenkrämpfe leben. Wenn es einen selbst betrifft – und einiges davon hat mich betroffen –, dann muss man das auch als das nehmen, was es ist, nämlich ein Begleitumstand auf einem Weg, den man selbst gewählt hat.*

**Wäre ein anderer medialer Umgang mit Scheitern möglich?**

*Da muss man differenzieren, man darf es nicht verallgemeinern. Bei medialer Berichterstattung gibt es schon das „sowohl–als auch". Es gibt Berichterstattung, die sich um eine einigermaßen objektive Darstellung bemüht und auch um Gewichtung, die den jeweils Betroffenen insofern gerecht wird, als man sagt, es handelt sich immer noch um Menschen und die haben einen Anspruch auf eine anständige Behandlung, um es einfach zu sagen. Dann gibt's andere, die das gar nicht sehen und sich eher über jemanden hermachen. Die gibt es auch in dieser Branche. Diese Personen sehen auch den Begriff der Verantwortung so gut wie gar nicht und handeln ebenso schamlos wie rücksichtslos in Personalunion als Ankläger und Richter. Nicht selten sind diese Herrschaften in kleinen Netzwerken organisiert und halten einander medial die Räuberleiter. Das sind keine Verschwörungen, sondern ein Mix aus Verhaberung und Kumpanei, der fälschlich als Networking ausgegeben wird. Sie sehen die Verantwortung immer bei ihren Opfern und sehen sich selbst nie als Täter. Auch die gibt es und das weiß man, und wenn man denen aus dem Weg gehen wollte – schließe ich wieder dort an, wo ich schon war –, dann dürfte man sich eben nicht in die Medien begeben.*

Unbestritten haben die Massenmedien ihren eigenen Umgang mit menschlichen Erfahrungen entwickelt, Scheitern ist nur eine von vielen. Mediale Mechanismen wie Überzeichnung sind mittlerweile hinlänglich bekannt, und wer in der Öffentlichkeit agiert, sollte sich darauf einstellen. Problematisch wird es dort, wo Menschen, denen Einsicht in diese Mechanismen fehlt, zum Spielball werden und wo auf ihre Kosten Quote gemacht wird. Denn auf die Neidgesellschaft können alle Medien getrost bauen.

# KAPITEL 9: FRAUEN SCHEITERN BESSER

*„Was immer Frauen tun – sie müssen es zweimal besser tun als Männer, damit man sie für halb so gut hält. Glücklicherweise ist das nicht allzu schwer."*

*Charlotte Whitton*

Erfolg ist immer noch ein durch und durch männliches Bild, die Karriere primär Spielwiese der Männer. Männer sind die „Macher", die heroischen Eroberer neuer unternehmerischer Weiten, die Wissenden, die Männer an der Macht. Bei Frauen wird umgehend das „Spannungsfeld Kind" mit aufgemacht, wenn das Wort „Karriere" fällt. Am offensichtlichsten wird das, wenn man sich die bildliche Darstellung von Karriere ansieht. Dass es uns auffällt, wenn sich in einer vermeintlich alltäglichen Büroszene eine stehende Frau (Chefin) über die Schulter eines vor ihr sitzenden Mannes beugt (Sekretär) und ihm etwas erklärt, macht deutlich, dass eine über Jahrhunderte tradierte Rollenverteilung – die fast eins zu eins ins Berufsleben übertragen wurde und dort seit Jahrzehnten fortgesetzt wird – auf den Kopf gestellt wird. Frau in Führungsposition ist eben nicht die Norm, sonst würden wir nicht stutzig werden. Die gesellschaftliche Veränderung wird es mit sich bringen müssen, dass auch dieses Bild zur Normalität wird. Doch noch ist es nicht so weit.

Mehrere soziale Konstanten bestimmen, wie wir uns selbst sehen und wie wir von anderen gesehen werden. Gender ist ein sehr bestimmender Faktor, der die gesamte Menschheit in zwei Teile spaltet – Mann oder Frau. Ebenfalls ersichtlich ist Rassenzugehörigkeit – so fraglich dieses Konstrukt ist, lässt es sich nicht leugnen, dass wir unsere Vorurteile, positive wie negative, gegenüber Weißen, Schwarzen, Asiaten, Indern und Indigenen haben. In Europa ist Rasse erst in den letzten Jahrzehnten zu einer bestimmenden Größe herangewachsen. Anders als in Amerika. Wir haben gelernt, in Ethnien zu denken. Manche nationale Zugehörigkeit ist auch eng an eine Religion geknüpft. Diese Zuschreibungskriterien sind allesamt mit positiven und negativen Vorurteilen besetzt. Am maßgeblichsten ist die Gender-Zugehörigkeit: Rosa oder blau, diese Frage bestimmt vom ersten Tag an das Leben und beeinflusst, welche Erfahrungen wir in den folgenden Jahren machen. Weibliches Handeln wird weitgehend nach patriarchalen Deutungsmustern wahrgenommen.

Doch zurück zu den bekannten Bildern von Erfolg und Karriere. Die traditionelle Sichtweise lautet: männlich, geradlinig, progressiv, ansteigendes Gehalt, steigendes Ansehen, zunehmende Anhäufung von Statussymbolen. Und welche traditionelle Sichtweise gibt es für das Scheitern? Im Großen und Ganzen ist es die Umkehrung von Erfolg. Bis auf das Kriterium „männlich", versteht sich. Wir haben gelernt, mit Erfolg umzugehen, für den Umgang mit dem Scheitern wurden noch keine adäquaten Strategien entwickelt. Außer natürlich, die Schiene gleich wieder Richtung Erfolg umzulegen, sich den Weg zurück zu ebnen.

Wenn die männliche Norm auch für Frauen im Beruf bestimmend ist, Männern adäquate Strategien im Umgang mit Scheitern fehlen und weiters Frauen und Männer unterschiedliche Sozialisationen durchlaufen, was bedeutet das dafür, wie Frauen über das Scheitern sprechen? Verbalisieren es Männer und Frauen ähnlich, oder überwiegen die Unterschiede? Es überwiegen die Unterschiede.

Männer tendieren dazu zu verschweigen, wenn ein Karriereschritt nicht klappt, sie deuten ihn im Nachhinein zu einem Erfolg um und werden so wieder Herr der Lage, zumindest rückblickend. Egal, wie viele Krisen oder Misserfolge sie durchleben mussten, ihre Erzählungen hören sich glatt und nüchtern an. Es lässt sich nur erahnen, mit welchen Schwierigkeiten sie zu kämpfen hatten, welche Zweifel sie plagten oder welche Auswirkungen das auf das private und soziale Umfeld hatte. Das Stereotyp des aktiven, rationalen, sachbezogenen Mannes, der Veränderungen bewirkt und fest in seinen Händen hält, wird am Leben erhalten – so wird es auch von ihm erwartet.

Frauen neigen hingegen dazu, Schwierigkeiten in den Vordergrund zu rücken. Ihnen wurden durch mangelnde Unterstützung, Rückhalt, Verständnis und Förderung Prügel vor die Füße geworfen. Ihre beruflichen Erfolge geraten ins Hintertreffen und sie fühlen sich den Umständen ausgeliefert. Soziale und private Konsequenzen von Scheitern sind für Frauen ein großes Thema. Sie können weder von Erfolg noch von Scheitern erzählen, ohne dass die Frage der Mutterschaft zum Thema gemacht wird und ihnen bei fehlender Mutterschaft Weiblichkeit abgesprochen wird. Das Stereotyp der passiven, emotionalen, von äußeren Zwängen getriebenen Frau, die ihren Erfolg mit Einsamkeit (oder zumindest Kinderlosigkeit) bezahlt, wird am Leben erhalten – so wird es auch von ihr erwartet.

Der unterschiedliche Umgang mit Erfolg und Scheitern ist auch **Margit Leidinger** aufgefallen:

***Haben es Frauen in Führungspositionen schwerer?***

*Ja.*

***Woran kann man das festmachen?***

*Zum einen – was ich bei mir feststelle – zweifeln Frauen mehr als Männer. Daran arbeite ich bei mir. Bei mir reicht die Bandbreite von „Entscheidung gleich treffen" bis zu „Entscheidung spät treffen und mehr zweifeln und hinterfragen". Wichtig wäre, die Mitte zu finden. Männer sind eher überzeugt, dass das, was sie machen, gut ist – die meisten zumindest –, und das relativ schnell. Bei Frauen ist es das Gegenteil – wir horchen uns immer erst alles an und entscheiden dann. Und das ist vielleicht ein kleiner Nachteil, auch ein Vorteil, aber bei Entscheidungen ist es ein kleiner Nachteil. Das ist der größte Unterschied zwischen Mann und Frau, würde ich sagen.*

*Positiv ist natürlich, dass du als Frau eher umsichtig und vorsichtig bist. Permanent. Dieses Hinterfragen und Abchecken und Abklären und Befragen und dann Entscheiden, das ist das Zweite. So gesehen ist Scheitern etwas Positives, um das zu verhindern.*

Wenn man aus diesem Schema ausbricht, sticht man hervor, weiß **Anneliese Rohrer**:

*Auf alle Fälle gehen Frauen anders mit dem Scheitern um als Männer. In meinem Fall war das zwar nicht so, da muss ich mich ausnehmen. Im Nachhinein wurde mir klar, dass ich für die Bewerbung um die Chefredaktion nicht genug getan habe, aber in diesem Moment habe ich das nicht als Versagen auf meine Person bezogen. Frauen gehen, glaube ich, generell mit dem Scheitern in zweifacher Hinsicht anders um: Erstens beziehen sie es eher auf sich; außer ich bin eine glühende Emanze, dann sage ich, die Männer sind schuld. Aber normalerweise beziehen sie es eher auf sich. Auf der anderen Seite sind sie flexibler und können leichter damit fertig werden. Männer tun sich da viel, viel schwerer: Weil sie sich nicht so schnell umstellen können wie Frauen.*

Die in der Gesellschaft vorherrschenden Rollenklischees legen den Fokus auf Werteerhaltung und erkennen Veränderungen nicht in einem angemessenen Maße an. Wenn Politiker (und auch Politikerinnen) als Wahlzuckerl für Frauen verkaufen, dass sie ein Förderprogramm zur besseren Vereinbarkeit von Beruf und Familie implementieren, damit es Frauen leichter hätten, in den Beruf (wieder)einzusteigen, wird deutlich, dass es noch viele Menschen gibt, die weiterhin der Meinung sind, dass Beruf und Karriere zu allererst Männern vorbehalten sein sollte. Wenn es der Wirtschaft gut genug ginge, dürften sich auch Frauen ein wenig selbst verwirklichen, lautet der konservative Tenor. Frauen erdreisten sich, in diese männliche Domänen einzubrechen – so darf man sich nicht wundern, dass sie verhaltener reagieren, wenn es nicht so klappt, wie sie es sich wünschen. Und dass sie nicht mit demselben Selbstverständnis über ihre Erfolge berichten wie Männer. Neben dem Vorwurf des „Jobdiebstahls", den Frauen an Männern begehen, kämpfen sie im Allgemeinen früher mit negativen Alterszuschreibungen als Männer. Was einem Mann mit 45 noch zugestanden wird, dazu ist eine Frau mit 40 schon zu alt.

Insgesamt wird es Frauen in der Arbeitswelt schwerer gemacht. Das ist kein Vorwurf, das ist eine gesellschaftliche Realität. **Lojze Wieser** hat außerdem die Erfahrung gemacht, dass den Frauen ihr Scheitern weniger gerne verziehen wird als Männern:

*Einerseits, denke ich, traut man den Frauen viel weniger zu, als man einem Mann zutraut. Obwohl das Ergebnis meist umgekehrt ist. Ich glaube, dass es da tatsächlich diese gendermäßige Unterscheidung auf der einen Seite gibt – wobei man nicht unterschätzen darf, dass sich Frauen gerade in Situationen, wo sie sich in einer von Männern dominierten Gesellschaft durchgesetzt haben, oft die Methoden der Männer angeeignet haben. Doch fällt auf, dass sie sich in dieser Reibung zunehmend steigern und spezifische Fähigkeiten erwerben, besser und lösungsorientierter mit Konflikten umzugehen, als es ihnen die männliche Welt vorzeigt.*

*Andererseits ist der Umgang der Gesellschaft generell auch bei dieser Frage wahrscheinlich eher eine spezifische Gleichstellung dessen, wie insgesamt mit Frauen- und Männerfragen umgegangen wird. Wenn eine Frau scheitert, wird viel früher das Hohngelächter kommen, als wenn ein Mann scheitert. Und wenn ein Mann scheitert, ist es oft ein Kavaliersdelikt und bei einer Frau ist es ein totales Versagen. Und dann kommen die ganzen Ressentiments auf: Sie sollen lieber am Herd bleiben, sie sollen Socken stopfen usw. Aber das begleitet im Grunde genommen die gesamte aufgeklärte Gesellschaft der letzten 200 Jahre. Das Frauenbild in der öffentlichen Wahrnehmung ist immer etwa 30 bis 50 Jahre hinter dem Männerbild zurück.*

**Werner Mück** sieht das hingegen etwas anders: Er konstatiert Frauen sogar einen besseren Umgang mit Karriereknicken und einen höheren Grad an Gelassenheit:

***Gehen Frauen anders mit Scheitern um als Männer?***

*Das ist eine schwierige Frage, da muss man vorsichtig sein. Ich habe das Gefühl, dass Männer erfolgsfixierter sind als Frauen. Und dass Männer dann mit Problemen oft größere Schwierigkeiten haben als Frauen und dass sie auch ungeduldiger sind, wenn sich ihre Karrierevorstellungen nicht sofort oder kurzfristig erfüllen. Da sind Frauen etwas beharrlicher und sind nicht sauer, wenn es nicht gleich klappt. Da wirken Frauen, denke ich, überlegt, gelassener, was dann von Männern oft als Mangel an Durchsetzungsvermögen falsch ausgelegt wird.*

Frauen und Männer leben über gewisse Strecken in unterschiedlichen Lebensrealitäten. Wo sich Männer vorrangig auf ihre Karriere konzentrieren, jongliert die Mehrzahl der Frauen ihre Kräfte zwischen Karriere und Kind hin und her. Diese Mehrfachbelastung fordert auch bei erfolgreichen Managerinnen ihren Tribut. Zumindest eines der angestrebten Ziele müssen sie oftmals fallen lassen, da sie Zeit für Familien- und Kinderarbeit aufwenden:

*Monika Kircher-Kohl:* *Meine Scheitererfahrung war die Dissertation. Ich war zum Auslandsstudium in Mexiko, um die Dissertation fertig zu stellen, und hatte bereits alle Lehrveranstaltungen absolviert. Ich habe die Dissertation zum Teil auf Spanisch geschrieben, zum Teil auf Deutsch. Als ich von Mexiko zurückgekommen bin, habe ich zu arbeiten begonnen und ein Kind bekommen. Von da an habe ich die Dissertation Jahre vor mir her geschoben, bis ich letztlich festgestellt habe: Das funktioniert aufgrund der Mehrfachbelastung nicht. Ich habe einen Schlussstrich gezogen, bevor ich es als Scheitern empfinde und ewig etwas nachlaufe, was im Leben nicht so wirklich wichtig ist. Ich fand es befreiender zu sagen: „Ich konzentriere mich auf das, was im Moment machbar und sinnvoll ist", und habe das Thema Dissertation abgehakt.*

***Mussten Sie sich Vorwürfe anhören im Sinne von: „Wozu dann der ganze Aufwand?" oder wurde Ihre Entscheidung akzeptiert?***

*Nein, das war meine Entscheidung. Das war bei mir auch ein Punkt – und das sieht man oft bei Frauenkarrieren oder bei der Förderung von Menschen allgemein –, dass ich mir selbst mehr Druck gemacht habe als notwendig oder mehr als das Umfeld. Das war in diesem Fall ganz klar so.*

Man spricht bei Frauen von fragmentierter Lebensplanung: vom Ganztagsjob in den Mutterschutz, dann Karenz mit geringfügiger Beschäftigung, anschließend wieder Ganztagsjob, später wiederum Mutterschutz, und dieses Mal erst später Wiedereinstieg, aber Teilzeit. Während Männer unter Druck stehen, möglichst ganztags und kontinuierlich erwerbstätig zu sein, lernen Frauen aufgrund ihrer beruflichen Diskontinuität eine größere gedankliche Flexibilität zu entwickeln: Sie können sich eher vorstellen, dass sich ihr berufliches Einsatzgebiet ändert, da sie das sowohl zu Hause (neues Einsatzgebiet als Mutter) als auch in der Berufswelt gelernt haben. Wer immer wieder neu einsteigt, selbst wenn es im gleichen Unternehmen ist, übt sich darin, sich auf neue Situationen einzustellen. Dass dieses familienbedingte Auf und Ab in der Berufsbiografie lebenslange Einkommenseinbußen und soziale Schlechterstellung bedeutet, steht außer Frage. Rein vom Blickwinkel der Flexibilität könnte es sein, dass Frauen in eine Vorteilsposition gelangen, wenn Karrieren per se von den Menschen mehr Flexibilität verlangen.

*__Monika Kircher-Kohl:__ Die derzeitige Bedeutung von Scheitern hat ja mit den Erwartungen zu tun, die man auf sich setzt – jemand, der überhaupt keine Erwartungen hat, kann auch nicht scheitern. Und von daher glaube ich, dass Frauen öfter scheitern, egal, was sie tun, da sie im Schnitt doch höhere Erwartungen an sich selbst haben oder perfektionistischer sind. Deshalb sind auch die Angst vor dem Scheitern und vielleicht auch die Chance zu scheitern größer.*

*Auf der anderen Seite: Früher war es ja so, dass berufliches Scheitern auch sehr stark mit linearer Karriere verbunden war. Das ist eine typisch männliche Lebens- und Arbeitsform. Von daher ist es ganz klar, dass Frauen, die öfter wechseln und etwa wegen der Kinder Auszeiten haben oder sich wegen des Partners geografisch verändern, einfach öfter scheitern müssen.*

*Das Ganze kehrt sich jetzt langsam um. Denn den flexiblen Umgang mit Lebensphasen haben Frauen ganz gut gelernt. Da muss vielleicht der Druck eher in Richtung Männer gehen, weil die Erwartungen an einen erfolgreichen Mann in Zukunft vielleicht noch einmal weniger erfüllbar sein werden, als das bei Erwartungen an Frauen der Fall ist.*

*In Summe ist es, glaube ich, eine Frage der Henne-Ei-Thematik: Frauen werden es dann leichter haben, in Führungspositionen zu kommen, wenn eine Kultur, eine Patchwork-Kultur – nennen wir es einmal so – wichtiger wird als eine lineare. Sprich, wenn Teamorientierung und Matrixorganisationen und abschnittsweise Karrieren in den Vordergrund rücken und nicht die lebenslange Karriereplanung, die Hierarchie nach oben. Und das führt dann wieder umgekehrt dazu, dass sich weibliche Führungselemente oder Führungsstile durchsetzen – wenn es viele Frauen sind. Wenn es wenige Frauen sind, weiß ich nicht, ob das dann wirklich solche Auswirkungen hat, weil diese dann oft unter Anpassungsdruck stehen. Aber wenn es mehrere sind, glaub ich schon, dass das mittelfristig einen Rückkoppelungseffekt hat und sich auch die Kulturen verändern.*

Dadurch, dass viele Frauen in mehreren Lebensrealitäten, sozusagen Parallelwelten (Beruf und Familie), verankert sind, haben sie potenziell mehr Identifikationsmöglichkeiten als Männer. Mehrere Lebensbereiche können für ihren subjektiven Erfolg maßgebend sein. Frauen können sich tendenziell leichter aus dem Tief herausholen als Männer, indem sie ihrem Leben im Familienleben größeren Sinn zuschreiben. Diesen Vorteil genießen zumindest jene Frauen, die ihr Lebensziel nicht in einer erfolgreichen Karriere sehen, sondern die zwei Welten als gleichwertig empfinden.

> **Regina Haberfellner:** *Mehrfachbelastungen verhindern oft, dass Frauen ausreichend Ressourcen für die Selbstständigkeit freimachen können und dadurch aus den Startlöchern nicht so recht rauskommen. Das Ergebnis ist häufig „zum Leben zu wenig, zum Sterben zu viel". Durch diese ganze Vereinbarkeitsgeschichte von Familie und Beruf haben sie ein ganz anderes Scheiterpotenzial. Wir wissen ja ausreichend, dass das häufig in totaler Überforderung endet, und Überforderung impliziert ein hohes Potenzial an Scheitern.*
>
> *Für die Männer, die Unternehmer sind, ist es ein großes Thema gewesen, dass sie einfach ihrer Rolle als Familienernährer nicht nur nicht mehr nachkommen können, sondern auch die finanzielle Destabilisierung der ganzen Familie verursachen. Also schon dieser Anspruch, dass die Männer die finanzielle Basis der Familie zu sichern haben, verursacht einen großen Zusammenbruch.*

Wenn eine Frau in der Berufswelt den Weg nach oben beschreitet, schlägt sie sich, vielfach früher als später, an der gläsernen Decke den Kopf blau. Die Männerseilschaften sind eng geknüpft und widerstandsfähig. Schafft sie es trotzdem bis ganz nach oben, landet sie vielleicht im strategischen Abseits. **Wilhelmine Goldmann**, die im ÖBB-Konzern unliebsame Bekanntschaft mit dieser Art der gläsernen Decke machte, sieht darin das eigentliche Scheitern von Frauen:

> *Auf jeden Fall haben es Frauen schwerer. Aber das Hauptproblem ist, dass sie in der Regel gar nicht hinaufkommen, vor allem starke Frauen. Mit starken Frauen in gehobenen Positionen kann man einfach nicht umgehen. Schlechte Manager und schwache Charaktere an der Spitze halten Frauen in Führungspositionen mit eigener Meinung schlicht und einfach nicht aus. Es stellt sich nicht einmal die Frage, ob man es schwerer hat oder nicht, sondern ob man als Frau überhaupt eine Chance hat. Meine*

*Leiterin der Nahverkehrsschiene, eine super Managerin, wurde auf das Grauslichste gemobbt. Eine Abteilungsleiterin bei uns hat z.B. am Samstag in der Zeitung ihren Job ausgeschrieben gesehen. Kein Mensch hat vorher mir ihr geredet. Das ist allerdings ein Problem der Unternehmenskultur, das betrifft nicht nur Frauen. Etwas Ähnliches ist einem Mann auch passiert. Das ist kein Umgang mit Menschen, das ist feig und fies. Warum gerade jetzt ein derart menschenverachtender Umgang überhandnimmt – ich weiß es nicht.*

Frauen und Männer sind unterschiedlich sozialisiert, die Gesellschaft tritt ihnen mit unterschiedlichen Erwartungen gegenüber. Dementsprechend stehen ihnen auch nicht immer dieselben Hürden im Weg beziehungsweise führen sie unterschiedliche Wege ans gleiche Ziel. Und manches Ziel ist für Frauen noch ungleich schwerer zu erreichen als für Männer. Trotz alledem steht zumindest die Möglichkeit im Raum, dass Frauen ob ihrer viel gelobten „Multitasking-Fähigkeit" gerade in der dynamischen Welt des 21. Jahrhunderts einen kleinen Vorteil gegenüber den Männern haben, vorausgesetzt es zählen ihre Fähigkeiten und Qualifikationen – und nicht die Zugehörigkeit zu Old Boys Networks. Es bleibt abzuwarten, in welche Richtung sich dieser Vorteil entwickelt.

# KAPITEL 10: SCHEITERN IM GRENZBEREICH

*„Wenn es mehrere Möglichkeiten gibt, eine Aufgabe zu erledigen, und eine davon in einer Katastrophe endet oder sonst wie unerwünschte Konsequenzen nach sich zieht, dann wird es jemand genau so machen."*

*Murphy's Gesetz*[92]

Ein Zitat des Genetikers Josef Penninger hat uns aufhorchen lassen: „Fast alle wirklich neuen Erkenntnisse in der Wissenschaft sind aus gescheiterten Experimenten entstanden. Man muss nur clever genug sein, dem nachzugehen."[93] Geht denn die Wissenschaft wirklich so locker mit dem Scheitern um? Und wenn ja, was können wir von dieser Leichtigkeit des Scheiterns lernen und wie können wir von diesem Ansatz in unserer Lebens- und Arbeitsrealität profitieren? Wir haben uns auf die Suche nach Berufsgruppen gemacht, die besser oder zumindest anders mit dem Scheitern umgehen, und nach Arbeitsfeldern, die aufgrund des Systems einen anderen Zugang zum Thema haben müssen, um zu sehen, welche Strategien dort entwickelt wurden.

92 Edward A. Murphy, jr. formulierte sein „Gesetz" 1949, nachdem es bei Raketenschlitten-Tests zu mehreren Pannen gekommen war, ursprünglich folgendermaßen: „Wenn es zwei oder mehrere Arten gibt, etwas zu erledigen, und eine davon kann in einer Katastrophe enden, so wird jemand diese Art wählen." Weitaus bekannt ist die oben zitierte Form (Finagles Gesetz). Murphy's Law wird in der modernen Technik als Analysemaßstab herangezogen.
Sätze 2 bis 5 sind ebenfalls weithin bekannt und erfreuen sich vor allem in Abwandlungen, die das Alltagsleben betreffen, großer Beliebtheit: „Wenn etwas auf verschiedene Arten schiefgehen kann, dann geht es immer auf die Art schief, die am meisten Schaden anrichtet." (Satz 2) „Hat man alle Möglichkeiten ausgeschlossen, auf die etwas schiefgehen kann, eröffnet sich sofort eine neue Möglichkeit." (Satz 3) „Die Wahrscheinlichkeit, dass ein bestimmtes Ereignis eintritt, ist umgekehrt proportional zu seiner Erwünschtheit." (Satz 4) „Früher oder später wird die schlimmstmögliche Verkettung von Umständen eintreten." (Satz 5)

93 Derka Gottfried: „Hirn-Forschung" in profil Nr. 16, 16.04.2007. S. 111

## 10.1 WER FORSCHT, SCHEITERT AM LAUFENDEN BAND

*„Der Weg zum Erfolg ist mit fremden Misserfolgen gepflastert."*

*Žarko Petan*

Auf den ersten Blick wird in der Wissenschaft ein erfrischender Umgang mit dem Scheitern gepflegt. Wenn man sich vor Augen führt, welch großes Tabu Scheitern im Arbeitsalltag ist, dann mutet es fast heroisch an, wenn jemand von sich behauptet: „Ich scheitere oft", ohne dass ihm dabei die Schamesröte ins Gesicht steigt. Wir haben **Josef Penninger** etwas auf den Zahn gefühlt, um dieser Frage nachzugehen:

> *Ich erwarte mir eigentlich, dass ein Experiment scheitert – dazu bin ich schon lange genug im Geschäft. In der Wissenschaft ist Scheitern eigentlich normal. Ich glaube, die wirklich guten Forscher sind die, bei denen 60 oder 70 Prozent ihrer Ideen, die sie publiziert haben, die Zeit überstehen.*
>
> *Wissenschaft ist eigentlich das Berufsbild, das auf Scheitern aufbaut. Wir haben Ideen und die versuchen wir dann umzusetzen und Jahre später weiß man erst, ob es geht oder nicht. Dadurch gibt es wahrscheinlich kaum ein Gebiet, das frustrationsanfälliger ist. Zu unserem experimentellen Scheitern kommt natürlich hinzu, dass moderne Wissenschaft ein 100-Meter-Lauf geworden ist, wo 30 Labors das Gleiche tun, und wer als Erster ankommt, erhält die Glorie. Die anderen 29, die genauso gut gearbeitet haben, bekommen mehr oder weniger gar*

*nichts. Wenn man als Erster ankommt, dann erhält man Geld, Positionen. In diesem Sinne ist es eine sehr spitze Pyramide, wo viele Leute unten ins System hineinkommen, aber nur sehr wenige oben ankommen.*

Wir müssen unsere anfängliche Euphorie ein klein wenig in die Schranken weisen. Abseits der Grundlagenforschung legen wirtschaftliche Parameter die Rahmenbedingungen fest. In Pharmaunternehmen kann die Freiheit des Scheiterns schnell in Freizeit zur Jobsuche umschlagen.

***Hat es Auswirkungen auf das persönliche Vorankommen, wenn man der Zweite ist?***

***Josef Penninger:*** *Wir waren z.B. in Amerika ein wenig schneller als jemand an der Rockefeller University. Der hat dann seinen Job verloren, denn es wird gesagt: „Wir erwarten uns, dass ihr die Besten seid, und dass euch diese kleine Gruppe in Kanada geschlagen hat, ist für uns nicht akzeptabel."*

***Wäre das in Österreich auch passiert?***

*Nein, aber vielleicht wäre es manchmal gesund, wenn so etwas passieren würde. Nicht in diesem extremen Maß, aber so gehen eben die großen Institutionen in Amerika damit um: „Wir erwarten, dass ihr die ersten im 100-Meter-Lauf seid. Wenn ihr das nicht seid, müsst ihr woanders hingehen." Dieses Scheitern ist natürlich schwer beeinflussbar. Wir haben in Kanada Glück gehabt, und er hat Pech gehabt. Ich muss auch sagen, dass ich jedes Mal, wenn ich Glück gehabt und mich gefreut habe, am nächsten Tag wieder eine Watsche[94] bekommen habe und woanders der Zweite gewesen bin. Manchmal sind wir oben, manchmal sind wir unten.*

***Nimmt man dann eher Aufträge mit geringerer Scheiterwahrscheinlichkeit an?***

94 Österreichischer Dialektausdruck für „Ohrfeige"

*Die großen Pharmafirmen tun das ganz bestimmt. Die arbeiten alle auf dem gleichen Gebiet. Da gibt es immer diese „drugable targets"*[95]*, an denen jeder arbeitet, da sich jeder fürchtet, irgendetwas Neues anzufangen, weil die Wahrscheinlichkeit des Scheiterns einfach zu groß ist. Für eine große Pharmafirma heißt Scheitern, dass sie, wenn etwa eine klinische Studie nicht die entsprechenden Erfolge gezeigt hat, 20 oder 30 Prozent ihres ganzen Wertes verliert.*

Auch in der Forschung beeinflusst der Ruf des Geldes in letzter Konsequenz den Umgang mit dem Scheitern. Wenn der eigene Job, eine renommierte Forschungsstelle, vom unabsehbaren Erfolg eines Forschungsprojektes abhängt, verliert das Scheitern den Touch des Normalen. Dieser trotz alledem etwas ungewöhnliche Umgang mit dem Scheitern zeigt Auswirkungen auf die persönliche Motivation und Erwartungshaltung:

***Josef Penninger:*** *Die wirklich innovativen Dinge kommen von kleinen Universitätsinstituten oder Forschungsgruppen, die frei agieren und etwas Neues probieren. Als akademische Forscher würden wir sowieso niemandem erlauben, dass er uns sagt, was wir tun sollen, sonst würden wir uns ja verkaufen.*

*Aber die Sache mit Wissenschaft ist halt, dass die meisten Leute immer die gleichen Sachen tun. So kann man natürlich das Scheitern relativ gering halten, weil man weiß, dass immer etwas dabei herauskommt. Aber der Gewinn ist natürlich auch relativ gering. Wenn man hingegen wirklich neue Dinge erforscht, an die sich keiner vorher getraut hat, hat man eine Riesenchance, dass man scheitert – oder den Nobelpreis bekommt. Aber wenn man es nicht wagt, in ein Gebiet hineinzugehen mit dem Wissen, dass man nur eine 5-prozentige Chance hat wieder lebendig herauszukommen, dann kann man nichts Neues machen.*

*Meine Studenten und Postdocs betreuen immer zwei Projekte: Eines, das relativ fad ist, wo aber etwas rauskommen wird, was*

95 „Drugable targets" bezeichnet Proteine, gegen die man aus Gründen der Biologie, Struktur etc. eventuell ein Medikament machen kann.

*zwar die Welt nicht ändern wird, aber womit sie publizieren und eine Stelle finden können. Dann ein zweites Projekt, wo ich weiß, das wird wahrscheinlich nicht funktionieren, aber wenn es funktioniert, dann ist es fantastisch. Das sind die Projekte, an denen die Leute wirklich arbeiten, weil sie es interessant finden.*

*In diesem Sinne versuchen wir unser Institut zu organisieren – wir geben jungen Wissenschaftlern fünf Jahre diese vollkommene Freiheit. Sie müssen riskante Projekte machen, die natürlich scheitern können – nur wissen wir: Wenn dabei etwas herauskommt, dann ist es wirklich etwas Neues. Wir schaffen eine Kultur, in der Scheitern schon inkludiert ist. Aber wenn das in eine Richtung zielt, wo etwas herauskommen könnte, dann ist es das wert, dass man das unterstützt.*

Auch der Physiker **Walter Thirring** kennt diesen unverkrampften Umgang mit dem Scheitern in der Forschung. Wichtig ist es, ein Gespür dafür zu entwickeln, ob ein Projekt das Potenzial zum Erfolg hat. Zu erkennen, ob bereits der Punkt erreicht ist, wo es zum Scheitern verurteilt ist. Man muss rechtzeitig sehen, ob eine Sache in einer Sackgasse enden könnte und es daher besser wäre, einen anderen Weg einzuschlagen. Wer rechtzeitig die Handbremse zieht, verzeichnet zwar keinen wissenschaftlichen Durchbruch, war aber in seiner Einschätzung erfolgreich. Dieses Vorgehen birgt die Gefahr, dass man ein Projekt zu früh zum Scheitern verurteilt. Erkennen lässt sich das erst einige Zeit später.

***Wie wird in der Wissenschaft mit Scheitern umgegangen?***

*Man wird abgehärtet, man findet es selbst heraus. Man muss nur rechtzeitig sehen, wenn man auf das falsche Pferd gesetzt hat, dass man absteigt und etwas anderes macht. Das gehört zum Wissenschaftsbetrieb dazu, aber manchmal hat man natürlich das Gefühl, man darf nicht aufgeben, und es geht dann doch.*

*So war das einmal bei einer Arbeit, die ich mit Professor Lieb*[96] *aus Princeton gemacht habe. Da ging es um den Beweis der*

96 Elliott H. Lieb (*1932, Boston, USA), 1968–1975 Professor am MIT (Massachusetts Institute of Technology), seit 1975 Professor für Mathematik und Physik an der Princeton University, USA.

*Stabilität der Materie: Was hält die Welt davon ab, im Innersten zusammenzubrechen? Wir wollten beweisen, warum das nicht passiert. Das war ein Problem, das man eigentlich schon 1926/27 hätte lösen können, als die Gesetze der Quantenmechanik erfunden wurden. Aber zunächst hatte man das Problem nicht so richtig erkannt und dann hatte man nicht die mathematischen Methoden. Es hat fast 40 Jahre gebraucht, bis man zeigen konnte, wieso das so ist.*

*Wie wir das gezeigt haben? Das ist eine längere Geschichte: Jedenfalls hatte ich Elliot Lieb 1968 das erste Mal getroffen. Wir hatten schon Gedankenaustausch darüber, was für Probleme vielleicht machbar sind, und hatten uns schon gedacht: „Ja, das sollte man eigentlich wirklich gut beweisen können." Aber dann dachten wir jahrelang darüber nach und bearbeiteten verschiedene ähnliche Dinge. 1974 kam Lieb nach Wien und wir haben versucht, das zu lösen. Er ist wieder abgefahren, wir haben es nicht gelöst, aber etwas anderes gefunden. Im darauf folgenden Jahr hat er mir, bereits als ich ihn vom Flughafen abgeholt habe, gesagt: "I feel it in my bones, this time we will lick the problem." Und tatsächlich, gerade bevor er weggefahren ist – wir haben auf der Tafel gerechnet und immer probiert, und nie war es etwas –, stand die Lösung plötzlich auf der Tafel.*

***Mussten Sie auch Projekte frühzeitig abbrechen, zu früh vielleicht?***

*Na ja, nicht sozusagen im Augenblick, sondern nach Jahren hätte sich die Wissenschaft so weit entwickelt gehabt, dass man Erfolg haben hätte können, aber zur damaligen Zeit war das nicht möglich. Das ist mir des Öfteren passiert, in der Beobachtung der Neutrinos[97] zum Beispiel. Das sind Teilchen, die fast keine Wechselwirkung haben, die überall durchschlüpfen. Sie entstehen bei den Kernreaktionen, insbesondere in der Sonne. Jeder bekommt von der Sonne ziemlich viele Neutrinos ab, 10 hoch 11, das sind 100 Milliarden pro Sekunde und Quadratzentimeter. Wir werden von ihnen durchdrungen, aber sie machen nichts und wir spüren sie nicht. Noch bevor das Teilchen entdeckt wurde, war ich in Bern*

97 Ein Neutrino ist ein elektronisch neutrales Elementarteilchen.

*Assistent von Fritz Houtermans*[98] *– ein sehr interessanter Mann. Er hatte im Alter von 26 Jahren schon die Idee, dass die Energie der Sonne eigentlich Kernenergie ist. Er war damals zu früh, genauer konnte er das nicht beweisen, das war so eine Vision. Aber jedenfalls waren wir gerade mit den Neutrinos rausgekommen und wollten ausrechnen, ob man sie vielleicht sehen kann. Ich habe da allerlei herumgerechnet und wir haben das dann publiziert und die Konklusion war: Nein, es ist hoffnungslos, dass man das sieht, das ist zu selten, dass da ein Prozess passiert. Aber kurze Zeit darauf hat sich herausgestellt, dass das doch nicht so ist. Denn je höher die Energie, desto mehr können sie anrichten, desto eher sieht man sie. Mit einer größeren Maschine war die Möglichkeit gegeben, dass man die künstlich erzeugten Neutrinos nachweist.*

*Wie gesagt, in der Wissenschaft muss man rechtzeitig sehen, wenn man aufs falsche Pferd gesetzt hat. Andererseits darf man nicht zu früh aufgeben, und ob man das gerade zur richtigen Zeit macht, das ist ein wenig Glückssache.*

Wenn für Wissenschaftler Scheitern zum täglichen Brot gehört, wenn sie sogar einplanen, dass ein Experiment nicht funktioniert, eine Theorie sich nicht beweisen lässt, welche Auswirkungen hat das auf das eigene Renommee? Wie begegnet man so genannten Koryphäen, wenn man weiß, dass sie gar nicht so unfehlbar sind, wie sie immer erscheinen oder auch gerne gezeigt werden? Wahrscheinlich gibt es kein allgemein gültiges Rezept. Wenn **Walter Thirring** von seinem wissenschaftlichen „Disput" mit Albert Einstein erzählt (Thirring war damals 26 und Einstein 74 Jahre alt), erweckt es eher den Eindruck, als wäre der freundschaftliche Meinungsaustausch vor allem das Ergebnis von zwei Persönlichkeiten, die aufeinandertreffen:

***Ist beim wissenschaftlichen Austausch mit solch einer Koryphäe wie Albert Einstein die Angst zu scheitern stärker präsent?***

---

98 Friedrich/Fritz Georg Houtermans (*1903 in Zoppot bei Danzig; †1966) deutscher Physiker. Wuchs in Wien auf. Studium der Physik in Göttingen, während der NS-Zeit Emigration nach England und Russland, 1940 Auslieferung nach Deutschland. 1952–1966 Professor in Bern und Direktor des Physikalischen Instituts. Berechnete 1953 erstmals das Alter der Erde.

**Walter Thirring:** *Ich habe mit ihm nur diskutiert, nicht wirklich gearbeitet. Das hat mich eigentlich überhaupt nicht berührt. In vieler Hinsicht waren Einstein und ich verschiedener Meinung, weil Einstein von der Quantentheorie nichts wissen wollte und ich darauf gearbeitet habe. Das ist so ähnlich wie bei Menschen mit verschiedenen Religionen – die können auch selten miteinander reden. Fachlich waren wir eben verschiedener Meinung, hingegen politisch, da waren wir ganz derselben Meinung. Damals war gerade die McCarthy-Zeit*[99] *in Amerika, eine fürchterliche Hexenjagd, und das hat ihn schon gezeichnet, sagen wir es so. Und – nein, er war durchaus zugänglich im Gegensatz zu Kurt Gödel*[100]*, der damals auch in Princeton war, aber mit dem ich es nie zu einer Konversation gebracht habe. Der war so asozial, der hat sich eigentlich nur mit Einstein unterhalten.*

---

99 Joseph Raymond McCarthy (1908–1957), US-amerikanischer Politiker, Republikaner. Führte in den frühen 1950er-Jahren eine von seinen Gegnern als „Hexenjagd" bezeichnete Kampagne gegen eine angebliche Unterwanderung der USA durch Kommunisten an. Die so genannte McCarthy-Ära war geprägt von antikommunistischen Verschwörungstheorien und Denunziationen.

100 Kurt Gödel (*1906, Brünn [damals Österreich-Ungarn], †1978 in Princeton, USA), Mathematiker und Logiker, leistete u.a. maßgebliche Beiträge zur Relativitätstheorie. Er war eng mit Albert Einstein befreundet. Seine fortschreitende psychische Krankheit ließ ihn ab den 1940er-/50er-Jahren zunehmend vereinsamen.

## 10.2 WENN HUNDERTSTELSEKUNDEN ENTSCHEIDEN

*„Zwischen Gelingen und Misslingen, im Streit, Anstrengung und Sieg bildet sich der Charakter."*

*Leopold von Ranke*

Herausragende Wissenschaftler werden als Ausnahmeerscheinungen in den Himmel gehoben, Sportlern geht es in vielerlei Hinsicht ähnlich. Was sie so besonders macht? Ihr wichtigstes Kapital ist ihr Körper und sie wissen von Beginn an, dass ihre Karriere unweigerlich irgendwann zu Ende sein wird. Ihr Körper wird den hohen Beanspruchungen einmal nicht mehr in der gewünschten Form standhalten können. Scheitern ist Teil des Spieles.

Wer in einer breitenwirksamen Sportart tätig ist, steht mit der eigenen Leistung permanent auf dem öffentlichen Prüfstand. Auf dem falschen Bein gestanden, den Schwung zu spät angesetzt oder den Ball verschlagen, und schon verwandelt sich der nahende Sieg in eine Niederlage. Es darf einen nicht wundern, dass im Spitzensport so hoher Stellenwert auf Mentaltraining gelegt wird. Letztendlich kommt es neben der körperlichen Fähigkeit auf die richtige Einstellung und Ruhe an, um im entscheidenden Moment die richtige Handlung zu setzen. Sportler müssen ein positives Selbstkonzept und eine hohe Fehlertoleranz entwickeln. Sie müssen Scheitern als Chance in der Weiterentwicklung erkennen. Statt der Furcht vor dem Misserfolg regiert die Hoffnung auf Erfolg ihr Denken. Man kann sich nicht ständig selbst belügen, indem man andere für die eigene Niederlage verantwortlich macht und Erfolg ausschließlich sich selbst zuschreibt. Um die Messlatte richtig anzusetzen und sich erreichbare Ziele zu stecken, ist eine reale Selbsteinschätzung unabdingbar. Sonst leidet das Selbstbild.

Bruchteile von Sekunden entscheiden zwischen Sieg und Niederlage, zwischen Erfolg und Scheitern. Wir fragten **Rainer Schönfelder**, ob er es als Scheitern erlebt, wenn er sein Ziele in einem Rennen nicht erreicht:

*Meine Überzeugung ist heute, dass es zu den wesentlichen Reifeprozessen – nicht nur von Spitzensportlern – gehört, in der internen Bewertung dessen, was einem passiert, das Konzept Scheitern durch das Konzept Feedback zu ersetzen. Das ist ein Prozess und es ist, speziell im Spitzensport, ein aufwendiger Prozess. Denn die Prägungen durch das System Spitzensport basieren natürlich ganz stark auf der gängigen Differenzierung „Gute Leistung ist gut und schlechte Leistung ist schlecht". Und sie funktionieren nach diesen Unterscheidungen.*

*Man internalisiert das und bekommt dann im Laufe der Karriere die Möglichkeit zu erfahren: Jene Dinge im Leben, die dem Lustprinzip folgen, erreicht man auf eine Weise sicher nicht – durch Zwang. Egal, ob es um Orgasmen geht oder um einen schnellen Schwung beim Skifahren. Der Aufstieg aus der Eindimensionalität der Leistung ist kein Spaziergang, aber ich würde für mich sagen, ich habe ihn – das letzte Stück sicher im vergangenen Winter – ganz gut vollzogen.*

2006/07 musste Rainer Schönfelder die Saison aus gesundheitlichen Gründen vorzeitig beenden. Sein Körper verlangte unmissverständlich nach einer Auszeit, die Leistungen waren über mehrere Rennen nicht mehr zufriedenstellend.

***Wie geht man als Spitzensportler mit diesem „Scheitern am eigenen Körper" um?***

***Rainer Schönfelder:*** *Wir haben so eine stehende Wendung, dass ich der große Verlierer des Winters 2006/07 nach Weltcuppunkten, aber der große Sieger nach Erkenntnissen gewesen bin. Das meine ich ernst. Ich bin anfänglich so umgegangen, wie man mit seinem Körper nicht umgehen sollte: Ich habe dem Schmerz und den Beeinträchtigungen einfach keine Aufmerksamkeit geschenkt – also die Signale nicht akzeptiert. Pause gibt´s nicht. Ich bin mit einer Leistenverletzung gefahren, die mein gesamtes muskuläres Konzept beeinträchtigt hat. Ich bin aufgrund der Beeinträchtigung* *anders gefahren und im Training zweimal hintereinander auf den Schädel gefallen. Und ich bin mit Gehirnerschütterung und Schleudertrauma weitergefahren, bis ich in Adelboden[101] nicht einmal das Startsignal mehr wahrgenommen habe. Ich habe mir sehr lange nicht eingestanden, dass es einfach körperlich nicht geht und dass das gute Gründe haben wird.*

*Als ich schließlich beschlossen habe, vorerst keine Rennen mehr zu fahren, sondern meinem Körper Zeit zu geben, damit er sich erholen kann, hat mein persönliches Umfeld Verständnis gezeigt, weil alle die Einzelheiten und die Chronologie kannten, wie es zu diesem körperlichen Zustand gekommen ist. Ich habe in dieser Zeit viel wichtigen Input bekommen, der mir auch geholfen hat, die Lektionen, die es zu lernen gab, zu lernen.*

*Bei meinem beruflichen Umfeld hat sich in diesem Fall die Spreu vom Weizen getrennt: Jeder hat so gut darauf reagiert, dass ich einfach nicht fit bin und nicht über meinen Schatten springen kann, wie es dem Betreffenden halt möglich war. Herausgekommen ist ein Dschungel an Meinungen, Ratschlägen und Lösungen – sicher in der besten Absicht, wo man aber letztendlich draufkommt: Du bist für dich selbst verantwortlich, du brauchst einen Plan, wie du aus dem Tief wieder herauskommst.*

*Ich würde sagen, dass dieses Scheitern im Winter 06/07 mein Leben elementar beeinflusst hat. Ich habe begonnen, mich auf anderen Ebenen mit mir selbst zu beschäftigen. Und ich habe mir dafür auch externe Unterstützung durch den erfolgreichen Managementtrainer und Coach Roman Braun[102] geholt. Durch seine Inputs und Methoden habe ich viel verändert und optimiert: Mein ganz persönliches Gedankenmanagement, den ökonomischeren Umgang mit meinen Ressourcen, Wahrnehmung und Blickwinkel für mein und das kommunikative Verhalten anderer. Insofern war dieses vordergründige*

---

101 Am Chuenisbärgli in Adelboden, im Schweizer Kanton Bern, finden alljährlich Rennen des FIS Skiweltcups statt.

102 Roman Braun (* 1960, Wien), entwickelte eine eigene NLP-Methode (Neurolinguistische Programmierung) namens Trinergy ®, die Systemtheorie und Ethik mit einbezieht. Er ist Trinergy-Trainer, Mentalcoach und Autor mehrerer Bücher.

*Scheitern hintergründig vielleicht mein bisher größter Sieg. Eine wichtige Referenzerfahrung, um meinem großen Ziel, dem Sieg im Gesamtweltcup, entscheidend näherzukommen.*

Scheitern kann ein Schlüsselerlebnis sein, an dem man wächst, kein leichtes Lernen, aber ein nachhaltiges. Rainer Schönfelder ist an den sportlichen Rückschlägen gereift und gestärkt daraus hervorgegangen. Beim Skiauftakt in Sölden[103] im November 2007 wurde seine Offenheit vom Fernsehmoderator anerkennend gewürdigt. Er vergönnte Schönfelder ausdrücklich ein gutes Rennen. Soll noch einmal jemand behaupten, dass Ehrlichkeit unbemerkt bleibt!

Der größtmögliche sportliche Triumph ist die Teilnahme an den Olympischen Spielen, nur mehr getoppt durch eine Medaille. Das größtmögliche sportliche Scheitern ist, diese Teilnahme nicht zu schaffen. **Christoph Sieber** hat beides erlebt. 1996 scheiterte er an der Qualifikation für die Olympischen Spiele in Atlanta und schlitterte in ein tiefes Loch. 2000 holte er sich als Außenseiter Olympiagold im Windsurfen. Mittlerweile bereitet er sich auf die Olympischen Spiele in Peking vor, an einem neuen Sportgerät, dem Segelboot 49er. Bis dorthin war es ein langer Weg:

*Ich habe mich vier Jahre lang ausschließlich auf die Olympischen Spiele in Atlanta 1996 vorbereitet. Doch ich habe die Österreich-interne Qualifikation nicht erreicht. Bei zwei Wettkämpfen habe ich die Limits um einen Platz versäumt. Im Normalfall lässt man dann Gnade walten und man darf trotzdem zu den Olympischen Spielen fahren, doch damals war es eine sportpolitisch schwierige Situation und mir wurde die Teilnahme verwehrt. Es ist kein Österreicher hingefahren.*

*Das war wirklich der Tiefpunkt in meiner Sportlerkarriere, die größte Enttäuschung meines Lebens. Man bereitet sich nicht nur diese vier Jahre vor den Spielen auf dieses Ereignis vor, sondern im Prinzip ein Leben lang. Man macht das ausschließlich und fokussiert alle Energie, allen Willen auf die Teilnahme bei den Olympischen Spielen.*

---

103 Auf dem Rettenbachergletscher im Söldener Skigebiet (Sölden im Ötztal, Tirol) findet alljährlich der FIS Skiweltcup statt.

*Ich war dann noch als Trainingspartner in Atlanta, habe alle Trainingswettfahrten bestritten und war immer unter den ersten Dreien. Daraufhin habe ich wieder gehofft, dass ich doch teilnehmen dürfte. Wenige Tage vor dem Beginn der Spiele kam der schlussendliche Bescheid: „keine Teilnahme". Ich war am Boden zerstört und sah für mich zwei Optionen: „ich werfe alles hin" – es hat eh keinen Sinn, wenn es an solchen Faktoren scheitert – oder „jetzt erst recht".*

**Sie haben sich für „jetzt erst recht" entschieden?**

*Ich hatte sicher noch nicht diese Reife und es war kein leichter Prozess, zu so einer Entscheidung zu kommen. Wenn man jung ist und keine Verpflichtungen hat, ist es leicht, sich zurückzuziehen. Ein Freund hat mir seine Hütte am Neusiedlersee überlassen und ich habe zwei Wochen lang mit niemandem gesprochen. Ich bin nur surfen gegangen, immer, auch um fünf Uhr in der Früh, wenn ich gerade aufgewacht bin. Ich habe gelesen, auf den See hinausgeschaut, und dann bin ich zu dem Schluss gekommen: „Du hast jetzt schon so viel Energie hineingesteckt, in dieses Ziel der erfolgreichen Teilnahme an den Spielen. Es kann nicht sein, dass das jetzt auf diese Weise aufhört. Warum probierst du jetzt nicht vier Jahre lang möglichst unabhängig, nach einem eigenen Plan, alles, was du leisten kannst?!"*

*Mir ist mal von Martin Luther King[104] ein Satz untergekommen: "It's not the man, it's the plan." Und demzufolge habe ich mich am Neusiedlersee mit meinem Trainer Peter Krimbacher[105] hingesetzt und analysiert, wo meine Stärken liegen und wie ich meine Schwächen am besten ausmerzen kann. Meine Stärken waren das Technische und die Erfahrung, meine Schwächen waren im konditionellen Bereich. Der Windsurfsport hat sich weiterentwi-*

104 Martin Luther King Jr. (*1929, Atlanta, Georgia, USA; †1968, Memphis, Tennessee), einer der wichtigsten Kämpfer gegen die Unterdrückung der Afroamerikaner. Der Bürgerrechtler predigte Gewaltlosigkeit, wurde mehrmals tätlich angegriffen und mehr als 30-mal verhaftet. Am 4. April 1968 wurde King erschossen.

105 Peter Krimbacher (*1958). In den 1970er- und 1980er-Jahren selbst Segler arbeitet er heute als Trainer des Österreichischen Segel-Verbandes (49er und Windsurfing).

*ckelt, ist extrem physisch geworden und das war mein Manko in der Qualifikation für Atlanta. Ich habe dann ein Trainingszentrum gesucht, jemanden, der mir bestmöglich helfen kann, diese Schwäche auszumerzen. Das war das Trainingszentrum in Obertauern*[106] *auf 2.000 Meter. Dort wurde ich getestet und mir wurde gesagt, ich sei so fit wie ein Blumentopf im Vergleich zu anderen Sportlern. Ich habe mich umgeschaut, Schneeregen draußen im Sommer, eine Kraftkammer unten im Keller ohne Fenster und aus dem Bauch heraus habe ich gesagt: „Ja, das ist das Richtige, da unterschreibe ich einen Vertrag." So ein sportmedizinisch kontrolliertes Training ist sehr teuer und ich hatte natürlich keinen Groschen Geld, aber ich habe mir gedacht, ich werde das Geld schon finden.*

*Also habe ich dort oben zu trainieren begonnen. Das waren immer Sechs-Wochen-Trainingsblöcke, in denen ich das Haus nicht verlassen habe. Ich hatte auch kein Geld für ein Quartier und habe in meinem Campingbus neben dem Trainingsgebäude geschlafen. Wenn alles zugeschneit war, habe ich im Schlafsack gebibbert. So habe ich jeden Tag meine sechs Stunden am Ergometer verbracht, sportmedizinisch kontrolliert, ein extremer Trainingsumfang mit Laktatkontrolle, weil der Körper und der Geist sagt schnell einmal: „Ah, es reicht, ich kann nicht mehr." Dann kommt der Trainer, nimmt eine Blutprobe, analysiert sie innerhalb von 30 Sekunden und sagt: „Na, na, du kannst schon noch!" Diese Trainingsblöcke waren körperlich extrem anstrengend, bis zum Maximum gehend, so dass man permanent an der Grenze zum Krankwerden ist.*

*Und gleichzeitig war es ein extrem machtvolles Mentaltraining. Wenn man so etwas erträgt, wird man mental stärker. Das Training war härter gestaltet als ein Wettkampf, da ist jeder Wettkampf fast wie Erholung. Ich war im Sommer im Schneeregen ein, zwei Monate in Obertauern und bin zum Beispiel zu einer Regatta nach Brest*[107] *gefahren, wo es geschüttet hat, und für*

106 Obertauern ist ein beliebtes Skigebiet in Salzburg (in den Radstädter Tauern gelegen). In Obertauern liegt der offizielle ÖSV-Olympiastützpunkt (mehrheitlich im Besitz des Österreichischen Skiverbandes) mit Vitalcenter und sportmedizinischer Betreuung. Der Olympiastützpunkt kann auch von Besuchern genutzt werden.

107 Brest ist eine Hafenstadt an der Atlantikküste Frankreichs (Bretagne).

*mich war es wie Urlaub am Meer. Wo alle anderen gejammert haben, war's für mich: „Ja! Ich bin nicht am Berg!" Das Ganze war schlussendlich von Erfolg gekrönt, denn ich habe tatsächlich in Sydney die Goldmedaille gewonnen.*

*Das Entscheidende für mich war das Mentaltraining, das körperliche Training hat mir Chancengleichheit verschafft, aber den Vorsprung auf die anderen hat mir eigentlich der Kopf verschafft. Bei den Olympischen Spielen kann man immer beobachten, wie Favoriten der Kopf durchbrennt, weil sie sich nicht genügend auf diesen Moment vorbereitet haben, weil sie dann vom Moment überrascht werden. Es entsteht ein verkrampftes Wollen, und das lässt sie nicht in diesen Flow-Zustand hineinrutschen, der notwendig ist, um eine optimale Leistung abrufen zu können. Mir ist es vorbereitend gelungen, keinen Druck zu verspüren, einfach das zu leisten, was ich leisten kann.*

*Und zu leisten, was man leisten kann, ist ja extrem viel. Das sollte man nicht leichtfertig dahinsagen. Das ist die Kunst schlechthin im Leben, und die bedarf eben intensiver Vorbereitung.*

## 10.3 KUNST DREHT DEN SPIESS UM

*„Nicht immer sind am Misserfolg die Künstler schuld. Manchmal ist es auch das Publikum, das durchfällt."*

*Leonie Rysanek*

Es gibt neben Wissenschaftlern und Sportlern eine weitere Berufsgruppe, die im Leben eine gewisse Sonderstellung hat, nämlich Künstler. Sie werden ebenfalls als etwas „außerhalb der Norm" gesehen, da ihr Beruf nur wenige Berührungspunkte mit denen anderer Menschen aufweist.

Denkt man über Kunst und Scheitern nach, erscheinen unweigerlich zwei Bilder vor dem geistigen Auge: Einerseits der gescheiterte Künstler, der in einem muffigen Kelleratelier ohne Kohle den Winter durchzittert und sein letztes Geld für Leinwand und Farbe ausgibt. Anderseits das Genie, das nahe dem Wahnsinn wohnt, mit zu Berge stehenden Haaren, der wirres Zeug über seine missverstandene Kunst und Liebe und Tod und Verderben spricht. Wenn man sich vor Augen führt, welche Preise Bilder von Vincent van Gogh[108] bei Auktionen erzielen, würde man nicht behaupten, dass er gescheitert ist. Und doch erfüllt er beide Klischees. Er hat als verkannter Künstler zu Lebzeiten nur wenige Bilder verkauft, und das Selbstbildnis mit dem abgeschnittenen Ohr beantwortet die Frage nach dem „wahnsinnigen Genie". Aber Künstler müssen nicht unweigerlich in diesen Extremen zu Hause sein, erkennt **Gabriele Spindler**, Kuratorin der Ausstellung „scheitern." in der Landesgalerie Linz:

---

108 Vincent Willem van Gogh (*1853, Groot-Zundert (heute: Zundert), Niederlande; †1890, Auvers-sur-Oise, Frankreich), Begründer der modernen Malerei, beeinflusste vor allem den deutschen Expressionismus. Er hinterließ an die 800 Gemälde und über 900 Zeichnungen. Zu Lebzeiten verkaufte er nur wenige Bilder – der Legende nach sogar nur eines –, heute erzielen seine Werke bei Auktionen Rekordpreise.

*Aus der Presseinformation zur Ausstellung: „Die Kunst konnte dem Scheitern immer schon seine besten Seiten abgewinnen: Von den dramatischen Inszenierungen gescheiterten Heldentums über die großen Liebesgeschichten der Literaturgeschichte, die gerade in ihrer Unerfüllbarkeit faszinieren, bis zu den grandios scheiternden Protagonisten in Slapstick und Komödie. Auch in der bildenden Kunst liegen die Phänomene Gelingen und Scheitern nahe beieinander: ob es sich um den Mythos vom verkannten künstlerischen Genie handelt oder um die Konzepte der Avantgarde-Bewegungen der Moderne, deren utopischer Anspruch ihre Unrealisierbarkeit bereits implizierte."*

Einige Kultur- und Unterhaltungsformen würden ohne Scheitern nicht existieren. Neben dem angesprochenen Slapstick und der Komödie zählen das Kabarett und die TV-Comedy dazu. Das eigene Scheitern wird zum Thema der Überzeichnung oder es geht auf Kosten anderer. Neben dem Zugang der launischen Überzeichnung gibt es viele andere Ebenen, auf denen man sich künstlerisch mit dem Scheitern befassen kann. In den letzten Jahren hat sich die Kunstszene mit dem Thema Scheitern stark auseinandergesetzt:

***Gabriele Spindler:*** *Möglicherweise hat Scheitern in den letzten Jahren ein wenig an Tabu verloren, zumindest im Kulturbereich. Ich finde es interessant, dass Scheitern gerade hier verstärkte Aufmerksamkeit erfährt. Für Künstler ist die Auseinandersetzung mit dem Scheitern nämlich etwas sehr Naheliegendes, weil viele anfangs oder auch langfristig mit Erfolglosigkeit zu kämpfen haben.*

*Allerdings ist künstlerischer Erfolg grundsätzlich sehr schwer zu definieren. In der Wirtschaft gibt es Zahlen – entweder die Firma läuft, erwirtschaftet Gewinne, expandiert, oder eben nicht. Es ist bei einem Manager relativ einfach zu beurteilen, ob er erfolgreich war oder nicht. In der Kunst stellt sich jedoch die Frage, wer genau den Erfolg definiert. Ist es wirklich nur der Markt? Sind es die Museen, die Sammler? Und wer beurteilt, ob ein Kunstwerk gut ist oder schlecht?*

*Es gibt viele Künstler, die aufgrund ihrer Erfolglosigkeit sehr frustriert sind, das ist ein Faktum. Es gibt verschiedenste Arten, damit umzugehen. Ich kenne viele Künstler, die in einem angewandten Bereich sehr erfolgreich sind. Zum Beispiel gute Fotografen, die in der Werbefotografie arbeiten. Sie versuchen, ihre freie künstlerische Arbeit nebenbei zu machen, sie sich mit dem Brotjob zu finanzieren. Das kann gut gehen, kann aber auch unbefriedigend sein, das hängt individuell vom Typ ab. Es entstehen aber auch Parallelwelten. In jeder kleineren Stadt gibt es eine Galerie, die den lokalen Künstler ausstellt, und da gibt es dann Leute, die ihn kennen und ein Bild kaufen. Er kann also im kleinen Rahmen durchaus erfolgreich sein, wird aber vielleicht national oder international überhaupt nicht wahrgenommen. Andere wiederum ziehen sich komplett zurück und machen Kunst nur mehr für sich und leben von einem gänzlich anderen Brotberuf.*

Künstler, die scheitern, können auf eine lange Tradition zurückblicken: Im Europa des ausgehenden 19. Jahrhunderts scheiterte die Boheme[109] mit Stil. Eine ganze Kunstszene in Paris, London, Wien, Prag oder auch Krakau gab sich dem noblen Scheitern hin. Die völlige Unabhängigkeit von Besitz und Karriere war Lebensinhalt. Eine elitäre Haltung, die sich freilich nur eine ausgesuchte Schar von Künstlern und Intellektuellen leisten konnte. Sie überhöhten und ästhetisierten das Scheitern. Aus dieser Lebenshaltung heraus hat sich auch die prototypische Figur vom „armen Künstler" entwickelt. Kunst und Scheitern blieben weit nach dem Niedergang der Boheme gedanklich verknüpft.

Im besten Fall kennen Künstler Scheitern nur in der Form der Androhung, dass es ihnen widerfahren könnte. Wie gehen Künstler mit der Möglichkeit des eigenen Scheiterns um, und wie mit den Erwartungen, die an sie gestellt werden? Wie sieht es etwa **Emil Breisach**, ein Kultur-Urgestein der Grazer Szene, der den Kulturbetrieb von der künstlerisch-gestalterischen und der organisatorisch-institutionellen Seite kennt?

*Ich glaube, dass wir uns im Moment unter einem großen gesellschaftlichen Druck befinden und dass die Künstler darauf warten,*

109 Boheme bezeichnet eine Art zu leben, die mit gesellschaftlichen Konventionen bricht und gleichzeitig authentischer sein soll. Diese „wilde Lebensart" wurde den fahrenden Völkern aus dem Gebiet Böhmens nachgesagt, daher der Name aus dem Mittelalterlichen „bohemus" für Böhme, Zigeuner.

*dass sie angesprochen werden, solche Thematiken aufzugreifen. Um einerseits zu analysieren und andererseits nach Möglichkeit Wege zu weisen – was im Augenblick sehr schwierig ist.*

**Ist der Karrieredruck heute größer als vor 40 Jahren?**

*Ja, sicher, weil die mediale Welt im Wesentlichen auf das reagiert, was dann in den Seitenblicken zu sehen ist, und nicht auf geistige Substanz. Scheinbar Erfolgreiche sind in der Literatur die Presseautoren, in der Musik die Popgruppen und im Theater die Leute, die irgendwelche Skandale provozieren, aber nicht die wirklich entscheidenden Kräfte.*

**Gibt es auch Dinge, an denen Sie als erfolgreicher Kulturschaffender, Kunstvermittler und Künstler gescheitert sind?**

*Erst in jüngster Zeit, 2003, als Graz Kulturhauptstadt[110] war, habe ich einen wirklichen Ärger gehabt. Ich habe einige Jahre zusammen mit dem Architekten Kada[111] und seinem Sohn[112] an einem Projekt, der „gespiegelten Stadt", gearbeitet. Als Lorenz[113] Intendant der Kulturhauptstadt geworden ist, haben wir über die gespiegelte Stadt gesprochen und er hat gesagt, dass er das ganz anders machen möchte. Ich habe ihm nachgegeben, was mir heute eigentlich noch leidtut, und dann ist das herausgekommen, was am Freiheitsplatz[114] zu sehen war: vier Spiegelwände, wo eine Direktschaltung nach Triest[115] zum Meer eingeblendet*

110 Mindestens eine europäische Stadt trägt pro Jahr den Titel „Europäische Kulturhauptstadt". 2010 wird mit Istanbul erstmals eine Stadt außerhalb der EU diesen Titel tragen.

111 Klaus Kada (*1940, Leibnitz) österreichischer Architekt, gründete 1976 ein Architekturbüro in Leibnitz, 1988 eines in Graz und 1996 kadawittfeldarchitektur in Aachen. 1995–2006 lehrte er an der Fakultät für Architektur der RWTH Aachen.

112 Alexander Kada (*1968, Graz), Architekt und Designer. Idee und Konzeption zur Installation „Die gespiegelte Stadt" stammen von Emil Breisach sowie Klaus und Alexander Kada.

113 Wolfgang Lorenz (*1944, Graz) war Redakteur bei mehreren Zeitungen, ab 1969 im ORF (Österreichischer Rundfunk) Leiter unterschiedlicher Ressorts, 1988 Intendant des Landesstudios Steiermark, später wieder in Wien, seit September 2006 Programmdirektor Fernsehen des ORF.

114 Platz in Graz

115 Hafenstadt in Norditalien

*war. Das war nicht die ursprüngliche Idee. Ich wollte Künstler einbauen, weil sich sehr viele internationale Künstler mit Spiegelobjekten beschäftigen. Ich wollte sie animieren, an öffentlichen Treffpunkten, dort, wo die Menschen einkaufen gehen oder im Kaffeehaus sitzen, Spiegelobjekte zu machen, um eine Reflexion der Gegebenheiten der Menschen zu bewirken. Was man hätte fortsetzen können bis zu Videoaufnahmen, die man am Hauptplatz macht und dann am Eisernen Tor[116] abspielt. Dass Leute, die dort im Gespräch verwickelt waren, sich im Video in der Auslage wiedersehen. Also alle Möglichkeiten der Selbstreflexion. Das ist eine Idee, die mich beschäftigt, weil das ein außerordentliches Projekt wäre und weil diese internationalen Leute, die sich damit beschäftigen, viel Freude hätten, sich mit Objekten zu beteiligen. Aber vielleicht finde ich noch Partner.*

***Wurde die Umsetzung von anderen als Scheitern empfunden?***

*Nein, es ist gar nicht bekannt, dass das Projekt ganz anders hätte sein können. Ich habe auch einen öffentlichen Skandal völlig vermieden. Ich wollte dem jungen Alexander Kada diesen Teilerfolg, den er doch damit gehabt hat, nicht streitig machen. Nur mit Lorenz hatte ich einen Krach und eine Freundschaft ist dabei nicht sehr erfreulich zerbrochen.*

***Sehen Sie die Kulturhauptstadt 2003 als gescheitert?***

*Weitgehend ja. Wobei, den Ruf der Kulturstadt haben wir noch und es kommen relativ viele touristische Besucher, dadurch hat es einen Aufschwung gegeben. Aber das, was Nachwirkung hätte haben sollen, ist ausgeblieben. Das Einzige, was wirklich dem entspricht, was man sich vorgenommen hat, das Literaturhaus, war jedoch schon viel früher geplant als 2003. Alles andere, würde ich sagen, sehr bedingt. Man hätte viel mehr daraus machen können.*

***Was meinen Sie: Wie sollte die Gesellschaft idealerweise mit Scheitern umgehen?***

---

116 Teil der alten Stadtmauer von Graz

*Ich glaube, es gibt vor allem im Kunst- und Kulturbetrieb viele Menschen, Projekte, sehr hoch stehende Dinge, die dann nicht durchgehen. Und es gibt verschiedene Gründe, warum sie nicht durchgehen. Ein Prinzip, das ich beobachtet habe, ist, dass immer wieder gute Leute mit guten Ideen scheitern, weil sie nicht bedenken, dass der Teufel im Detail steckt. Man muss wirklich bis ins Detail alles durchdenken und planen. Es muss alles funktionieren, sonst erlebt man Schiffbruch, bei allem, was man macht, wo auch immer. Schlamperei in der Durchführung ist immer eine Katastrophe.*

*Das ist das eine, und dann natürlich: Ist die Zeit reif für etwas? Ist das Geld vorhanden? Kann man mit dem Geld umgehen? Und ist eine Instanz da, die auch beurteilt, ob etwas gescheitert ist oder nicht? Es gibt auch Dinge, die erst später in ihrer Bedeutung entdeckt werden. Büchner*[117] *ist als Autor in seiner Zeit gescheitert, er war bereits 50 Jahre tot, als er plötzlich entdeckt wurde. Man darf das augenblickliche Scheitern nicht unbedingt gleichsetzen mit einem Mangel an Qualität*

**Agnes Husslein-Arco** erlebt seit mittlerweile fast drei Jahrzehnten den Kunstmarkt hautnah mit, als Auktionarin und als Direktorin mehrerer Museen. Auch sie kennt die Bedeutung des Scheiterns in der Kunst und für den Künstler:

*In der bildenden Kunst liegen die Phänomene Gelingen und Scheitern nahe beieinander: ob es sich um den Mythos vom verkannten künstlerischen Genie handelt oder um die Konzepte der Avantgarde-Bewegungen der Moderne, deren utopischer Anspruch ihre Unrealisierbarkeit bereits implizierte.*

*Das künstlerische Arbeiten beinhaltet eine hohe Wahrscheinlichkeit des Scheiterns, insbesondere da es hier kein richtig und falsch, keine vorgegebenen „sicheren" Wege gibt. Künstler müssen sich ständig neu definieren – in diesen Prozess ist das Scheitern integriert. Auch bei meinem Großvater Herbert*

117 Karl Georg Büchner (*1813, Goddelau [damals Großherzogtum Hessen], †1837, Zürich), deutscher Schriftsteller und Naturwissenschaftler

*Boeckl[118] gab es immer wieder die Angst, dass er das Bild, das er in sich trägt, nicht zuwege bringt. Es gibt viele, die daran scheitern, dass sie nicht das produzieren können, was sie produzieren wollen oder was in ihnen ist. Dennoch kann das Scheitern Kräfte freisetzen und, als konstruktive Ressource genutzt, gar zur künstlerischen Strategie werden.*

Scheitern besitzt im Kunstmarkt nicht zwangsläufig einen negativen Ruf. Wenn ein Projekt scheitert, heißt es noch lange nicht, dass es nicht gut gewesen wäre. Manche Projekte werden nicht realisiert, weil ihre Bedeutung, ihr Tiefgang von Subventionsgebern nicht erkannt wird.

In Deutschland gibt es einige Kulturprojekte, die sich aktiv mit dem Scheitern auseinandersetzen. In Berlin bezeichnet sich eine Künstlergruppe bewusst und voller Stolz „Club der polnischen Versager". Das Wortspiel kehrt ein Vorurteil in etwas Positives um und reagiert so auf überzogene Erwartungshaltungen. In München finden vom Scheitern bedrohte Kreative und Innovative bei „Schöner scheitern" Aufnahme. Die „Selbsthilfegruppe" erklärt Erfolglosigkeit zur (Lebens-)Kunstform. Ins Leben gerufen wurde „Schöner scheitern" von **Philipp Catterfeld**, Soziologe und Kolumnist sowie ausgebildeter Theater-, Film- und Fernsehkritiker. Er weiß, wovon er spricht, denn er verdient sich seinen Lebensunterhalt als Fahrradkurier. Als „botenfahrender Soziologe" ist er ohne Zweifel qualifiziert, mit „Schöner scheitern" seine eigene Lebenssituation ironisch zu überzeichnen. Seine Handlungsanleitung für den positiven Umgang mit dem systemimmanenten Scheitern lautet:

*Wir leben heute in einer Kultur, die mit dem Scheitern ihrer Existenzberechtigung verlustig geht, weil sie dafür keine Anknüpfungspunkte hat, keine Geschichten hat, in die dieses Scheitern eingebettet werden kann, weil nur noch eines zählt, Erfolg, materieller Erfolg, Geld. Scheitern ist heute nur noch Verlust, Insolvenz. Solange wir nicht im Kleinen darüber reden, solange wir unser persönliches Scheitern nicht pflegen, nicht kultivieren, wird alles scheitern. Und keiner wird es je merken.[119]*

118 Herbert Boeckl (*1894, Klagenfurt; †1966, Wien), Maler, ein Hauptvertreter der österreichischen Moderne

119 Aus www.schoenerscheitern.de

Sollte einem der Zutritt zum „Club der polnischen Versager" und zur Selbsthilfegruppe „Schöner scheitern" verwehrt werden, kann man sein Scheitern bei der „Show des Scheiterns" einer öffentlichen Katharsis zuführen. Ähnlich einer Talkshow werden die Gäste eingeladen, ihr gescheitertes Projekt coram publico vorzustellen, egal, ob es sich dabei um ein kommerzielles, ein künstlerisches oder ein Freizeitprojekt handelt. Der Versuch wird gewürdigt, der Mut wird mit Applaus belohnt, Scheitern als etwas Positives, Sympathisches und zutiefst Menschliches auf die Bühne geholt. Dahinter verbirgt sich die Idee, dass sich Privat und Öffentlich zunehmend vermengen, Veränderungsprozesse im Erwerbsbereich in die individuellen Lebensplanungen zurückwirken. Somit hat berufliches Scheitern jegliches Recht, im Privaten vorgeführt zu werden.

> *Wir von ÇÖP Kulturmaßnahmen*[120] *denken, dass niemand sein Scheitern verstecken muss. Im Gegenteil: Scheitern ist elementarer Bestandteil jedes Lebenslaufes und zu Unrecht tabuisiert. Darüber hinaus erwächst jedes Scheitern einem positiven Ausgangspunkt: einer Idee, einer Vision, einem kühnen Plan. Und nur wer eine Idee verwirklichen will, nur wer wirklich etwas unternimmt, kann auch scheitern.*
>
> *Mit der „Show des Scheiterns" geben wir dem Phänomen des Scheiterns ein angemessenes Forum. Es geht beileibe nicht darum, das Publikum auf Kosten des Misserfolges anderer zu unterhalten. Hier ist der Vortragende ein mutiger Pionier. Er kann mit etwas Abstand sein Projekt reflektieren, sich durch das kathartische Ritual der „Feierlichen Vernichtung" von Ideen-Ballast befreien und einen generellen Beitrag dazu leisten, das gesellschaftliche Verhältnis zum Thema „Scheitern" zu entspannen. Die Auseinandersetzung mit gescheiterten Projekten anderer regt auch das Publikum zur Selbstbetrachtung an – das eigene Scheitern kann zwanglos und unbefangen thematisiert werden.*
>
> *Als Organisatoren bringen wir Referenten und Publikum zusammen und inszenieren damit einen Raum, in dem das Scheitern gefeiert wird.*

120 Eine 1997 gegründete Gruppe von Berliner Autoren und Künstlern, die interdisziplinäre Veranstaltungen und Aktionen durchführt. http://www.kulturmassnahmen.de

*Fazit: Wir verstehen die „Show des Scheiterns" einerseits als eine kommunikative Vortragsreihe, die den Zugang zu einem gern verdrängten Aspekt unseres Daseins schafft. Darüber hinaus entsteht durch die Inszenierung ein Raum, in dem Referenten und Publikum lustvoll mit dem Scheitern umgehen: ein „Kommunikationsszenario", in dem das Scheitern als natürlicher Bestandteil des Lebens gefeiert wird.*[121]

Erst das ritualisierte Ende schafft Platz für einen Neuanfang. Wenn wir davon reden, dass es in unserer Kultur an einem entsprechenden Umgang mit Scheitern mangelt, dann meint das auch, dass uns ein Abschiedsritual fehlt. Wer Scheitern totschweigt, kann es nicht verarbeiten. Denn die Verabschiedung verlangt danach, mit Worten ausgedrückt zu werden. Und sobald man diese Worte ausspricht, sobald die rituelle Verabschiedung für andere sichtbar stattfindet, verliert das Scheitern ein wenig an Schwere. Man hat das Gefühl, „etwas weniger gescheitert" zu sein.

In Wien widmet sich der Aktionsradius Augarten[122] der ritualisierten Verabschiedung. Er veranstaltete im Oktober 2006 die Reihe „Friedhof der gescheiterten Projekte". Dort landeten unter anderem nicht realisierte Filmprojekte und die Errichtung einer Lehmstadt. Die „Agency for Unrealised Projects (AUP)", die „Agentur für nicht realisierte Projekte", in Großbritannien geht einen Schritt weiter. Nicht realisierte Projekte werden dokumentiert, archiviert und veröffentlicht, sie werden einer Institutionalisierung zugeführt. Im Idealfall werden einzelne Projekte letztendlich umgesetzt. Selbst wenn es nicht so weit kommt, wird die Idee sozusagen posthum gewürdigt, das Scheitern in einen Erfolg umgewandelt, alleine dadurch, dass das Projekt in den Katalog aufgenommen wird. Ebenfalls in Großbritannien angesiedelt, widmet sich das „Institute of Failure", das „Institut für Scheitern", der Dokumentation, Erforschung und Theorie des Scheiterns in all seinen menschlichen Facetten – mit einem gehörigen Schuss Ironie.

---

121 „Aus dem Konzept", als PDF auf www.show-des-scheiterns.de/idee.htm

122 Unabhängiger Kulturverein in Wien, benannt nach dem Augarten, Wiens ältester barocker Gartenanlage.

Auch Cineasten nehmen sich des Scheiterns an. Beim „Festival des gescheiterten Films" werden ausschließlich Filme gezeigt, die entweder inhaltlich oder kommerziell gescheitert sind. Das Festival fand 2007 zum dritten Mal statt, es wurde bisher in Wien, München, Frankfurt, Berlin, Leipzig, Bremen und Köln gezeigt.

Neben diesen teils recht ironischen Auseinandersetzungen mit dem sozialen Konstrukt Scheitern wurde 2007 in Ausstellungshallen und Museen fleißig gescheitert. Scheitern ist im Kunstbetrieb salonfähig geworden. Das Kunsthaus Baselland ging im ersten Halbjahr 2007 in „The Art of Failure" der Frage nach, wie Künstler auf den steten gesellschaftlichen Wandel und die damit einhergehende Unsicherheit reagieren. Fast zeitgleich fand in der Landesgalerie Linz die Ausstellung „scheitern." im Rahmen des „Festivals der Regionen" zum Thema „Fluchtwege und Sackgassen" statt. Eingeleitet wurde sie von einer „Show des Scheiterns", die erstmals in Österreich gastierte. So vielschichtig, wie sich das Scheitern selbst gestaltet, gingen die Künstler in den ausgestellten Werken mit der Kehrseite des Erfolges um: Sie behandelten psychologische Aspekte wie Versagensängste, arbeiteten mit (Selbst-)Ironie und Verfremdung und griffen auf alte Metaphern wie den Schiffbruch zurück. Auf die Frage, wie ihr die Idee zur Ausstellung gekommen sei, antwortet die Kuratorin **Gabriele Spindler**:

> *Ich werde oft gefragt, wie ich auf die Idee gekommen bin, eine Ausstellung zum Thema Scheitern zu machen. Dabei war das eine ganz zufällige Geschichte. Ich habe mich mit einer Freundin unterhalten, ob man darüber reden darf, wenn etwas Wichtiges nicht gelingt. Wir haben uns darüber unterhalten, dass man das oft nicht zugibt. Es ging um berufliche und persönliche Dinge, war also weit entfernt von irgendetwas Künstlerischem. Doch dann habe ich festgestellt, dass das auch in der Kunst ein ganz interessantes Thema ist. So bin ich auf die Idee gekommen, dass man sich das Ganze in der zeitgenössischen Kunst anschauen sollte.*

Auf der Suche nach Werken für die Ausstellung wurden Gabriele Spindlers Anfragen von den Künstlern durchwegs positiv aufgenommen. Anders die Reaktion in der eigenen Marketingabteilung: Scheitern stellte sich als nicht sponsoringwürdig heraus. Unternehmen verkrampften sich regelrecht, als könnte das Ausstellungsthema

Rückschlüsse auf das eigene Unternehmen geben. Befürchtungen wie diese kennt man aus anderen tabuisierten Bereichen. Bis vor einigen Jahren hatte man seine liebe Not, wenn man sich auf Sponsorensuche für anrüchige Theaterstücke, erotische Bilder oder sonstwie freizügige künstlerische Arbeiten machte.

> ***Gabriele Spindler:*** *Die Reaktionen zur Idee waren interessanterweise viel besser als erwartet. Die Einzigen, die nicht sehr positiv reagiert haben, waren meine Kollegen aus unserer Sponsoringabteilung: „Mit diesem Thema findet man keine Sponsoren." Und wir haben wirklich keine gefunden! Das war lustig, denn es ist sowieso schwierig, im Kunstbereich Sponsoren zu finden, aber wir haben Partner, die immer wieder mit uns zusammenarbeiten, z.B. Banken, die dezidiert gesagt haben: „Wir wollen mit diesem Thema nichts zu tun haben."*
>
> *Aber im Kunstbereich gab es keine negativen Reaktionen. Es hat niemand wegen des Themas abgesagt und ich bin auch bei den Leihgaben fast nie gescheitert.*
>
> *Auch das Publikum hat das Thema sehr gut aufgenommen. Da gab es schon im Vorfeld ein großes Interesse: „Ah, echt, scheitern?" Das geht schnell ins Persönliche oder Anekdotische, da erzählt jeder gleich diese und jene Erfahrung mit dem Scheitern. Das nehme ich auch so wahr, dass es in Wirklichkeit ein Bedürfnis gibt darüber zu sprechen. Auch wenn man das nicht gerne öffentlich macht, aber prinzipiell. Außerdem kann man auch Spaß haben beim Scheitern! Das war von den Künstlern intendiert, weil es viele Arbeiten in der Ausstellung gab, die fast etwas Slapstickhaftes haben. Allerdings ist das ein Lachen über das Scheitern anderer, aber davon leben ganze Film- und Theatergenres, das muss nicht voyeuristisch oder herablassend sein.*

Im Kulturgeschäft gibt es also unterschiedliche Strategien, um mit dem Scheitern umzugehen. Doch trifft das auf alle Sparten zu? Wie sieht es etwa mit dem Jugendtraum aus, als Popstar die Menge zum Toben zu bringen? Vergleicht man, wie viele Bands es in die Charts schaffen und wie viele mehr in unzähligen Kellern und Garagen auf ihre Entdeckung warten, kommt man unweigerlich zu der Erkenntnis: Es muss ganz schön viele gescheiterte Musiker geben. Zugegeben, nicht alle erwarten sich eine Weltkarriere, nicht einmal eine Europa- oder Österreich-Karriere, doch insgeheim hoffen wohl viele auf den Durchbruch.

Pop ist Business, Pop ist eine Vermarktungsindustrie. Wer den Rock 'n' Roll liebt, der lebt ihn auch. Da gibt es keine halben Sachen. Oder doch? Wir fragten einen der Profiliertesten in der österreichischen Musikbranche zu den Chancen im Popbusiness, der Rolle der Massenmedien und seinem eigenen Werdegang. **Thomas Rabitsch** erkennt das größte Problem darin, dass viele angehende Musiker nicht die Möglichkeit haben, ihre Leistung unter Beweis zu stellen:

***Hat Ö3 den Austropop scheitern lassen?***

*In den 90ern war das ein Nebeneffekt des Formatradios. Es war sicher nicht so, dass sie gesagt haben: „Denen machen wir jetzt den Garaus." Es war einfach das so genannte AC-Format*[123]*, das damals Anfang der 90er sehr angesagt war. AC heißt, dass die Werbefirmen, die die Einschaltungen zahlen, mit den Worten beruhigt werden: „Unser Sender spielt nur Charts, möglichst international, die größten Hits der 80er und 90er. Und das wird gehört und da sind eure Werbungen auch viel wert."*

*Man spielt also nur Erfolge und lukriert damit hohe Werbeeinnahmen. Ö3 hatte mit dem Format enormen Erfolg. Der nationale Anteil an Musikproduktion ist deswegen auf der Strecke geblieben, weil sie gesagt haben: „Das ist nicht der Erfolg, den wir brauchen." Das geht Hand in Hand mit der üblichen Philosophie von Radiomachern, dass sie sagen: „Wir machen nicht die Hits, sondern wir spielen die Hits." Die Hits müssen offenbar woanders gemacht werden.*

*In den 80ern war das gar nicht so. Damals gab es auch Radiomacher, die auf etwas aus Österreich gestanden sind, z.B. auch auf Falco, und gesagt haben: „Das ist gut, das spielen wir." Und das wurde auch zum Hit. Oder anders ausgedrückt: Vielleicht konnten sie es dadurch nicht verhindern. Heute herrscht diese leichte österreichische Kleinkariertheit vor, wo man sagt: „Na ja, was wird*

123 AC steht für Adult Contemporary

*das schon werden? Das kann erst wirklich erfolgreich sein, wenn es auch woanders gechartet ist, weil wir einen kleinen Markt haben, wir sind ein kleines Land."*

*Dass die Plattform fehlt, erhöht wiederum die Wahrscheinlichkeit, dass junge Musiker scheitern. Es gibt natürlich auch Aktionen von Ö3 wie „Die neuen Österreicher", das sind löbliche Aktionen, die aber teilweise zum Scheitern verurteilt werden, weil sie die Förderung der heimischen Musik nicht konsequent durchziehen. Es herrscht ja immer noch die Auffassung: „Was ein Hit ist und was nicht, entscheiden wir." Es gibt Leute, die sitzen drinnen und sagen, ganz profan gesprochen: „Das gefällt mir nicht. Das kann kein Hit werden!" Das ist leider die Tatsache, da wird oft über Schicksale entschieden. Ich kann mich erinnern: In den 80ern habe ich mit Freunden ein Kleinlabel gegründet, und als ich mit neuen Produktionen zu Ö3 gegangen bin, habe ich gewusst, dass sie ungehört in den Papierkorb wandern, sobald ich den Raum verlassen habe.*

Auch die Musik kennt das Phänomen: Scheitern, weil man der Zeit voraus ist. Auch Thomas Rabitsch hat an einem Projekt mitgewirkt, dessen Zeit noch nicht reif war. Ist es Scheitern? Ja, wäre es, hätten die beteiligten Musiker anschließend ihre Karriere aufgegeben, aber so wurde es zu einer guten Anekdote:

*Es gibt viele Musikprojekte, nicht nur österreichische, die so sehr vor ihrer Zeit waren, dass sie gescheitert sind. In allen Bereichen, in der Klassik genauso wie in der E- und der U-Musik. Aber das ist generell in der Kunst so, dass viele Sachen deswegen gescheitert sind, weil sie ein bisschen zu weit vor der Zeit waren. Ich selbst habe das im Kleinen erlebt. Ich habe die erste österreichische Hip-Hop-CD gemacht – auch lange vor der Zeit, 1989. Mit Martin Sugar B, mit Peter Kruder von Kruder&Dorfmeister, mit DJ DSL und mit Rodney Hunter[124] – diese vier damals noch jungen*

124 Diese vier Musiker zählen zum Urgestein der Wiener Elektronikszene, die mittlerweile internationalen Ruf genießt. Rodney <RCH> Hunter (halb Österreicher, halb Kalifornier, geboren in Wiesbaden) machte schon als Jugendlicher gemeinsam mit Peter Kruder Musik. Gemeinsam sind sie auf „Doctor Moreau's Creatures" gestoßen, bei denen auch Sugar B (bürgerlicher Name Martin Forster) und DJ DSL (alias DJ Superleiwand, bürgerlicher Name Stefan Biedermann) spielten. Die FM4-Radiosendung „Tribe-Vibes" verhalf den damals nur in einer In-Szene bekannten Musikern zu einem größeren Publikum.

*Buben haben als „Moreau's" heiße 500 Stück verkauft. Und jetzt ist es ein Sammlerwerk, weil es das erste Hip-Hop-Album einer österreichischen Band war. Das war auf alle Fälle der Zeit voraus, das war lange vor Fanta4*[125]*. Wenn das zwei, drei Jahre später gewesen wäre, hätte das ganz anders ausgesehen.*

**Wie geht man als Musiker mit so einer Erfahrung um?**

*Es stärkt das Selbstbewusstsein. Es ist nicht so, dass man da grübelt und sagt: „Verdammt, wieso ist das passiert?", sondern im Gegenteil, das sind die Mythen, von denen man lebt. Denn in der Szene kriegt man Feedback. Alle vier sind seither erfolgreich. Natürlich kennen wir uns seither und sind gute Freunde und ich freue mich total, dass im Nachhinein dann jeder Einzelne für sich den Erfolg gehabt hat, den er auch verdient. Damals ist das in einem kleinen Zimmerl entstanden, mit drei kleinen Samplern, ich war der Alte und sie die drei kleinen Buben – das schmiedet zusammen. Im Nachhinein gelten sie als die Väter der österreichischen Hip-Hop-Partie. Das ist ja auch schon wieder ein Generationensprung.*

125 Die Fantastischen Vier, kurz Fanta4, machten deutschsprachigen Hip-Hop populär.

# KAPITEL 11: AUFRUF ZUR KULTUR DER ZWEITEN CHANCE

*„Ich betrachte jeden Misserfolg als eine Stufe zum Erfolg."*
*Hazrat Inayat Khan*

Emil Breisach bringt es präzise auf den Punkt, wenn er sagt: „Wir leben in einer furchtbar komplizierten Welt, dass da alles funktioniert, ist ja nicht selbstverständlich." Das betrifft so gut wie alle Lebensbereiche. Allen voran die Berufswelt: Viele Weggabelungen statt einer geradlinigen Laufbahn, lebenslanges Lernen statt einmaliger Ausbildung, Jobs statt Anstellung – die Unsicherheitsfaktoren wachsen beständig, die Zeit traditioneller Biografiekonzepte scheint abgelaufen. Immer mehr gesellschaftliche Gruppen sind von diesem Phänomen betroffen. Das ist ein internationaler Trend, der allgemein für Unruhe sorgt. Seit auch die so genannten Wissensarbeiter um ihre Existenz kämpfen, erreicht das Thema eine breitere Öffentlichkeit. Tipps, wie sich Betroffene dafür rüsten können, hält **Johanna Zugmann**, Leiterin des Ressorts Karriere der Tageszeitung „Die Presse", bereit:

***Welche internationalen Trends kommen auf uns zu?***

*Der stärkste Trend derzeit ist die Patchwork-Karriere. Dass die Karrieren nicht mehr linear noch oben führen, sondern mit Unterbrechungen und in unterschiedlichen Lebensphasen stattfinden, man als Mitarbeiter eine Auszeit bekommt oder dass Karrieren auch viele Umstiege beinhalten. Laut Trendforschern werden die Arbeitnehmer, die jetzt ins Berufsleben eintreten, bis zu fünfmal den Beruf und bis zu 20-mal den Job wechseln.*

*Die Grundvoraussetzung, um solche Wege zu gehen, ist ein Stück Angst loszulassen. Angst ist an sich ein gutes Regulativ, weil es uns davor bewahrt Dinge zu tun, die 100-prozentig letal ausgehen. Auf der anderen Seite aber hat Angst etwas Kontraproduktives. Nämlich wenn sie mich daran hindert, etwas, das zum Absterben prädestiniert ist, nicht zu sehen – wenn ich auf einem Abstellgleis stehe, ist es ja nur mehr eine Frage der Zeit, bis das Unternehmen sich von mir trennt und alles, was man proaktiv macht, gibt einem Selbstbewusstsein.*

*Und noch etwas zu der Feststellung, dass die einzelnen Erwerbstätigen immer weniger Sicherheit haben: Es gibt die lebenslange fixe Anstellung nicht mehr und es gilt immer mehr, in Nebelbereichen zu navigieren, nach dem Trial-and-Error-Prinzip. Natürlich ist es wie bei einer Bergwanderung, dass man versucht, alles für Eventualfälle in den Rucksack reinzupacken. Genauso muss man auch für den Rucksack für den Karriereweg in anderen Instrumenten denken.*

***Sind Topmanager heute überhaupt auf Kandidaten mit Patchwork-Biografien vorbereitet?***

*Job-Hopper oder Sesselkleber ist die Frage – das ändert sich so in Drei- bis Sieben-Jahres-Schritten und wenn Wechsel im Lebenslauf schlüssig dargestellt werden, weil sie eben mit Familiengründung oder mit Wohnortwechsel oder sonst irgendetwas verbunden waren, dann gibt es keinen Grund, das scheel anzusehen. Auch das Sammeln von zusätzlichen Kompetenzen und Auslandserfahrungen ist ja als Bonus im Lebenslauf zu bewerten. Das kann man nicht so generell beantworten. Wenn jemand natürlich alle Dreivierteljahre wechselt, dann wird man sich schon denken, dass er instabil ist. Beziehungsweise lässt sich in einem Dreivierteljahr auch nichts so wirklich schlüssig verändern und durchziehen.*

Doch jede Medaille hat auch eine Kehrseite, in diesem Fall eine Positive. In den Eliten des Topmanagements wird bereits anerkannt, dass man sich nach einiger Zeit umorientiert. Vielleicht ist es nur mehr eine Frage der Zeit, bis dieser Wissenstransfer top-down auch die anderen Schichten erreicht und dort zu einem Stimmungswechsel führt.

***Sophie Karmasin:*** *Es gibt einen Einstellungswechsel dahingehend, dass man die Tatsache anerkennt, dass man sich mal umorientiert. Aber nur in einer kleinen Elite, würde ich sagen, auf der obersten Ebene, sowohl von Ausbildung als auch wirtschaftlichem Background. Das sind zum Beispiel die typischen Sabbaticals, die man heutzutage in den meisten Fällen schon fast als Auszeichnung sieht, wo man das Thema positiv bewertet und auch zulässt, dass man sich einfach kreativ weiterentwickelt. Aber das Gros der Bevölkerung sieht Scheitern nach wie vor in jener Bedeutung, in der das Wort es vorgibt, nicht positiv, sondern eher Angst auslösend.*

Lebenslanges Lernen erhöht die Chancen im Berufsleben, ist aber kein Freibrief für die Karriere (mehr). Es fehlt an Vorbildern und Beispielen, wie es in dieser geänderten Arbeitswelt funktionieren kann. Role Models, die erkennen lassen, dass nach einem Tief ein Hoch kommen kann, dass etwa eine Zeit der Arbeitslosigkeit nicht unweigerlich das Ende bedeutet. Es reicht nicht, den Menschen zu sagen, dass sie mehr als früher gefordert sind, aktiv ihr Arbeitsschicksal in die Hand zu nehmen. Man muss ihnen auch Überlebensrezepte für das 21. Jahrhundert mit auf den Weg geben. Vor allem darf man sie nicht beim kleinsten Fehlschlag ins gesellschaftliche Out verbannen.

Die zukünftigen Generationen müssen darauf vorbereitet werden, eine Identität abseits der bezahlten Arbeit zu entwickeln. Eine Forderung, die ihren Niederschlag in der Schulbildung finden muss. Schulbücher reflektieren klassische Rollenbilder und eine veraltete Arbeitswelt. Die abgebildeten Bilderbucheltern sind durchwegs Angestellte und Arbeiter, Ich-AGs und sogar Selbstständige sucht man vergebens, obwohl sie eine immer größere Rolle spielen werden.

Schüler lernen nicht, mit dem Scheitern umzugehen, auf das berufliche Scheitern, das auf sie wartet, werden sie nicht vorbereitet. Erfolg steht an oberster Stelle. Das Weiterkommen alleine reicht nicht, nur wer wirklich gute Noten hat, wird angemessen gelobt. Der Druck auf Schüler ist enorm. Wissen vervielfacht sich stündlich, und trotzdem erhalten Auswendiglernen und kanonisches Wissen den Vorzug vor vernetztem Denken und der Fertigkeit zu recherchieren und Wissen selbstständig zu erarbeiten. Laut einer Studie des Salzburger Erziehungswissenschafters Ferdinand Eder aus dem Frühjahr 2007 fühlt sich von der vierten bis zur achten Schulstufe beinahe jeder Vierte durch Schulstress stark belastet. Die Schüler leiden unter Kopfschmerzen oder Schlafstörungen. Wäre ein offener Umgang mit Fehlern an der Tagesordnung, einer, der Fehler als einen Schritt einer langen Entwicklung ansieht, wären die Antworten der Kinder vermutlich anders ausgefallen. Und sie wären auf die Arbeitsrealität besser vorbereitet, befindet **Monika Kircher-Kohl**:

> *Die Gesellschaft sollte idealerweise so mit dem Thema Scheitern umgehen, dass das Risiko, Illusionen zu verwirklichen, belohnt wird. Wenn jemand etwas aus einer positiven Motivation heraus tut, dass es egal ist, wie es ausgeht, dass es als solches positiv bewertet wird. Und dass eben nicht immer eine einzelne Person verantwortlich ist, ob etwas gut ausgeht oder nicht, sondern dass man auch bereit ist, das Umfeld anzuschauen. Und in diesem Sinne ein solidarisches Umfeld aufbaut, wo nicht von Kindesalter an das Thema Konkurrenz vorrangig ist und die eigenen Fehler zu vertuschen oder zu vermeiden, indem man sie anderen anhängt. Sondern umgekehrt – zu schauen, wie ich verhindern kann, dass andere Fehler machen.*
>
> *Im Bildungssystem könnte diese Form der Solidarität ganz konkret dadurch gefördert werden, dass nicht immer darüber geredet wird, wie wir Defizite beurteilen, bewerten, ausmerzen, sondern z.B. indem Talente und Begabungen vor den Vorhang geholt werden. Es sollte auch kein Tabu sein, über Begabungen und Talente zu reden. Die sollten aber auch dafür genutzt werden, um gerade hoch begabten Kindern ihre soziale Verantwortung beizubringen, d.h., wie sie ihre Talente für andere nutzen können.*
>
> *Ich bin dagegen, das Thema Vorschule zum Beispiel ausschließlich an den Defiziten aufzuhängen. Ich glaube vielmehr, dass es für hoch begabte Sechsjährige, die sich in der Schule sonst fadisieren, eine riesige Chance wäre, sie in eine Richtung in den schulischen Alltag einzubinden, dass sie lernen, in die Führung zu gehen und ihr Wissen auch anderen Gleichaltrigen weiterzugeben.*

Eine ähnliche Forderung formuliert der Skifahrer **Rainer Schönfelder**, der selbst in einem langen, teilweise schmerzhaften Prozess lernen musste, das Positive am Scheitern in den Vordergrund zu rücken:

***Bitte geben Sie einen Tipp ab, wie man persönlich bzw. die Gesellschaft idealerweise mit dem Scheitern umgehen sollte?***

*Wow – kurze Frage zu großen Zusammenhängen: Es gibt keine Fehler und kein Scheitern, es gibt – zum Glück – Feedback auf die von uns gewählten Handlungsoptionen. Wer immer tut, was er immer tut, erhält immer, was er immer erhält. Scheitern hält uns im Fluss des Lebens, lässt uns im Aufbruch bleiben. Man muss die Niederlage nur umdrehen – hinten drauf steht: „O.k., Lernschritt, probier etwas anderes!" Menschliche Entwicklung per se funktioniert über Trial and Error, Perfektion gibt es im gesamten Universum nicht – „so what!". Schön wäre es, wenn das auch im Schulsystem irgendwann so gesehen und gelebt werden würde: Quasi von der paramilitärischen Dressuranstalt (was die ursprüngliche Intention war) zu einer Institution, die die Vollkommenheit der Unvollkommenheit jedes Einzelnen anerkennt, als Einzigartigkeit wertschätzt und diese Einzigartigkeit fördert.*

Die Geschwindigkeit der Änderungen hat auch das Schulsystem überrollt. In zu geringer Weise sind die heutigen Lehrer darauf vorbereitet; Kinder und Jugendliche auf unser instabiles und sich schnell wandelndes Wirtschaftsleben vorzubereiten. Änderungen passieren heute innerhalb minimaler Zeitspannen, so dass der Generationensprung fehlt, um diese Änderungen in den Lehrplan aufzunehmen:

***Erhard Busek:*** *Die heutigen Lehrer haben ja keine Ahnung, die sind in stabilisierten Systemen groß geworden. Das ist ein Problem der Schulreform. Es ist ein Lernvorgang, sich auf ein destabilisiertes System einzustellen. Ich glaube, dass es keinen Schlüssel dafür gibt. Einzig die Variabilität und Mobilität unserer Zeit können sie vermitteln. Aber wie ist das praktisch zu bewältigen? Ich glaube, das kann nicht so richtig vermittelt werden, das muss man selbst lernen. Es ist ein blödes Wort, aber die Schnelllebigkeit unserer Zeit ist nun einmal Wirklichkeit. Stabilitätsfaktoren findet man eher noch im Privaten, in Beziehungen, im Freundeskreis.*

Der Schauspieler **August Schmölzer**, der selbst am Land in die Volks- und Hauptschule gegangen ist, hat eine ganz persönliche Art gefunden, auf eine härter werdende Arbeitswelt zu reagieren. Er hat es sich zur Aufgabe gemacht, Kinder und Jugendliche in ihrer sozialen Kompetenz zu unterstützen. Dafür gründete er im November 2005 die „Initiative zur Herzensbildung", die Einfühlsamkeit und Toleranz in den Kindern und Jugendlichen fördert, Hilfsbereitschaft, Uneigennützigkeit und gelebte Menschlichkeit in den Vordergrund stellt und sie befähigen soll, eine eigene Meinung zu bilden:

> *Es geht darum, den Kindern in der Bildung den Mut zur Individualität beizubringen. Den Kindern dieses Gefühl mitzugeben: „Du hast alles in dir, es gibt so vieles, was du dir rundherum nehmen kannst. Du musst wissen: Das Leben ist eine Bibliothek, da hast du die Bibliothek mit den ganzen Jahreszahlen drinnen. Belaste dich nicht mit diesem Wissen, aber versuch nachzudenken, warum etwas passiert ist!" So kommt man dann zu dem Begriff Herzensbildung, den wir für uns okkupiert haben.*
>
> *Wir bilden Businesszombies heran, die alles wissen. Sie wissen, wie man einen Markt jonglieren kann, aber sie wissen nicht, wie sie mit ihrem Leben umgehen sollen, wenn ihnen der Markt in den Arsch tritt. Dann kommt die Pistole, dann kommt das Auszucken, dann kommt die Irrnis, die Verrückung. Man muss früh genug wissen – hier kommt das Scheitern ins Spiel –, dass nicht alles für mich sein kann. Was jemand anderer an Mut an den Tag legt, kann ich vielleicht an Mut nicht an den Tag legen, und umgekehrt genauso.*
>
> *Der Begriff Selbst-bewusst-sein wird falsch definiert. Selbstbewusstsein hat damit zu tun, dass ich weiß, wo meine Stärken sind, wo meine Schwächen. Vor allem, wo meine Schwächen sind. Die Stärken brauchst du eh nicht forcieren. Du kannst sie vielleicht ein wenig gleichrichten, putzen und sie effektiver machen. Aber wie gehe ich mit den Schwächen um? Die Schwächen muss ich kennen.*

Die beruflichen Stehaufmännchen der Zukunft werden sich regelmäßig neu erfinden müssen, um im Wettbewerb bestehen zu können. Sie werden der Rasanz des allgemeinen Tempos eine innere Stärke entgegenhalten müssen, um nicht vom Fahrtwind mitgerissen zu werden. Vielleicht die größte persönliche Stärke, die man aufbringen kann, ist wieder aufzustehen, den Staub abzuklopfen – und weiterzumachen.

## 11.1 DER TAG DANACH

*„Misserfolg ist lediglich eine Gelegenheit, mit neuen Ansichten noch einmal anzufangen."*

*Henry Ford*

„Scheitern als Chance", wenn man sich länger mit dem Thema beschäftigt, kommt einem diese Phrase unweigerlich unter. Sie erscheint schlüssig. Müht man sich gerade mit dem eigenen Scheitern ab, erhält die Phrase einen bitteren, wenn nicht gar zynischen Beigeschmack. Sie wirkt wie eine Zauberformel, die das Scheitern weiterhin unter dem Schleier des Tabus halten soll. „Komm da nur ja schnell wieder raus", scheint sie einem zu sagen, „damit dein Scheitern als überwunden abgehakt werden kann." Scheitern – ein komplizierter Zeitgenosse: Manchmal eine Chance, dann wieder nicht. Das eine Mal eine unüberwindbare Hürde, beim nächsten Mal der reinste Glücksfall. Im Moment des Scheiterns erkennt man, dass man in eine Sackgasse gelaufen ist. Man sieht die Mauer vor einem, die sich überlebensgroß auftürmt. Hinter der Mauer führt kein Weg weiter. Es bleibt einem nur, den Blick nach hinten zu wenden, widerwillig, vielleicht auch geknickt, den Kopf eingezogen, damit es nur ja keiner sieht. Aber doch, nur wenn man den Weg zurückgeht, kann man erkennen, wo die Sackgasse anfängt. Dorthin muss man sich begeben, an die Weggabelung, um nach einem anderen, einem besseren Weg zu suchen. Um einen neuen Versuch zu wagen. Das Paradoxe am Scheitern ist genau das: Man möchte, man muss weitermachen, aber man kann erst mal nur zurück.

Für die deutschlandweit „gefeierte Gescheiterte" Anne Koark war dieser Moment gekommen, als ihr beim ersten Termin mit den Insolvenzverwaltern in ihrem Büro die Erkenntnis einschoss, dass ihr just diese bittere Erfahrung, die sie gerade durchmacht, in Zukunft helfen wird:

> *Sie[126] kommen gleich zur Sache: Während sie auf den Kaffee warten, wollen sie sich das Büro anschauen. Ich führe sie durch die Räume. Der eine fragt mich: „Wie viele Quadratmeter hat denn das Büro?" Ich sage: „Circa 800qm." Der eine sagt: „800qm?" Seine Augenbrauen tanzen an der Stirn. Mittlerweile weiß ich selber längst, dass die Vergrößerung des Büros eine der unternehmerischen Fehlentscheidungen war, die, kombiniert mit der allgemeinen Wirtschaftslage, zu unserer Misere geführt haben. Ich hoffe inständig, dass mir nun nicht alles aufgelistet wird, was ich falsch gemacht habe. Ich weiß nicht, ob ich das schaffe. Ich weiß selbst, dass ich nicht ganz unschuldig daran bin, wie alles gekommen ist, aber das kann man nun im Nachhinein auch nicht ändern. Man kann nur daraus lernen und in der Zukunft diese Erfahrung bei wichtigen Entscheidungen einbinden.*

Diesem Lernen aus Fehlern räumt **Margit Leidinger** in ihrem Unternehmen viel Platz ein. Sie hat ein Managementsystem der zweiten Chance installiert, um zu vermeiden, dass sich ein Fehler zum fatalen Scheitern auswächst:

> ***Gibt es in deinem Unternehmen eine Kultur der zweiten Chance?***
>
> *Ja, und das ist heuer zwei Mal passiert, an zwei verschiedenen Ecken. Wir gehen so damit um, dass das in unseren monatlichen Sitzungen besprochen wird, und wenn ich sehe, dass da kein Weiterkommen ist, dann wird umstrukturiert. Ich rede einfach mit demjenigen und sage ihm aber ganz ehrlich, woran es krankt. Ich glaube, das ist auch enorm wichtig, das habe ich früher nicht gemacht. Dann sage ich ganz ehrlich: Du kannst das nicht machen, weil dir das und das fehlt. Du kannst das gerne lernen, und wenn du es kannst, dann reden wir weiter. Aber es fehlt dir einfach und ich muss jetzt verständlicherweise jemanden nehmen, der das kann, weil ich das für die Firma im Moment brauche. Ich versuche dann, die Leute am richtigen Posten einzusetzen, sie natürlich ein bisschen zu fordern, und wenn sie das*

---

126 Anm.: die Insolvenzverwalter

*nicht schaffen, gut, Pech gehabt. Aber er weiß, er hat Chancen und er kann etwas werden.*

***Wie gehen die Mitarbeiter mit dieser Offenheit um?***

*Unterschiedlich. Im Prinzip muss ich sagen, dass die meisten sehr froh sind, denn ein völlig anderer Weg wäre ja Mobbing, das wäre hinten herum. Bei mir ist logischerweise alles direkt, ich bin ein recht direkter Mensch. Und ich bespreche das auch immer im Zweiergespräch, nie in der Gruppe, ich will niemanden bloßstellen. Die Mitarbeiter gehen eigentlich sehr positiv damit um, weil sie erleichtert sind. Weil sie wissen, dass es noch ein Chance gibt, wenn sie das lernen. Und auch genau wissen, woran es liegt.*

Welche weiteren Möglichkeiten gibt es, mit dem Scheitern positiv umzugehen? Man kann sich rein auf das Positive fokussieren, das so gut wie in jedem Scheitern irgendwo verborgen ist. Diese Strategie hat die Vizepräsidentin der Wiener Polizei, **Michaela Pfeifenberger,** über viele Jahre verfeinert:

*Es gibt einen Satz meiner Mutter, den ich hasse, aber der leider stimmt: „Es gibt nichts Schlechtes, wo nicht auch etwas Gutes dabei ist." Wenn irgendetwas nicht funktioniert, sieht man zuerst nur das Negative und steckt dann den Kopf in den Sand. Ich muss dann jedes Mal genau diesen Satz herausnehmen und sagen: „Wo ist jetzt das Gute daran? Gibt es vielleicht einen anderen Weg? Wenn eine Ehe scheitert – gibt es dann irgendwann einen anderen Partner? Wenn es beruflich nicht funktioniert – gibt es anderswo die Erfüllung?"*

*Anstatt zu sagen: „Es ist alles schlecht und schlimm und schrecklich", sollte man das einmal kurz verdauen. Statt ewig der vergossenen Milch nachzuweinen, sollte man sagen: „So, aber welche Chance habe ich jetzt trotzdem?" Ob das ein Rezept ist, weiß ich nicht.*

***Gibt es Karrieretipps, die Sie weitergeben würden?***

*Also einen auf jeden Fall: dranbleiben an einer Idee, versuchen, Strategien zu entwickeln, zu fragen: „Wie könnte es gehen?"*

*Hartnäckigkeit, Ehrgeiz, Zielstrebigkeit ist das eine. Das Zweite scheint mir eher auf Frauen bezogen, nämlich den Mut zu haben, sich zu bewerben. Nicht immer daran zu denken: „Kann ich das wirklich?" Jeder Mann sagt: „Das mache ich, da bewerbe ich mich, das kann ich!" Während jede Frau sich fragt: „Schaffe ich das? Wie werden mich die anderen einschätzen? Habe ich eine Chance?" Das heißt, das Zweite ist einfach: Mut haben, bewerben, probieren.*

Hartnäckigkeit und Scheitern stehen in einer spannungsgeladenen Wechselbeziehung. Hartnäckigkeit mag zum Erfolg führen, gepaart mit Scheuklappen hat es Scheitern mit einprogrammiert. Dann heißt es, rechtzeitig die Reißleine zu ziehen. Die Motivforscherin **Sophie Karmasin** verfolgt den Ansatz, Vorhaben kalkuliert scheitern zu lassen:

*Ich bin sicher jemand, der sich sehr hohe Ziele setzt und mit dem, was ich gerade erreicht habe, bin ich eigentlich nur sehr kurz zufrieden und permanent, sobald das eine abgehakt ist, denke ich schon an das Nächste. Scheitern hat für mich den Beigeschmack von: Ich strenge mich irrsinnig an und es gelingt mir nicht. Ich tue alles dafür, renne aber permanent an eine Mauer. Solche Beispiele kann ich eigentlich aus meinem Leben nicht nennen.*

*Die Beispiele, wo ich sage, dass mir etwas nicht gelungen ist, die sind mir dann quasi wohl kalkuliert nicht gelungen, weil ich die Rahmenbedingungen oder die Anstrengungen, die damit verbunden gewesen wären, nicht auf mich nehmen wollte. Aber es ist nicht etwas, wo ich sage: „Das habe ich mit Leib und Seele versucht und das ist mir verdammt noch mal nicht gelungen." Es ist mir etwas nicht gelungen, aber letztendlich habe ich mich gefragt: „Will ich alles investieren und Dinge auf mich nehmen oder will ich's nicht." Und ich habe mich für Nein entschieden.*

*Es ist auf jeden Fall sinnvoll, manche Dinge kalkuliert scheitern zu lassen. Ich bin absolut dieser Meinung. Sich eindimensional auf Dinge auszurichten, finde ich ein wenig, ja, zu einfach.*

Wenn dann alles nichts nützt und Scheitern letztlich den Verlust des Arbeitsplatzes mit sich bringt, ist man auf dem österreichischen Arbeitsmarkt damit konfrontiert, dass die wenigsten Personalentscheider die Kultur der zweiten Chance verinnerlicht haben. Daher plädiert **Johanna Zugmann** dafür, sich aus einer sicheren Position heraus auf Jobsuche zu begeben und sich auf diesen Prozess laufend vorzubereiten – auch eine Form des kalkulierten Scheiterns:

***Wird Scheitern im Berufsalltag eher als normal angesehen oder als furchtbar?***

*Als furchtbar, im Gegensatz zur amerikanischen Kultur, in der nicht ausschlaggebend ist, wie oft man scheitert, sondern wie oft man wieder aufsteht. Bei den Unternehmern gibt es auch viele, die erst beim dritten Anlauf erfolgreich sind. Sie haben zuerst etwas gemacht, was keine Chance hatte, dann noch einmal – vielleicht die falsche Geschäftsidee – und beim dritten Mal sind sie exzellent.*

***Stellt es für einen Personalentscheider ein Hindernis dar, wenn jemand schon einmal gescheitert ist?***

*Sie haben ganz schlechte Karten, wenn Sie einen Job suchen. Es ist immer empfehlenswert, aus einem bestehenden Arbeitsverhältnis heraus die Veränderung anzustreben und nicht erst zu warten, bis man arbeitslos ist.*

***Ist Arbeitslosigkeit an sich ein Scheitern?***

*Nein, ist es nicht, denn es gibt ja genügend Leute, die völlig schuldlos arbeitslos werden, kraft Fusionen, Mergers, Akquisitionen, weil das Unternehmen zur Gänze zusperren muss oder auch einzelne Abteilungen.*

***Haben Sie Tipps, wie man Scheitern verhindern kann?***

*Ich habe drei Tipps, die für alle Arbeitnehmer Gültigkeit haben. Ganz wichtig ist die Weiterbildung, die eigene Kompetenzenpalette ständig zu erweitern. Das Zweite ist Networking, denn die persönlichen Netzwerke sind beständiger als Unternehmen. Networking heißt natürlich nicht Kaffeerunden oder Biertrinkpar-*

*tien, sondern beruflich intendierte Netzwerke. Und das Dritte ist, seinen Marktwert mindestens einmal jährlich zu evaluieren. Das geht ganz einfach, indem man sich die Stellenmärkte aus den Tageszeitungen oder einer Online-Plattform nimmt und schaut, wie viele Jobs es gibt, zu denen man sich bewerben könnte. Und wenn ich dann überhaupt nichts mehr finde, dann muss ich etwas tun.*

*Außerdem gilt es natürlich den eigenen Status im Unternehmen laufend zu evaluieren. Man merkt recht gut, ob die Leistungen anerkannt sind, ob man als Person anerkannt ist, ob mich jemand um Rat fragt, ob ich zu den wichtigen Sitzungen eingeladen werde. Die eigene Leistung sollte auch jedes Jahr dokumentiert werden.*

**Barbara Stöckl** kann dem Scheitern hingegen durchwegs etwas Positives abgewinnen. Scheitern sollte man ähnlich einem Muskelkater kultivieren:

***Welche drei Stichworte fallen dir ein, um die Gefahr zu scheitern geringer zu halten?***

*Soll sie geringer sein? Ich würde eher jedem – wobei das natürlich eine ganz furchtbare Plattitüde ist und niemandem hilft – sagen: „Habe keine Angst vor dem Scheitern." So würde ich eher rangehen. Ich würde das Scheitern nie vermeiden wollen. Ich glaube, man kann es ohnehin nicht vermeiden, es passiert sowieso. Aber ich würde es nicht einmal erstrebenswert finden, es zu vermeiden.*

*Ich glaube, dass es den großen Erfolg, die große Zufriedenheit, das große Glück, das, wonach man im Leben eigentlich strebt, nur geben kann, wenn es auch die andere Seite der Medaille gibt. Die Waage ist einfach so – damit sie dann wieder in Balance geht. Ich glaube, dass man bei den Menschen, von denen man sagen würde, dass sie große Menschen oder sehr erfolgreiche Menschen sind – was immer das auch sein mag –, dass es da niemanden gibt, bei dem es nicht auch ein großes Scheitern gegeben hat.*

*Scheitern ist wie ein seelischer Muskelkater. Rein im körperlichen Bereich kannst du auch nur Muskeln aufbauen, wenn du trainierst, wenn du Schmerzen hast. Wenn dir etwas weh tut, dann bauen sich Muskeln auf, die du vorher nicht hattest. Und so ist das auch beim Scheitern. Du merkst plötzlich, dass da noch etwas ist, das du noch nicht kennen gelernt hast. Durch dieses Gefühl lernst du Bereiche kennen, die dann letztendlich eine Erweiterung für dein Leben sind, wenn du sie nutzen kannst.*

Der Mensch lebt nicht nur mit sich alleine. Zwar kann er seinen emotionalen Muskelkater im stillen Kämmerchen hegen und pflegen, es gibt aber noch wichtige Mitspieler, die man nicht außen vor lassen kann: die Familie, den Lebenspartner oder die Lebenspartnerin, alle jene Personen, die vom Scheitern in irgendeiner Form unmittelbar mitbetroffen sind. **Burkhard Neumayer** stellte treffend fest: „Wer am wenigsten mit dem Scheitern zurechtkommt, ist das private Umfeld als Mitbetroffene/r." Diese Menschen befinden sich in einer unangenehmen Zwickmühle. Sie sind einerseits mittelbar stark betroffen, das Scheitern des Lebenspartners oder der Lebenspartnerin wirkt sich auf ihr eigenes Leben aus. Etwa wenn das gemeinsame finanzielle Gerüst in sich zusammenfällt. Als Mitbetroffene/r befindet man sich in einer ähnlichen emotionalen Achterbahn wie der/die Gescheiterte selbst. Anderseits erwartet ein gescheiterter Mensch, dass dieser engste Familiekreis ihm beisteht, ihm zuhört, Auswege zeigt und Kraft spendet. Das private Umfeld soll den Blick von außen hereintragen und den Betroffenen mit Empathie überschütten.

Zu diesem innersten Kreis der Mitbetroffenen kommen Außenstehende, entfernte Bekannte, Verwandte vielleicht, Geschäftspartner oder Bürokollegen, die mit der gescheiterten Person in einer nicht ganz so engen Beziehung stehen. Einige werden sich als unerwartete Stütze erweisen, andere werden die gescheiterte Person meiden wie der Teufel das Weihwasser.

Scheitern stellt eine emotionale Herausforderung für alle Beteiligten dar. Allein das herandrohende Scheitern, die Vermutung, dass sich ein Traum in einen Albtraum verwandelt, kann Freunde auf den Plan rufen. Mehr gut gemeinte Ratschläge als wirkliche Unterstützungserklärungen prassen auf den zukünftigen Pechvogel herein.

***Wird die Aussicht aufs Scheitern eher kommuniziert als Lob?***

**Marcus Praschinger:** *Wenn ich jetzt sage: „Mit Sicherheit", klingt das so, als würden unser Bekanntenkreis und unsere Freunde nur darauf warten, dass wir scheitern. Aber ich glaube, es liegt in der Natur des Menschen, dass man eher mit einer gewissen – ich will nicht sagen Schadenfreude, aber dass man sich leichter tut, den Leuten auf die Schulter zu klopfen: „Na ja, vielleicht das nächste Mal, macht ja nix", als wenn sie dann wirklich Erfolg haben. Weil der Erfolg des anderen immer gleichbedeutend damit ist, dass man selbst vielleicht nicht diesen Erfolg hat. Viele Menschen gehen nicht so wirklich gut damit um, dass der Erfolg des anderen gleichbedeutend ist mit dem vielleicht nicht Misserfolg, aber nicht mit diesem Erfolg von einem selbst.*

*Wobei das für mich immer ein Thema war, sowohl in der Zeit des Scheiterns als auch in der Zeit des Erfolgs, in der ich mich nicht sehr wohl fühle, das mit anderen zu kommunizieren und zu teilen. Aber das liegt in meinem Charakter verankert. Weil es mir unangenehm ist, mich als den Guten hinzustellen; „Wie toll bin ich nicht, und was ist mir nicht alles gelungen!" Mir liegt es irgendwie nicht, zu zeigen, was gelungen ist, und mir liegt es auch nicht, mit anderen zu teilen, wie schlecht es mir geht. Das hat vielleicht keine Relevanz auf das allgemeine Scheitern, macht die Dinge aber vielleicht einfacher.*

Das joviale Schulterklopfen und Gute-Ratschläge-Erteilen erfüllt für Außenstehende schon fast therapeutische Zwecke. Denn im Grunde ihres Herzens haben sie Angst, dass ihnen ein ähnlicher Schicksalsschlag blüht. Gehen wir, die Gesellschaft, überhaupt adäquat mit dem Scheitern um?

**Erhard Busek:** *Ich glaube, dass man kein generelles Urteil abgeben kann, ob wir adäquat mit dem Scheitern umgehen. Sie sind ja nicht in einer Gesellschaft zuhause, sondern immer in bestimmten Situationen. Das ist ein Ausschnitt aus der Gesellschaft, daher ist eine generelle Aussage auch sehr schwer.*

*Ich glaube zum Beispiel nicht, dass heute rein objektiv ein Arbeitsloser diskriminiert wird und als gescheitert angesehen wird – subjektiv empfindet er es vielleicht anders. Es gibt ja Auffangmechanismen. Wäre die Konsequenz, dass die Arbeitslosen bei uns mit dem Hut an der Ecke stehen und Geld sammeln, dann würden sie als gescheitert angesehen werden. So aber ist das Auffangnetz mehrheitlich doch vorhanden. Insofern ist das Scheitern nicht objektiviert. Wie man das persönlich empfindet, ist eine andere Frage. Wird heute jemand diskriminiert, der in Konkurs geht? Eigentlich nicht.*

**Wie sollte die Gesellschaft mit Scheitern idealerweise umgehen?**

*Ich würde Ausdrücke aus der Theologie und der Psychologie verwenden. Man sollte mit Empathie, also mit Einfühlungsvermögen, und mit Compassion, mit der Fähigkeit mitleiden zu können, mit dem Scheitern umgehen. Es ist natürlich individuell sehr verschieden, wie weit wir davon entfernt sind.*

# KAPITEL 12: ANLEITUNG OHNE ANSPRUCH AUF ERFOLG

*„Man müsste Gott selber sein, um Erfolge und Misserfolge unterscheiden zu können."*

*Anton Tschechow*

Was wir schon in „error 21" als eine der Überlebensstrategien für das 21. Jahrhundert formuliert haben, gilt immer noch: **Scheitern ist legitim!**

> *Gönnen wir uns selbst und anderen mehr als nur einen Versuch. Soviel wir auch von anderen lernen können, werden wir doch immer eigene Fehler begehen. Eine gescheiterte Idee kann nicht das Ende aller Bemühungen sein, kein Grund für eine gesellschaftliche Stigmatisierung. Wenn wir das Scheitern akzeptieren, fördern wir die Initiative.*[127]

Mehr noch als das – es wird immer wahrscheinlicher, zumindest einmal im Leben eine berufliche Talsohle zu durchlaufen. Die US-Amerikaner können wir uns hier getrost als Vorbild nehmen: **Steh einmal öfter auf, als du fällst.** Ein Abstieg bedeutet noch lange kein Scheitern, sondern erst das Untenbleiben.

Von außen betrachtet heißt das, dass wir anderen eine zweite Chance geben, und auch eine dritte und eine vierte. Es wird Zeit für eine **Kultur des Neuanfangs** in der Gesellschaft:

---

127 Scheucher, Gerhard, Piller-Kornher, Claudia und Wipplinger, Jörg: „Error 21. Überlebensstrategien für das 21. Jahrhundert", S. 274

Für einen ausgeglichenen Stresshaushalt ist es absolut unabkömmlich, dass wir **Scheitern als Normalfall** ansehen: Es ist zutiefst menschlich, daher dürfen wir darüber ruhig mit anderen sprechen. Manchmal ist Scheitern einfach nicht (mehr) abwendbar. Da ist es allemal klüger, sich darauf einzulassen. Wer versucht, das Scheitern zu vertuschen, macht es nur noch schlimmer, dann wird aus Scheitern eine Niederlage. Das Scheitern zu überwinden stärkt das Selbstwertgefühl, man kann daran wachsen:

> ***Harry Gatterer:*** *Scheitern sollte als Teil eines Wachstumsprozesses zur Normalität erhoben werden. Wohl wissend, dass der Moment des Scheiterns ein schmerzvoller ist. Deshalb braucht der Betroffene nicht Hohn und böse Blicke, sondern Hilfe. Hier würde der Begriff der „Lernenden Gesellschaft" gut passen. Und es wäre zutiefst „sozial".*

> ***Burkhard Neumayer:*** *Scheitern ist ein Zustand, der erlaubt sein muss, den die Gesellschaft akzeptieren muss und der zur Dynamik des Wandels dazugehört. Es liegt auch in der Natur der Sache, einmal geht es besser, ein andermal hakt es. Zu einer Entwicklung gehört, dass sie nicht immer gleichförmig verläuft, sondern dass sie auch Hänger hat und dass Phasen des Scheiterns möglich sind. Irgendwie kennt das jeder, sei es beruflich oder privat.*

Um diese Gedanken noch ein wenig weiterzutreiben, dem Scheitern den Beigeschmack des Schrecklichen zu nehmen, ist es erforderlich, dass wir **Scheitern als Herausforderung** annehmen. Erst dann können wir es ebenso lustvoll in unser Leben einbauen wie das Streben nach Erfolg. Wer in der Opferrolle verharrt, verpasst sich selbst Handschellen.

> ***Monika Kircher-Kohl:*** *Ich spreche auch gerne davon, dass eine spitzentechnologische Innovation auf Dauer nur gekoppelt mit sozialen Innovationen möglich sein wird. Für mich hängt das zusammen: eine Unternehmenskultur, die Innovation und Freude am Experimentieren, am Risiko und dadurch auch am Scheitern einschließt. Nur so eine Kultur wird auf Dauer Spitzenleistungen bringen.*

Was nützt all der Energieaufwand, den uns Scheitern abverlangt, wenn wir anschließend genauso klug sind als wie zuvor? Das bedeutet doch nur, dass wir dieselben Fehler noch einmal machen werden. Daher müssen wir

**Scheitern als Lernfeld** erkennen, das uns wachsen lässt. Wer Scheitern als Herausforderung annimmt, erkennt, dass es zukünftige Erfolge überhaupt erst möglich macht. Die Angst vor dem Scheitern wird geringer.

> ***Emil Breisach:*** *Man braucht das Bewusstsein, das nächste Mal Grundfehler, die einem passiert sind, zu vermeiden. Das Scheitern hat dann einen pädagogischen Wert.*

Eine weitere Strategie, um dem Scheitern einen natürlichen Platz einzuräumen, liegt darin, sich die Latte nicht unmöglich hoch zu legen. **Realistische Ziele** zu verfolgen heißt noch lange nicht, dass man sich von seinen Träumen verabschieden muss. Bloß nicht. Der Mensch braucht Träume. Aber wir sollten sie in realistische Bahnen lenken, wenn wir uns an ihre Umsetzung machen.

> ***Christoph Sieber:*** *Das Erste, was einem einfällt, wenn man von Scheitern spricht, ist: Wie verkraftet man das, wie geht man dann weiter? Einstellung ist eine Sache, die man üben muss. Es ist ja nicht so, dass man einen Artikel liest, ihn versteht und sofort die Handlungsweise im Leben verändert. Das muss man verstehen, verinnerlichen und dann schön langsam, indem man es zur Gewohnheit macht, umsetzen.*
>
> *In der Zeit, in der ich das Scheitern an der Olympiaqualifikation verarbeitet habe und versucht habe, meine Erfahrungen in eine Systematik zu bringen, bin ich draufgekommen, dass natürlich das Scheitern die Chance schlechthin ist für viel Größeres, was man sich zuvor gar nicht erträumt hat. Und mittlerweile ist es für mich Fakt, dass die Krise notwendig ist für den Fortschritt. Nur in der Krise wächst man, nur in der Krise ist man gefordert, nach neuen Wegen zu suchen, sich zu verbessern, und nur dann gibt es Fortschritt und man wird Größeres erreichen. Egal, wie es ausgeht, ich werde etwas daraus lernen.*
>
> *Man muss einsehen, dass jeder sein eigener Mensch ist mit seinen eigenen Niveaus. Man kann nicht immer nur sagen, ich muss jetzt besser sein als der andere. Es gibt immer einen, der besser ist als man selbst. Es ist ein Riesenglücksfall, wenn man einmal der Erste ist.*

Man tut sich selbst etwas Gutes, wenn man versucht, mögliche Weggabelungen zu antizipieren. Wenn ich weiß, wo ich stolpern kann, werde ich den Schritt so setzen, dass ich nicht auf die Nase falle. Ich entwickle Exit-Strategien. An einer Weggabelung sollte man **regelmäßig die Perspektiven wechseln**. Einen Schritt aus der Situation herauszutreten kann wahre Wunder bewirken. Und plötzlich sieht man, dass man besser dran ist, wenn man eine 180-Grad-Drehung hinlegt. Im Erfolg schlummert immer irgendwo die Möglichkeit des Scheiterns. Das sollte man stets bedenken.

> ***Christoph Sieber:*** *Ich habe jetzt keine Angst mehr, dass ich wieder in so ein Tief fallen könnte, sollte ich die Qualifikation nicht schaffen, weil ich mich schon auf die Zeit danach vorbereite. Das ist ein ganz neues Konzept für mich. In Sydney zum Beispiel lag der komplette Fokus nur auf diesem Tag X, auf diesen 9 Tagen der Spiele, und ich hatte keine Ahnung, was am Tag danach passiert.*

Scheitern übersteht man am besten, wenn man diesen Moment, wie jeden anderen auch, teilen kann. **Ehrlichkeit** ist dafür Vorbedingung.

> ***Wilhelmine Goldmann:*** *Meine Grundregeln, um Scheitern zu vermeiden, sind: Ehrlichkeit, auch wenn's weh tut; niemanden über den Tisch ziehen; und wissen, was man will.*

**Zu wissen, was man will,** ist eine weitere Grundvoraussetzung. Erst wenn ich weiß, wohin die Reise gehen soll, kann ich darüber befinden, ob ich mich auf dem richtigen Weg befinde oder eine Planänderung vornehmen muss. Wer am eigenen Erfolg, am eigenen Weg zweifelt, macht den Weg frei für das Scheitern.

> ***Erhard Busek:*** *Wenn Sie überhaupt wissen, was Sie wollen, wozu Sie da sind, und sich daran halbwegs orientieren, dann wird das Gefühl, gescheitert zu sein, relativ gering. Es sei denn, sie verfolgen strikt bestimmte Prinzipien. Ansonsten hilft es, wenn man eine Vorstellung über den eigenen Weg hat und wofür man da ist. Man braucht vielleicht eine längere Ausdauer, weil man Phasen drinnen hat, wo man quasi absackt, aber dafür braucht es die längere Perspektive. Ich würde, auch auf die Gefahr hin, dass Sie mich für einen Sonntagsprediger halten, sagen: Ganz ohne Glauben kommen Sie nicht aus. Das hilft einem.*

Man muss sich **das Wort „scheitern" aneignen,** um es zu beherrschen. Wer von einem Missgeschick redet, während alle anderen über das Scheitern den Kopf schütteln, hat schon verloren. Aktiv ist, wer auch Worte aktiv verwendet, nur so bleibt man Herr beziehungsweise Frau der Lage. So kann man selbst bestimmen, welche Schwere man dem Wort Scheitern beimisst. Und wenn alle Stricke reißen, dann erfindet man ein neues Wort.

***Sophie Karmasin:*** *In der Tat ist es heute ein Phänomen, dass wir uns verändern und neu orientieren müssen. Das würden wir auch nicht mit Scheitern bezeichnen. Und es liegt eigentlich an der Bezeichnung eines Faktums: Die Bezeichnung hat einen negativen Beigeschmack, nicht das Faktum selbst. Dass wir uns in verschiedenen Bereichen – sozial, privat, politisch, beruflich – neu orientieren oder eine Kehrtwendung machen oder auch Fehler eingestehen und es besser machen, dafür fehlt das moderne positive Wort. Ich würde es nicht mehr mit Scheitern bezeichnen.*

*Wir müssen zuallererst einen neuen Begriff finden! Scheitern klingt für mich nach Ende, Kopfbahnhof, gescheitert und danke, abtreten, das war's. Das ist die alte Zugangsweise, jetzt sollte es eher sein: O.k., der Wind hat gedreht, jetzt müssen wir die Segel anders setzen, nicht aufgeben und die Leinen locker lassen, sondern umorientieren und sagen: „Na gut, da müssen wir von einer anderen Perspektive kommen." Das ist sicher nicht leicht, aber ich glaube, es wäre für Österreich und die österreichische Wirtschaft sinnvoll, wenn man sich nicht in ein Ding verfährt. Man muss auch irgendwann einmal loslassen können und sagen: „Wir müssen jetzt einfach neu denken. Neutral die Dinge von außen betrachten und sich nicht in irgendwas verbeißen." Diese Offenheit vermisse ich in der Wirtschaft noch.*

**Regina Haberfellner:** *Wahrscheinlich wird man sogar eines Tages eine neue Wortkreation brauchen, weil das Wort „scheitern" an sich so negativ behaftet ist. In dem Ganzen gibt es natürlich unterschiedliche Ausprägungen, es gibt das ganz große, elementare Scheitern, bis zu viel kleineren, alltäglichen Dingen, für die die Leute vielleicht gar nicht das Wort scheitern benützen. Oder man muss es vielleicht de facto lockerer benützen.*

**Friedrich Dürrenmatt** sagte einmal: „Was einmal gedacht wurde, kann nicht mehr zurückgenommen werden." Wir denken bewusst sehr laut über das Scheitern nach. Wir leben in einer Gesellschaft, die es vorzieht, auf die Sonnenseite der Medaille zu fokussieren. Es bedarf aber einer aktiven Auseinandersetzung mit den Schattenseiten und neuer Umgangsformen mit dem Scheitern. Wir stehen einer ganzen Palette an Veränderungen in der Berufs- und Arbeitswelt gegenüber. Wir müssen einen Weg finden, mit der Schnelllebigkeit der Gesellschaft und der Dynamik der Veränderungsprozesse zu leben – in all ihren Ausprägungen. Die sich permanent wandelnden Anforderungen in der Wirtschaft erfordern, dass man sich permanent neu orientiert, seine Qualifikationen, persönlichen Ziele und Interessen justiert. Wir müssen, als Gesellschaft und jeder für sich persönlich, Gebrauchsanleitungen entwickeln, wie wir mit all dem umgehen.

Das Experimentierlabor „Leben im 21. Jahrhundert" bringt es mit sich, dass manche Konzepte oder Lebensziele durch die genannten Gründe zum Scheitern verurteilt sind. Dieses Scheitern darf nicht als persönliche Schwäche ausgelegt werden. Wenn man sich die Summe der Einflussfaktoren vergegenwärtigt, mit diesem Thema in einer angemessenen Form umgeht, entsteht Mut für Neues und neue Kraft, um diese Herausforderungen zu meistern.

# KAPITEL 13: EPILOG: DAS GANZ ALLTÄGLICHE SCHEITERN

Der deutsche Schauspieler und Menschenrechtler **Pierre Sanoussi-Bliss**, vielen bekannt als der Assistent Axel Richter in der Fernsehserie „Der Alte", hat sich Gedanken gemacht, wie sich Scheitern oder die Androhung desselben durch sein Leben zieht, vom alltäglichen Scheitern an Kleinigkeiten bis zu den großen Weichenstellungen im Leben.

gescheit ...

gescheit steckt in gescheitert. bin ich nach einem scheitern gescheiter geworden? meist schon. wenn auch oft mit jahren verspätung bemerkt.

am anfang war das licht. das licht der welt, welches zu erblicken ich mich erstmal weigerte. damit meine mutter und ich nicht schon an meiner geburt scheitern, wurde eine große zange geholt, mit der ich in die realität gezerrt wurde. willkommen! oder in meinem fall: willnichtkommen! doch da war ich nun. noch ganz weiß von duftender käsecreme, die babys umhüllt. ich hatte wohl schon so eine ahnung und schrie wie am spieß, als man mich wusch … die krankenschwestern 1962 nicht. erst, als ich in den ersten lebenswochen sichtbar nachdunkelte, ging manchen von ihnen ein licht auf. meine mutter ließ anfeindungen unkommentiert. ich war ihr wunschkind. danke, mama.

schule und lernen machten mir spaß. das lag wohl daran, dass ich mich nicht anstrengen brauchte, um zusammenhänge zu begreifen. meine auffassungsgabe war, gepaart mit fantasie und schlagfertigkeit, vorbildlich. und dann scheiterte ich erstmals ernsthaft. ich wollte abitur machen und brachte auch die nötigen leistungen mit. in der DDR entschied sich in der 8. klasse, ob man an die EOS (erweiterte oberschule) kam. oder nicht. ich kam nicht. ich scheiterte am beruf meiner mutter. die war lehrerin und gehörte somit zur intelligenz. im arbeiter- und bauernstaat DDR gab es aber eine quote für die zusammensetzung der abiturklassen. zu viele kinder der intelligenzschicht unerwünscht. ich war das zu vielte kind. versuchen sie das mal im zarten alter von 15 jahren zu begreifen. so rutschten meine leistungen an der POS (polytechnische oberschule), die ich weiterhin besuchte, auch erst mal in den keller. ich fing mich wieder, machte meinen 10-klassen-abschluss, lernte koch (wollte danach gastronomie studieren), lief einem sprecherzieher der berliner schauspielschule „ernst busch" über den weg, der fand, dass ich mich unbedingt an ebendieser bewerben solle, und schwups war ich angenommen und studierte etwas, wovon ich ehrlich keine ahnung hatte. fiel aber nicht weiter auf, dass ich vor dem schauspielstudium lediglich zweimal in meinem leben im theater war. davon einmal in der operette ...

um an der schauspielschule nicht zu scheitern, las ich jede woche ein theaterstück (die klassiker natürlich zuerst) und ging jede woche einmal ins theater, um mitreden zu können. das waren immerhin 52 stücke und vorstellungen im jahr. und ich bekam beim zuschauen eine ahnung davon, was kritiker meinen, wenn sie schreiben: „er scheiterte an der rolle." heute scheitern mitunter schon kritiker an ihren kritiken ...

nach der schauspielschule lief eigentlich alles glatt. ich wurde ans staatsschauspiel dresden engagiert, spielte am deutschen theater berlin, bei peter stein in salzburg, u.a. bei der dörrie in diversen filmen, konnte mein eigenes drehbuch „zurück auf los!" (buch, regie, hauptrolle = ich) umsetzen, habe ein buch „der nix" veröffentlicht, welches gut läuft, spiele in einer der erfolgreichsten krimireihen deutschlands mit, die in über 100 ländern ausgestrahlt wird, habe einen baum gepflanzt und muss jetzt nur noch ein kind zeugen, was schwierig ist, da der arzt sagte, dass mein mann keine kriegen könne. aber kann man da von scheitern sprechen? und ich mag mir gar nicht vorstellen, was gewesen wäre, wenn ich das abitur doch hätte machen können und nun gastronom wäre. würde ich immer verstohlen aus der bühnengasse auf die künstler schauen, die ich für eine rauschende ballnacht oder lesung in meinem hotel gebucht hätte? danke, liebe volksbildungsministerin margot honecker, für ihr kleinkariertes denken.

nur der berufsfremde alltag macht mir mühe. haben sie mal versucht, höchstselbst einen DSL-anschluss zu installieren und zu konfigurieren? dann wissen sie, wovon ich spreche. und wenn einem dann im gespräch mit der so genannten service-hotline gedanken derart kommen, dass man einen trillerpfeifton ans andere ende der leitung schicken möchte – wer kann es einem verdenken?

oder haben sie mal versucht, ihre steuererklärung selbst zu machen? die deutsche steuergesetzgebung hat 70.000 paragrafen. spinnen diese beamten? das ist verfassungswidrig, da man, laut gesetz, ebendiese auch verstehen können muss. da wünscht man sich die DDR zurück. 20 Prozent auf alles. basta.

aber auch kleinigkeiten lassen mich oft scheitern. wie lädt man sich bei einem anbieter einen klingelton herunter, ohne gleich ein abo zu riskieren? wer liest mir das superkleingedruckte vor? und wer übersetzt es mir dann vom deutschen ins deutsche?

wer Hat die rechtschreip„räform" zu verantworten? was soll Der keese? Wer soll sich dass ganze mehr Ken? Unt wo war die Notwendigkeit, funktionier Ende dinge zu verschlümmbessern? Da scheitere ich dann doch dass ein um`s andere Mahl. Aber auch das läst mich nicht verzahgen, da ich dafon aus gehe, das Vorliegender tekst gekonnt lektoriert Wirt und schreip munter drau Floss. Der inhald isst mir wichtiger alz die Vorm.

natürlich sind auch einige meiner beziehungen gescheitert. ein glück! sonst hätte ich heute nicht den partner fürs leben an meiner seite! so sind zwar die beziehungen gescheitert, aber ich nicht innerhalb der beziehungen, da ich mich nicht habe verbiegen lassen. ich bin im großen und ganzen gestärkt aus jeder einzelnen wieder herausgekommen, mich oft aber darüber wundernd, mich auf das experiment überhaupt eingelassen zu haben. ich dachte damals, lieber unglücklich als allein (und war dann in der beziehung unglücklich und allein). heute bin ich glücklich und froh, in meiner beziehung auch mal allein sein zu können, ohne dass gleich der krisenrat tagt.

scheitern hat immer auch etwas mit enttäuschung zu tun. aber enttäuschung heißt auch, dass man von einer täuschung befreit wird. ent-täuscht. und das sollte man dann schon wieder positiv sehen. klingt konstruiert, aber ich seh das so und lebe danach. insofern scheitere ich nie wirklich, sondern werde nur durch enttäuschungen gescheiter.

# Personenregister

# Scheiterexperten

**Alexander Böck und Marcus Praschinger**
(beide *1968) Schlossen 1985 die Hotelfachschule Modul ab. 1995 erarbeiteten sie ein Detailkonzept für wombat's CITY HOSTELs, 1998 gründeten sie die wombats Beherbergungsbetriebsges.m.b.H. 1999 Eröffnung des 1. wombat's CITY HOSTEL Vienna „THE BASE", Eröffnung eines wombat's in München, 2006 Eröffnung des Hostels in Wien. Im Februar sperrte das erste wombat's in Berlin auf, im Frühjahr 2009 folgt ein drittes Haus in Wien.

**Alexander Böck**
Nach Abschluss der Hotelfachschule Modul vertiefte er sein Wissen im elterlichen Hotel und übernahm 1990 die Geschäftsführung. Reiste 1989 für sechs Monate durch Australien und Asien.

**Marcus Praschinger**
1985–1994 sowie 1995 in mehreren Wiener Hotels angestellt. Reiste 1994/95 als Backpacker durch Asien, Australien, die Südsee und Nordamerika.

**Emil Breisach**

(*1923 in Stockerau) Schriftsteller, Kulturmanager, Kabarettautor, -leiter und -regisseur. Mitbegründer und 1958–1967 Präsident des „Forum Stadtpark", Mitbegründer des „steirischen herbstes" und Initiator zahlreicher weiterer Kulturprojekte (u.a. Musikprotokoll, Literatursymposion, Freilichtgalerie „Skulpturen im Park"). Mitarbeiter und ab 1968 Intendant des ORF-Landesstudios Steiermark. Nach seiner Pensionierung 1988 begründete er die Akademie Graz, deren Präsident er bis 2007 war.

**Dr. Erhard Busek**

(*1941 in Wien) Studium der Rechte. 1976–1989 Landesparteiobmann der ÖVP Wien, 1978–1987 Vizebürgermeister und Landeshauptmann-Stellvertreter der Stadt Wien. 1989–1994 Bundesminister für Wissenschaft und Forschung, 1991–1995 Vizekanzler und ÖVP-Bundesparteiobmann, 1994–1995 Bundesminister für Unterricht und kulturelle Angelegenheiten. Heute Sonderkoordinator des „Stabilitätspakts für Südosteuropa", Vorstand des „Instituts für den Donauraum und Mitteleuropa", Präsident des „Europäischen Forums Alpbach", Rektor der Fachhochschule Salzburg.

**Rudolf Edlinger**

(*1940 in Wien) Ausbildung zum Lithographen und bis 1962 in diesem Beruf tätig. Handelsschule und Hochschullehrgang Werbung und Verkauf im 2. Bildungsweg. 1969–86 Abgeordneter zum Wiener Landtag und Mitglied des Wiener Gemeinderates (SPÖ), 1986–1994 Stadtrat für Wohnbau und Stadterneuerung, 1994–1997 Stadtrat für Finanzen und Wirtschaftspolitik. 1997–2000 Bundesminister für Finanzen, bis 2002 Abgeordneter zum Nationalrat und Budgetsprecher der SPÖ. Seit 2002 Präsident des österreichischen Bundesligafußballvereins Rapid. Präsident des Dokumentationsarchivs des österr. Widerstandes, Vizepräsident des Pensionistenverbands Österreichs.

**Harry Gatterer**

(*1974 in Kufstein) Gründete bereits mit 20 Jahren sein erstes Unternehmen: „Wohnatelier Kufstein / Kitzbühel". 2002 Gründung der „Lifestyle Foundation" mit dem Zweck der Trend- und Zukunftsforschung, von Design und Produktentwicklung – speziell für Unternehmen im Consumer-Bereich. Er ist Future-Speaker des Zukunftsinstituts. Autor von Trendstudien und zahlreicher Fachartikel zu Lifestyle, Wohnen, Design und New Work. Seit 2007 Vorsitzender der Jungen Wirtschaft Österreich.

**Dkfm. Wilhelmine Goldmann**

(*1948 in Traisen) Welthandelsstudium an der Wirtschaftsuniversität Wien. 1991–1992 in der Kammer für Arbeiter und Angestellte in Wien u.a. Abteilungsleiterin der Industrie- und Technologiepolitik sowie der Verkehrspolitik. 1993–2000 Bereichsleiterin für Privatisierungen in der Österreichischen Industrieholding AG (ÖIAG). 2001–2004 Leitung der Österreichischen Postbus AG (heute ÖBB-Postbus GmbH), anschließend bis 2007 Vorstandsdirektorin der ÖBB-Personenverkehr AG für den Bereich Nah- und Regionalverkehr.

**Mag. Regina Haberfellner**

(*1965 in Maria Neustift, Oberösterreich) Studium der Soziologie an der Universität Wien. 1996–2002 Aufbau des Forschungsschwerpunktes „selbständige Erwerbstätigkeit von ImmigrantInnen" am Zentrum für soziale Innovation. 2003 Gründung von Soll&Haberfellner Unternehmens- und Projektberatung, 2004 Launch der Online-Plattform www.unternehmer-in-not.at. Sie entwickelt, realisiert und evaluiert Informations- und Beratungskonzepte zur Krisenprävention und Krisenintervention in KMU.

**Hans Georg Hirschl**
(* 1943 in Wien) Studium an der TU-Wien, Fachrichtung Maschinenbau. 1971 Eintritt bei Semperit AG in Traiskirchen als Assistent in der Halbzeugfertigung, später Leiter diverser Abteilungen, wie Fördergurttechnik, Mischungsherstellung, Technische Betriebe. Nach Auslandseinsatz in Irland (Dublin) ab Oktober 1994 Werksleiter der LKW- und PKW-Reifenfertigung in Traiskirchen. 1995–1999 Mitglied des Vorstandes. Nach Umwandlung der Semperit Reifen AG in eine Ges.m.b.H. deren Geschäftsführer. Seit Mai 2005 in Pension.

**Dr. Agnes Husslein-Arco**
(*1954 in Wien) Studium der Kunstgeschichte und Archäologie, 1980–2000 Sotheby's (u.a. in New York, Eröffnung von Sotheby's Wien, Geschäftsführerin in Österreich, Budapest und Prag), 1990–1998 war sie Director of European Development des Guggenheim Museums, 2001–2003 Direktorin des Rupertinums, Salzburg, 2002–2004 Museum Moderner Kunst Kärnten, 2003–2005 Geschäftsführung des Museums der Moderne Salzburg, seit 2007 Direktorin des Belvedere.

**Hannes Jagerhofer**
(*1962 in Klagenfurt) Begann Studium der Medizin und Informatik in Wien. 1987 Organisation der ersten „Clubbing-Veranstaltungen", ab 1989 Organisation von Firmen-Großveranstaltungen, 1990 Gründung von „ACTS Werbeveranstaltungen GmbH". Mit der Austragung der Beach Volleyball Grand Slam Turniere und der World Championships 2001 in Klagenfurt am Wörthersee schreibt die Agentur ACTS seit 1997 Sport- und Eventgeschichte. 2003 Gründung der internationalen Zweigstelle „ACTS International Inc." in Florida, USA.

**MMag. Dr. Sophie Karmasin**
(*1967 in Wien) Studium der Psychologie und Betriebswirtschaft, 1985–1992 in Werbeagenturen tätig, seit 1995 Leitung der empirischen Abteilung des Instituts für Motivforschung, seit 1998 Mitglied der Geschäftsleitung Dr. Karmasin Marktforschung, seit 2006 Geschäftsführerin der Karmasin Motivforschung Ges.m.b.H. Zahlreiche Lehraufträge, Artikel, Vorträge und Seminare.

**Mag. Monika Kircher-Kohl**
(* 1957 in Spittal an der Drau) Studium der Wirtschaftswissenschaften an der Wirtschaftsuniversität Wien und Mexico City. Geschäftsführerin der Regionalstelle Kärnten des Österreichischen Informationsdienstes für Entwicklungspolitik. Anschließend drei Jahre selbstständige Beraterin und Lehrbeauftragte an der Universität Klagenfurt. 1991–2001 Vizebürgermeisterin von Villach. 2001 Finanzvorstand bei Infineon, seit 2007 Vorstandsvorsitzende von Infineon Technologies Austria.

**Franz Küberl**
(*1953 in Graz) Nach der Handelsschule Diözesansekretär der Katholischen Arbeiterjugend der Steiermark. 1976–1982 Leitung des Bundessekretariates der katholischen Jugend Österreichs und Vorsitzender des österreichischen Bundesjugendrings. 1982 Referent im Katholischen Bildungswerk in Graz, 1986 Generalsekretär der Katholischen Aktion Steiermark, 1994 steirischer Caritas-Direktor. Seit 1995 auch Präsident der Caritas Österreich.

**Ing. Mag. Margit Leidinger**
(*1968 in Wels, Oberösterreich) besuchte die HTL für Hochbau in Linz und studierte anschließend Handelswissenschaften in Wien. 1996 Cost Controller Firma Total ABK in Abu Dhabi. Gründete 1997 Finalit Komplett-Steinpflege GmbH und führt das Unternehmen seither als Geschäftsführerin. Sachverständige im Bereich Stein- und Fliesenpflege, Freeman of London (Ehrenbürgerin der Stadt London).

**Werner Mück**
(*1945 in Wien) Seit 1963 journalistisch tätig (Salzburger Nachrichten, SPÖ-Parteizeitung Demokratisches Volksblatt, Kurier). Ab 1971 beim Österreichischen Rundfunk (ORF) Fernsehen u.a. Chefredakteur des ORF-Landesstudios Salzburg. 1989 Geschäftsführer der Gemeinnützigen Wohnbaugemeinschaft WEB in Salzburg, die wenig später Bankrott ging. 1991 Rückkehr zum ORF, ab 1994 Leitung der Wissenschaftsredaktion und ab 1998 Leiter der Hauptabteilung „Bildung und Zeitgeschehen". 2001–2006 Chefredakteur der ORF-Fernsehinformation. Ab 2007 Geschäftsführer des Spartenkanals TW1. Er erhielt 1988 und 1997 den Österreichischen Volksbildungspreis, ist Träger des Goldenen Ehrenzeichens des Landes Salzburg und des Berufstitels „Professor".

**Mag. Burkhard Neumayer**
(* 1953 in Steyr, Oberösterreich) Studium der Volkswirtschaftslehre an der Universität Linz. 1975–1986 pharmazeutischer Großhandel. 1986–2003 Alleingeschäftsführer eines internationalen Markenartikelunternehmens. Seit 2003 selbstständiger Managementberater mit Spezialisierung auf „kritische Unternehmenssituationen" i. S. von betrieblichem Krisenmanagement, Unternehmenssanierung, Mergers & Acquisitions.

**Prof. Dr. Josef Penninger**

(* 1964 in Gurten, Oberösterreich) Studium der Medizin an der Universität Innsbruck. 1990–1994 Post-Doktorand am Ontario Cancer Institute, 1994–2003 am Department of Immunology and Medical Biophysics der University of Toronto. Seit 2003 wissenschaftlicher Direktor am IMBA (Institut für Molekulare Biotechnologie der Österreichischen Akademie der Wissenschaften) in Wien. Träger des Descartes-Preis der EU, des Ernst Jung-Preis für Medizin und der Carus-Medaille, jüngstes Mitglied der Akademie der Wissenschaften.

**Dr. Michaela Pfeifenberger**

(*1972 in Salzburg) Studium der Rechtswissenschaften an der Universität Salzburg. 1996–2000 Land Salzburg (Büro für Frauenfragen und Gleichbehandlung, Gewerbe- und Baurechtsamt, Präsidialabteilung). 2000–2001 Kabinett des Bundesministers im Innenministerium. 2001–2002 Polizeidirektorin der Bundespolizeidirektion Schwechat. Seit 2003 Leiterin der Präsidialabteilung und Polizeivizepräsidentin der Bundespolizeidirektion Wien. 2003–2005 Mitglied des Österreich-Konvents, Ersatzmitglied des Menschenrechtsbeirats.

**Thomas Rabitsch**

(*1956 in Wien) 1977 Gründungsmitglied der „Hallucination Company" sowie ab 1978 Mitglied und Produzent von „Drahdiwaberl". Bandleader und Keyboarder von „Falco". Arbeitete für zahlreiche Bands und Musiker als Produzent, spielte Keyboards live und im Studio. 2004 Gründung des Labels Serious Entertainment und der Formation „The Slow Club". Erhielt den Amadeus Award 2005 (Musik-DVD des Jahres) und 2006 (Kategorie Folk/Blues(Jazz). Schrieb Theater- und Filmmusik, komponierte zahlreiche Werbe- und ORF-Fernsehsignations, arbeitet als Produzent und ist als musikalischer Leiter für den ORF tätig.

**Dr. Anneliese Rohrer**

(*1944 in Wolfsberg), Geschichte-Studium in Wien, 3 Jahre Universitätsassistentin in Auckland. Ab 1974 bei der Tageszeitung „Die Presse", Ressortleitung Innenpolitik ab 1987, 2001–2005 Ressortleitung Außenpolitik. Seit 2005 wöchentlicher Kommentar in der Tageszeitung „Kurier". Lehrtätigkeit an der Fachhochschule Wien. 2003 mit dem Kurt-Vorhofer-Preis ausgezeichnet. 2005 erschien ihr Buch „Charakterfehler – die Österreicher und ihre Politiker".

**Pierre Sanoussi-Bliss**

(*1962 in Berlin Mitte, damals DDR) Hochschule für Schauspielkunst „Ernst Busch" Berlin. Bekannt als „Axel Richter" aus der Fernsehserie „Der Alte" (1997). Hielt 2006 auf dem Integrationsgipfel im Berliner Kanzleramt eine viel beachtete Rede. Arbeitet als Schauspieler, Regisseur und Drehbuchautor in Berlin.

**August Schmölzer**

(*1958 in St. Stefan ob Stainz, Steiermark) Kochlehre in Graz, gründete eine Volksmusik-Gruppe. Schauspielstudium an der Hochschule für Musik und darstellende Kunst in Graz. U.a. Engagements am Theater in der Josefstadt, bei den Salzburger Festspielen, am Staatstheater Stuttgart, am Münchner Residenztheater und an den Münchner Kammerspielen. Wirkte in über 80 Fernsehproduktionen und 14 Kinofilmen, u.a. „Schindlers Liste", „Bandits" und „Der Unfisch". Gründete 2005 die „Gustl 58 – Initiative zur Herzensbildung", die es sich zur Aufgabe gemacht hat, Kinder und Jugendliche im schulischen und außerschulischen Bereich zu unterstützen und zu fördern. *www.gustl58.com*

**Rainer Schönfelder**

(*1977 in Wolfsberg) Besuch des Ski-Gymnasiums in Stams, 1996 Juniorenweltmeister im Riesenslalom und Junioren-Vizeweltmeister im Slalom. Zwei Silbermedaillen bei der Skiweltmeisterschaft 2005 in Bormio. Gewann in der Saison 2003/04 den Slalomweltcup und 2006 bei den Olympischen Winterspielen in Turin die Bronzemedaille in der Kombination und im Slalom. Anschließend legte er eine verletzungsbedingte Regenerationsphase ein. Tritt auch als Sänger auf, 2001 erste CD-Produktion.

**Christoph Sieber**

(*1971 in Wels) 1992 Fünfter und 2000 Goldmedaille bei den Olympischen Spielen im Windsurfen, Dritter der Europameisterschaft 1993 und Gewinner der Kieler Woche, 6-facher Staatsmeister. Bereitet sich auf eine mögliche Teilnahme an den Olympischen Spielen 2008 in Peking vor, dieses Mal als Steuermann auf dem 49er Segelboot. Hält Vorträge und Seminare über mentales Training und Motivation.

**Mag. Gabriele Spindler**

(* 1972 in Ried i.I., Oberösterreich) Studium der Kunstgeschichte und Italienisch an der Universität Salzburg, wissenschaftliche Praktika am Peggy Guggenheim Museum, Venedig und am Centre Georges Pompidou in Paris. 1995 bis 1999 Referentin für Öffentlichkeitsarbeit in der Österreichischen Galerie Belvedere, Wien. Seit 2000 Kuratorin für moderne und zeitgenössische Kunst an der Landesgalerie Linz. 2003 bis 2007 Vorstandsmitglied des Verbandes österreichischer KunsthistorikerInnen. 2006 Gastkuratorin am Künstlerhaus Bethanien, Berlin.

**Barbara Stöckl**
(*1963 in Wien) Sportgymnasium, danach Studium der technischen Mathematik. Schon während des Studiums als Regieassistentin tätig, Moderatorin und TV-Journalistin für ORF (Help-TV, Bei Stöckl, Stöckl am Samstag) und 1988–1994 für ZDF (Doppelpunkt, Live). Seit 1991 Geschäftsführerin der Produktionsfirma KIWI-TV. Erhielt zahlreiche Auszeichnungen (3 x ROMY, Staatspreis für Journalismus im Interesse der Familie, Verkehrssicherheitspreis, Prälat Leopold Ungar Journalistenpreis 2007 u.a.) Autorin mehrerer Bücher und Zeitungskolumnistin.

**DI Hansjörg Tengg**
(*1947 in Innsbruck, Tirol) Studium Wirtschaftsingenieurwesen-Maschinenbau an der Technischen Universität Graz. 1976–85 bei der Grazer Stadtwerke AG, 1986–90 Vorstandsmitglied der Österreichischen Donaukraftwerke AG. Ab 1993 Gründung eigener Unternehmen, 1995/96 Insolvenzmanager des Konsum Österreich. 1996–1998 Aufbau und 1998–99 Aufsichtsratsvorsitzender von max.mobil (heute T-Mobile), seither selbstständiger Unternehmer.

**Prof. Dr. Walter Thirring**
(*1927 in Wien als Sohn des Physikers Hans Thirring) Studium der Physik an der Universität Wien, arbeitete an verschiedenen Instituten in Europa und den USA (u.a. Max-Planck-Institut in Göttingen, Eidgenössische Technische Hochschule Zürich, Universität Bern, Institute for Advanced Study in Princeton, Massachusetts Institute of Technology in Cambridge, USA). Seit 1959 Professor für theoretische Physik an der Universität Wien. 1968–1971 Direktor für theoretische Physik am CERN. 1993 erhielt er das Österreichische Ehrenzeichen für Wissenschaft und Kunst, Träger der Max-Planck-Medaille.

**Lojze Wieser**

(*1954 in Klagenfurt/Celovec, Kärnten) lebt als Verleger, Herausgeber und Autor in Klagenfurt/Celovec und legt den Schwerpunkt seines Programms auf südosteuropäische Literatur. Seit der Gründung des Wieser Verlages 1987 sind über 700 Bücher erschienen. Die Reihe „Europa erlesen" und die „Wieser Enzyklopädie des europäischen Ostens" erreichen mittlerweile Kultstatus. Zuletzt erschienen "Kochen unter anderen Sternen. Geschichten über entlegene Speisen" (Czernin Verlag, Wien 2007) und "S knjigo v svet. Eseji in pripombe. 1981-2006" (Wieser Verlag, 2007 Ü: Mit dem Buch in die Welt. Essays und Anmerkungen 1981-2006). Als Herausgeber (im Wieser Verlag): "Europa was nun? Zwischen Traum und Traumata", (2007, gemeinsam mit Norbert Schreiber).

**Johanna Zugmann**

(*1954 in Wien) Dolmetschstudium (Englisch, Spanisch). Seit 1980 journalistisch tätig: Redakteurin „die industrie", „trend" und „trendprofil-Extra". 1988 Gründungsmitglied der Tageszeitung „Der Standard", 1990 Ressortleiterin des von ihr konzipierten Karrieren-Standards. Initiierte diverse Karrierelounges. 2004 Leopold Kunschak-Medien-Preis für sozialpolitisches Engagement für die Optimierung des heimischen Human-Resources-Managements. 2004 Wechsel zur Tageszeitung „Die Presse" als Ressortleiterin.

# FOTONACHWEISE

**Foto Gatterer** © Lifestyle Foundation

**Foto Hirschl** © Semperit

**Foto Husslein-Arco** © Niko Formanek

**Foto Jagerhofer** © ACTS

**Foto Mück** © ORF/Hans Leitner

**Foto Penninger** © IMBA/point of view

**Foto Rohrer** © Stephan Boroviczény/Kurier

**Foto Schmölzer** © Petro Domenigg

**Foto Schönfelder** © Spiess/Schönfelder Media

**Foto Sieber** © Roland Regnemer

**Foto Stöckl** © ORF/T. Ramstorfer

**Foto Thirring** © Information Assistant – Verein für Informationsmanagement

**Foto Wieser** © www.literaturfoto.net/Marko Lipus

**Foto Zugmann** © Doris Kucera

# LITERATUR

**Arbeitsmarktservice Österreich**, BIQ: *Arbeitsmarktservice Österreich – Jobchancen Studium*, 5. akt. Aufl., Wien 2004.

**B., Jennifer:** 40 Stunden für 400 Euro. Praktika und Volontariate im Medienbereich erfordern Nervenstärke, www.generation-praktikum.at/erfahrungen-der-anderen/40-stunden-f%C3%BCr-400-euro.aspx (23.08.2007)

**Backert, Wolfram:** „Kulturen des Scheiterns. Gesellschaftliche Bewertungsprozesse im internationalen Vergleich", in: Matthias Junge, Götz Lechner (Hrsg.) *Scheitern. Aspekte eines sozialen Phänomens.* VS Verlag für Sozialwissenschaften, Wiesbaden 2004, S. 63–77.

**Bergmann, Gustav und Rummel, Uwe:** „Der Prozess des Scheiterns", in: Christine Coring et al. *sch - Das Buch des Scheiterns,* Taz Verlag, Berlin 2003.

**Bröckers Mathias:** *Cogito ergo bum und weitere 49 Beweise für die Unausweichlichkeit des Scheiterns.* Westend Verlag, Frankfurt/Main 2007.

**Chromow, Robert:** *Erfolgreicher Umgang mit Misserfolgen* http://www.akademie.de/fuehrung-organisation/management/tipps/unternehmensfuehrung/mut-zum-misserfolg.html (27.8.2007)

**Creditreform Österreich:** *INSOLVENZSTATISTIK 1. Halbjahr 2006. Trotz Aufhellung: KMU und Private sind die Verlierer; Insolvenzursachen und Maßnahmen dagegen.* OTS0065, 10.07.2006

**ÇÖP Kulturmaßnahmen:** Aus dem Konzept, www.show-des-scheiterns.de/idee.htm

**Derka, Gottfried:** „Hirn-Forschung", in: profil Nr. 16, 16.04.2007, S. 111–115.

**Derka, Gottfried:** „Professor Zufall", in: profil extra, Februar 2007.

**Dobelli, Rolf:** „Kernkompetenz? Stillhalten und abducken!", in: Weltwoche, Nr. 44, 2004.

**Dressel, Gert und Langreiter, Nikola:** „WissenschaftlerInnen scheitern (nicht)", in: Stefan Zahlman, Sylka Scholz *Scheitern und Biographie. Die andere Seite moderner Lebensgeschichten*, Psychosozial-Verlag, Gießen 2005, S. 107–126.

**Fischer, Gabriele:** „Programmierte Paranoia", in: Brand eins, Nr. 08, 2007, S. 54–58.

**Freudenreich, Josef-Otto:** *‚Abstürze'. Reportagen vom Scheitern und Aufstehen in einem Musterland*, Klöpfer und Meyer, Tübingen 2006.

**Friebe, Holm und Lobo, Sascha:** *Wir nennen es Arbeit. Die digitale Bohème oder Intelligentes Leben jenseits der Festanstellung*, Heyne, München 2006.

**Fuchs, Stefan:** „Amerika und die Macht des Scheiterns. Gespräch mit Richard Sennett", in: Freitag. *Die Ost-West-Wochenzeitung*, Nr. 46, 08.11.2002, www.freitag.de/2002/46/02460301.php (05.03.2007)

**Gruppe 1031:** *gescheiter(t)? Tabuthema und Chance. Eine konstruktive Auseinandersetzung mit dem wirtschaftlichen Scheitern.* 2007.

**Gründler, Elisabeth:** „Und wenn alles Denkbare möglich wäre?", in: Brand eins, Nr. 04, 2001, S. 118–129.

**Gulnerits, Kathrin:** „Unternehmergeist wächst bei Erfolgen", in: Wirtschaftsblatt, Nr. 2572, 11.03.2006.

**Hannemann, Matthias:** „Aus Erfahrung gut", in: Brand eins, Nr. 08, 2007, S. 73–77.

**Heuer, Stefan:** „Rechtzeitig Kehle zeigen!", in: Brand eins, Nr. 08, 2007, S. 106–108.

**Himmelbauer, Martin:** „Der Unentwegte", in: profil Nr. 48, 30.07.2007, S. 48–50.

**Hodgkinson, Tom:** *Anleitung zum Müßiggang*, Heyne, München 2007.

**Irle, Mathias:** „Die Zufallsfischer", in: Brand eins, Nr. 06, 2006, S. 140–145.

**Junge, Matthias und Lechner, Götz:** „Scheitern als Erfahrung und Konzept. Zur Einführung", in: Matthias Junge, Götz Lechner (Hrsg.) *Scheitern. Aspekte eines sozialen Phänomens*. VS Verlag für Sozialwissenschaften, Wiesbaden 2004, S. 7–13.

**Keupp, Heiner:** *Identitätskonstruktionen. Das Patchwork der Identitäten in der Spätmoderne*, Rowohlt Taschenbuch, 3. Aufl., Reinbeck bei Hamburg 2006.

**Knapp vorbei ist auch daneben:** Ö1 Radiokolleg, 11.6.–14.6.2007.

**Koark, Anne:** *Insolvent und trotzdem erfolgreich*, InsolvenzVerlag.de, München 2007.

**KSV1870:** *Presseaussendung Insolvenzstatistik 2006*, www.ksv.at/KSV/1870/de/5presse/3statistiken/1insolvenzen/2007-01/Insolvenzen_2006/1190366313528_KSV-Insolvenzstatistik_2006.pdf. 4.1.2007

**Krenn, Manfred und Vogt, Marion:** *„... da kräht kein Hahn nach Ihnen." Die Situation von „älteren" Arbeitslosen und ihre Chancen auf Reintegration in Beschäftigung*, FORBA-Forschungsbericht 1/2007, 2007.

**Lauterach Ute:** *Lässig scheitern. Das Erfolgsprogramm für Lebenskünstler*, Kösel-Verlag, München 2007.

**Ley, Ulrike und Michali, Regina:** *Im Zickzack zum Erfolg. Die Kunst der zweiten Karriere*, Redline Wirtschaft, Heidelberg 2007.

**Lexigraphisches Institut:** *Die neue deutsche Rechtschreibung*, Bertelsmann Lexikon Verlag, München 1996.

**Liebhold, Renate:** „‚Meine Kinder fragen mich schon lange nichts mehr' – die Kehrseite einer beruflichen Erfolgsbiographie", in: Stefan Zahlman, Sylka Scholz *Scheitern und Biographie. Die andere Seite moderner Lebensgeschichten*, Psychosozial-Verlag, Gießen 2005, S. 89–105.

**Lotter, Wolf:** „Fehlanzeige", in: Brand eins, Nr. 08, 2007, S. 44–53.

**Lotter, Wolf:** „Vorwärts! Aufstehen! Weiter! Los!", in: Brand eins, Nr. 09, 2007, S. 116–121.

**Lotter, Wolf:** „Wir können auch ... anders!", in: Brand eins, Nr. 09, 2007, S. 54–60.

**Malcher, Ingo:** „Scheitern ist normal", in: Brand eins, Nr. 05, 2006, S. 88–89.

**Mayrhofer, Nina:** „Die Kunst des Scheiterns", in: Christine Coring et al. *sch – Das Buch des Scheiterns*, Taz Verlag, Berlin 2003.

**Mayerhofer, Nina:** „Scheit für Scheit", in: Christine Coring et al. *sch – Das Buch des Scheiterns*, Taz Verlag, Berlin 2003.

**Mayrhofer, Wolfgang:** „Alles Ansichtsache?", in: Der Standard, 1./2.9.2007, K2.

**Meueler, Erhard:** „Kreativität und Scheitern", in: Stefan Zahlman, Sylka Scholz *Scheitern und Biographie. Die andere Seite moderner Lebensgeschichten*, Psychosozial-Verlag, Gießen 2005, S. 237–253.

**Meueler, Erhard:** *Lob des Scheiterns*, Schneider Verlag Hohengehren, Baltmannsweiler 2001.

**Meyer, Michael:** „Treu bis zur Pension?", in: Der Standard, 8./9.9.2007, K2.

**Neckel, Sighard:** „Die Tragödie des Erfolgs", in: *Neue Zürcher Zeitung*, Nr. 100, 30.04.2004, S. 78

**Netzwerk Generation P (Hrsg.):** Petition für faire Praktika und einen besseren Berufseinstieg von jungen EuropäerInnen. www.generation-p.org/de/Petition.php, Brüssel 2007.

**Nierman, Ingo:** *Minusvisionen. Unternehmer ohne Geld. Protokolle*. Suhrkamp, Frankfurt/Main 2003.

**Prazak, Robert:** „Scheitern ist Teil der Wirtschaft", in: Wirtschaftsblatt, Nr. 2537, 21.01.2006, S. 13.

**R., Tanja:** *Sie sind leider überqualifiziert!". Ausgebildete Frauen erzeugen Widerstand.* http://www.generation-praktikum.at/erfahrungen-der-anderen/sie-sind-leider-%C3%BCberqualifiziert!.aspx (23.08.2007)

**Rühle, Alex:** *Ursprung des Glücks,* in: SZ-Magazin, Nr. 19, 12.05.2006, http://sz-magazin.sueddeutsche.de/index.php?id=109&user_szmagdata_pi1[showUid]=86

**Sammer, Martin, Schneider, Ursula:** *Global Entrepreneurship Monitor. Bericht 2005 zur Lage des Unternehmertums in Österreich.* Graz 2006.

**Scherer, Tanja:** „Wo bitte geht es hier zum Scheitern?", in: Christine Coring et al. *sch – Das Buch des Scheiterns,* Taz Verlag, Berlin 2003.

**Scheucher, Gerhard, Piller-Kornher, Claudia, Wipplinger Jörg:** *error21. Überlebensstrategien für das 21. Jahrhundert,* Leykam, Graz 2005.

**Schießl, Michaela:** „Raus aus dem Hamsterrad", in: Der Spiegel, 02.04.2007, S. 100.

**Schmitt, Heike:** „Scheitern ist Pop", in: Christine Coring et al. *sch – Das Buch des Scheiterns,* Taz Verlag, Berlin 2003.

**Scholz, Sylka:** „Die ‚Show des Scheiterns' und der ‚Club der Polnischen Versager' – Der (neue) Diskurs der Gescheiterten", in: Stefan Zahlman, Sylka Scholz *Scheitern und Biographie. Die andere Seite moderner Lebensgeschichten,* Psychosozial-Verlag, Gießen 2005, S. 265–289.

**Schopf, Anna und Ringler, Paul:** *Arbeit ohne Wert? Strukturmerkmale der PraktikantInnen-Beschäftigung im Hochschulkontext in Österreich. Eine quantitative Studie,* Plattform Generation Praktikum, Wien 2007.

**Sennett, Richard:** *Der flexible Mensch. Die Kultur des neuen Kapitalismus,* Bvt Berliner Taschenbuch Verlag, 2. Auflage, Berlin 2006.

**serotonin:** *Scheitern für Fortgeschrittene.* Hörspiel, Der >Audio<Verlag, 2007.

**Spindler, Gabriele:** „scheitern. sprache und bilder", in: Gabriele Spindler (Hrsg.) *scheitern.* Kataloge der Oberösterreichischen Landesmuseen N.S.62,. VBK, Wien 2007, S. 12–19.

**Stehr, Christoph:** „Zweite Chance", in: http://www.wiwo.de/pswiwo/fn/ww2/sfn/buildww/id/127/id/262993/fm/0/SH/0/depot/0/index.html (24.04.2007)

**Sterkl, Maria:** „Frohes Scheitern in Amerika", in: http://derstandard.at/?url=/?id=2900608 (17.07.2007)

**Tarr, Irmtraud:** *Das Donald Duck Prinzip. Scheitern als Chance für ein neues Leben.* Gütersloher Verlagshaus, Gütersloh 2006.

**Thirring, Walter:** Die Lust zu Forschen, 2008.

**Willenbrock, Harald:** „Scheitern ist schön", in: Brand eins, Nr. 02, 2007, S. 28–33.

**WKO Inhouse GmbH:** *Unternehmensgründungen in Österreich 1993–2006.* Juli 2007.

**Zahlmann, Stefan:** „drei farben des scheiterns", in: Gabriele Spindler (Hrsg.) *scheitern.* Kataloge der Oberösterreichischen Landesmuseen N.S.62,. VBK, Wien 2007, S. 76–79.

**Zahlmann, Stefan im Gespräch mit Sander Gilman L.:** „'God never fails them that trust Him.' Scheitern in Literatur und Gesellschaft der USA", in: Stefan Zahlman, Sylka Scholz *Scheitern und Biographie. Die andere Seite moderner Lebensgeschichten,* Psychosozial-Verlag, Gießen 2005, S. 207–218.

**Zahlman, Stefan:** „Scheitern.doc, Part1", „Scheitern.doc, Part2", „Scheitern.doc, Part3", Scheitern.doc, Part4", in: Christine Coring et al. *sch - Das Buch des Scheiterns,* Taz Verlag, Berlin 2003.

**Zahlmann, Stefan:** „Sprachspiele des Scheiterns – Eine Kultur biographischer Legitimation", in: Stefan Zahlman, Sylka Scholz *Scheitern und Biographie. Die andere Seite moderner Lebensgeschichten,* Psychosozial-Verlag, Gießen 2005, S. 7–31.

**Zschirnt, Christiane:** *Keine Sorge, wird schon schiefgehen. Von der Erfahrung des Scheiterns – und der Kunst, damit umzugehen,* Goldmann Verlag, München 2005.

http://de.wikipedia.org/wiki/Scheitern (23.5.2007)

http://de.wikipedia.org/wiki/Generation_Praktikum (6.9.2007)

http://ted.europa.eu/Exec?DataFlow=ShowPage.dfl&Template=TED/N_one_result_detail_curr.htm

http://www.anne-koark.com/ (22.8.2007)

http://www.generation-praktikum.at/ (24.8.2007)

http://www.generation-praktikum.de/ (24.8.2007)

http://www.kunsthausbaselland.ch/exh_detail_archive.php?detail=77&lan=de#more

http://www.landesgalerie.at

http://www.phca.de/ (23.8.2007)

http://www.polnischeversager.de (15.8.2007)

http://www.schoenerscheitern.de (15.8.2007)

http://www.show-des-scheiterns.de (15.8.2007)

http://ted.europa.eu/Exec?DataFlow=ShowPage.dfl&Template=TED/N_one_result_detail_curr.htm&docnumber=50634-2006&docId=50634-2006&StatLang=DE (13.9.2007)

http://www.serpentinegallery.org/2007/01/agency_for_unrealised_projects.html

# error21

**Gerhard Scheucher** I Claudia Piller-Kornherr I Jörg Wipplinger

1. Auflage 2005
Leykam Buchverlag

ISBN 3-7011-7513-6

„Ist das Neue wirklich neu?" Autor Gerhard Scheucher stellt in error21 gemeinsam mit seinem Autorenteam die Gretchenfrage, die dem nur schwer fassbaren Paradigmenwechsel der so genannten Informationsgesellschaft zugrunde liegt. Mit scharfem Blick betrachten die Autoren die Ausprägungen eines Wandels, wie er in den letzten Jahren überall auf der Welt stattgefunden hat, und brechen sie herunter auf ihre wahre Bedeutung. Die dabei gestellten Fragen sind pragmatisch und lösungsorientiert: Was bedeuten die Veränderungen der Informationsgesellschaft tatsächlich für jeden von uns? Ist unsere alte Wertewelt durch den Wandel unserer Lebensgewohnheiten überholt? Und welche Strategien muss der Homo technicus entwickeln, um sich für das Dasein im 21. Jahrhundert zu wappnen?

Die Lösungsvorschläge haben den Menschen selbst stets im Mittelpunkt: Um dem allgegenwärtigen Pluralismus der Möglichkeiten Einhalt zu gebieten, wird die Fähigkeit Informationen zu selektieren und zu bewerten zur neuen Kernkompetenz und lebenslanges Lernen zum entscheidenden Erfolgskriterium. Bewusstes Abwarten, gelassenes Beobachten und umsichtiges Entscheiden müssen erst wieder erlernt werden. Von der Politik verlangen die Autoren statt Tunnelblick und isolierter Antworten mehr Gestaltungskraft, um dem wirtschaftlichen und technischen Fortschritt nicht nur Tempo, sondern auch Richtung zu geben. Error21 ist zugleich kritische Auseinandersetzung mit den Phänomenen unserer Zeit und kompetenter Ratgeber für das Leben in der Informationsgesellschaft.

Zu bestellen unter:
www.leykamverlag.at
www.error21.com